朴正熙는 「소박하고 근면하고 정직하고 성실한 서민 사회가 바탕이 된 자주 독립된 한국의 창건, 그것이 본인의 소망의 전부다」라고 말했다.

삽교천 방조제 배수 갑문이 최초로 열리는 순간이다. 왼쪽 끝에 서서 버튼을 누르는 노인은 朴대통령이 즉석에서 초청한 마을 원로 이길순(李吉淳) 씨. 이 사진은 朴대통령의 마지막 공식 사진이 됐다.

朴대통령은 대한민국이란 말을 타고 질풍노도의 삶을 이어갔다.

1970년대 말의 어느 봄날 진해 벚꽃길을 산책하던 박정희. 권력의 그림자가 빠진 인간 박정희의 소탈한 모습은 죽음 다음에야 비로소 조금씩 알려지기 시작했다. 생전에는 그를 둘러싼 무지막지한 경호로 인해「냉혹한 독재자」로서의 인상만 국민들에게 전해졌던 것이다.

김재규가 보관해 오다 암살에 사용한 독일제「월터PPK(Walther Polizei Pistole Klein)」32구경 7연발 탄창식 권총. 1930년대에 개발된 권총으로 호신용 및 경찰용으로 사용됐고 영화「007」에서 주인공이 애용하던 권총과 동형(同型)이다. 길이 15.5cm, 무게 570g가량.

가슴에 총을 맞고도 두 번씩이나『나는 괜찮아』라고 말했던 한 사나이의 마지막 흔적은 가슴과 머리에서 흘러내린 흥건한 핏자국이었다. 경직된 경호 속의 허점을 파고 든 암살자에 의해 죽음을 맞은 아내 육영수(陸英修)도 두부(頭部) 관통상이었고, 박정희(朴正熙) 자신도 경호실장의 오만방자로 촉발된 사건에 의해 아내와 동일한 사인(死因)으로 죽어 갔다.

7

1979년 4월 진해 해군통제부 공관에서 기념 촬영한 朴대통령과 참모들. 왼쪽으로부터 임방현(林芳鉉) 대변인, 정인형(鄭仁炯) 경호처장, 김계원(金桂元) 비서실장, 함수용(咸壽龍)경호과장, 대통령 딸 박근영(朴槿暎), 朴대통령, 민헌기(閔獻基) 주치의, 대통령 딸 박근혜(朴槿惠), 김복동(金復東) 경호실 작전차장보, 차지철(車智澈) 경호실장, 최광수(崔侊洙) 의전수석. 이들은 10 · 26 그날 밤 모두 역사의 무대에 등장한다.

김재규는 고장난 권총을 버리고 박선호 과장의 권총을 받아 들고 들어와 차지철을 쏜 다음 박 대통령에게 다가갔다.

10·26사건의 무대가 되었던 궁정동 나동(棟)의 전경. 사건 수개월 전에 신축되었던 이 건물은 지금은 철거되어 사진으로만 남아 있다. (당시 조선일보 사진부 최영호 기자 촬영)

朴대통령의 서거가 발표된 것은 27일 오전 4시를 지나서였다. 여명(黎明)이 밝아 오는 것과 동시에 계엄군이 서울로 들어와 요소를 상악했다.

1979년 10월 28일 오후 4시 국방부 제1회의실에서 「朴 대통령 시해사건」에 관한 중간 발표를 하는 전두환 계엄사령부 합동수사본부장. 국민들 앞에 처음으로 나타난 48세의 육군소장은 이때 이미 정보부, 검찰, 경찰, 헌병, 군검찰까지 장악한 군부의 실력자가 되어 있었고 계엄사령관을 조사 대상자로 생각하고 있었다.

朴대통령의 빈소에 조문하는 세 자녀.

1979년 11월 3일 박정희 대통령의 영구차가 3군 사관생도의 호송 아래 시청광장을 지나 남대문 앞을 지나고 있다.

朴正熙는 서민 속에서 나고, 자라고, 일하고 그리하여 그 서민의 인정 속에서 生을 맺었다.

朴正熙
13

마지막 하루

부끄럼 타는 한 소박한 超人의 생애

'인간이란 실로 더러운 강물일 뿐이다. 인간이 스스로 더럽히지 않고
이 강물을 삼켜 버리려면 모름지기 바다가 되지 않으면 안 된다.'

박정희를 쓰면서 나는 두 단어를 생각했다. 素朴(소박)과 自主(자주).
소박은 그의 인간됨이고 자주는 그의 정치사상이다. 박정희는 소박했기
때문에 自主魂(자주혼)을 지켜 갈 수 있었다. 1963년 박정희는《국가와
혁명과 나》의 마지막 쪽에서 유언 같은 다짐을 했다.

〈소박하고 근면하고 정직하고 성실한 서민 사회가 바탕이 된, 자주독
립된 한국의 창건, 그것이 본인의 소망의 전부다. 본인은 한마디로 말해
서 서민 속에서 나고, 자라고, 일하고, 그리하여 그 서민의 인정 속에서
생이 끝나기를 염원한다〉

1979년 11월 3일 國葬(국장). 崔圭夏 대통령 권한대행이 故박정희의
靈前(영전)에 건국훈장을 바칠 때 국립교향악단은 교향시〈차라투스트
라는 이렇게 말했다〉를 연주했다. 독일의 리하르트 슈트라우스가 작곡
한 이 장엄한 교향시는 니체가 쓴 同名(동명)의 책 서문을 표현한 것이
다. 니체는 이 서문에서 '인간이란 실로 더러운 강물일 뿐이다'고 썼다.

그는 '그러한 인간이 스스로를 더럽히지 않고 이 강물을 삼켜 버리려면 모름지기 바다가 되지 않으면 안 된다' 고 덧붙였다. 박정희는 지옥의 문턱을 넘나들던 질풍노도의 세월로도, 장기집권으로도 오염되지 않았던 혼을 자신이 죽을 때까지 유지했다. 가슴을 관통한 총탄으로 등판에서는 피가 샘솟듯 하고 있을 때도 그는 옆자리에서 시중들던 두 여인에게 "난 괜찮으니 너희들은 피해"란 말을 하려고 했다. 병원에서 그의 屍身을 만진 의사는 "시계는 허름한 세이코이고 넥타이 핀은 도금이 벗겨지고 혁대는 해져 있어 꿈에도 대통령이라고는 생각하지 못했다"고 한다.

소박한 정신의 소유자는 잡념과 위선의 포로가 되지 않으니 사물을 있는 그대로, 실용적으로, 정직하게 본다. 그는 주자학, 민주주의, 시장경제 같은 외래의 先進思潮(선진사조)도 국가의 이익과 민중의 복지를 기준으로 하여 비판적으로 소화하려고 했다. 박정희 주체성의 핵심은 사실에 근거하여 현실을 직시하고 是非(시비)를 국가 이익에 기준하여 가리려는 자세였다. 이것이 바로 實事求是(실사구시)의 정치철학이다. 필자가 박정희를 우리 민족사의 실용—자주 노선을 잇는 인물로 파악하려는 것도 이 때문이다.

金庾信(김유신)의 對唐(대당) 결전의지, 세종대왕의 한글 창제, 광해군의 國益 위주의 외교정책, 실학자들의 實事求是, 李承晩(이승만)의 反共(반공) 건국노선을 잇는 박정희의 조국 근대화 철학은 그의 소박한 인간됨에 뿌리를 두고 있다.

박정희는 파란만장의 시대를 헤쳐 가면서 榮辱(영욕)과 淸濁(청탁)을 함께 들이마셨던 사람이다. 더러운 강물 같은 한 시대를 삼켜 바다와 같은 다른 시대를 빚어낸 사람이다. 그러면서도 자신의 정신을 맑게 유지했던 超人(초인)이었다. 그는 알렉산더 대왕과 같은 호쾌한 영웅도 아니고 나폴레옹과 같은 電光石火(전광석화)의 천재도 아니었다. 부끄럼 타는 영웅이고 눈물이 많은 超人, 그리고 한 소박한 서민이었다. 그는 한국인의 애환을 느낄 줄 알고 그들의 숨결을 읽을 줄 안 土種(토종) 한국인이었다. 민족의 恨(한)을 자신의 에너지로 승화시켜 근대화로써 그 한을 푼 혁명가였다.

自主人(자주인) 박정희는 실용—자주의 정치 철학을 '한국적 민주주의'라는 그릇에 담으려고 했다. '한국적 민주주의'란, 당시 나이가 30세도 안 되는 어린 한국의 민주주의를 한국의 역사 발전 단계에 맞추려는 시도였다. 국민의 기본권 가운데 정치적인 자유를 제한하는 대신 물질적 자유의 확보를 위해서 國力을 집중적으로 투입한다는 限時的(한시적) 전략이기도 했다.

박정희는 인권 탄압자가 아니라 우리나라 역사상 가장 획기적으로 인권신장에 기여한 사람이다. 인권개념 가운데 적어도 50%는 빈곤으로부터의 해방일 것이고, 박정희는 이 '먹고 사는' 문제를 해결함으로써 다음 단계인 정신적 인권 신장으로 갈 수 있는 길을 열었다. '먹고 사는' 문제를 해결하는 것이 정치의 主題라고 생각했고 이를 성취했다는 점이 그를 역사적 인물로 만든 것이다. 위대한 정치가는 상식을 실천하는 이다.

당대의 대다수 지식인들이 하느님처럼 모시려고 했던 서구식 민주주의를 감히 한국식으로 변형시키려고 했던 점에 박정희의 위대성과 이단성이 있다. 주자학을 받아들여 朱子敎(주자교)로 교조화했던 한국 지식인의 사대성은 미국식 민주주의를 民主敎(민주교)로 만들었고 이를 주체적으로 수정하려는 박정희를 이단으로 몰아붙였다. 물론 미국은 美製

16

(미제) 이념을 위해서 충성을 다짐하는 기특한 지식인들에게 강력한 지원을 아끼지 않았다. 그러면서도 미국은 냉철하게 박정희에 대해선 외경심 어린 평가를, 민주화 세력에 대해선 경멸적인 평가를 내리고 있었음을, 그의 死後 글라이스틴 대사의 보고 電文에서 확인할 수 있다.

박정희는 1급 사상가였다. 그는 말을 쉽고 적게 하고 행동을 크게 하는 사상가였다. 그는 한국의 자칭 지식인들이 갖지 못한 것들을 두루 갖춘 이였다. 자주적 정신, 실용적 사고방식, 시스템 운영의 鬼才, 정확한 언어감각 등. 1392년 조선조 개국 이후 약 600년간 이 땅의 지식인들은 사대주의를 추종하면서 자주국방 의지를 잃었고, 그러다 보니 전쟁의 의미를 직시하고 군대의 중요성을 계산할 수 있는 능력을 거세당하고 말았다. 제대로 된 나라의 지도층은 文武兼全(문무겸전)일 수밖에 없는데 우리의 지도층은 문약한 반쪽 지식인들이었다. 그런 2, 3류 지식인들이 취할 길은 위선적 명분론과 무조건적인 평화론뿐이었다. 그들은 자신들과는 차원을 달리하는 선각자가 나타나면 이단이라 몰았고 적어도 그런 모함의 기술에서는 1류였다.

박정희는 日帝의 군사 교육과 한국전쟁의 체험을 통해서 전쟁과 군대의 본질을 체험한 바탕에서 600년 만에 처음으로 우리 사회에 尚武정신과 자주정신과 실용정치의 불씨를 되살렸던 것이다. 全斗煥 대통령이 퇴임한 1988년에 군사정권 시대는 끝났고 그 뒤에 우리 사회는 다시 尚武·자주·실용정신의 불씨를 꺼버리고 조선조의 파당성·문약성·명분론으로 회귀하려는 움직임을 보이고 있다. 이 복고풍이 견제되지 않으면 우리는 자유통일과 일류국가의 꿈을 접어야 할 것이다. 한국은 이승만, 박정희, 전두환, 노태우 네 대통령의 영도 하에서 국민들의 평균 수

준보다는 훨씬 앞서서 一流 국가의 문턱까지 갔으나 3代에 걸친 소위 文民 대통령의 등장으로 성장의 動力과 국가의 기강이 약화되어 제자리 걸음을 하고 있다.

1997년 IMF 관리 체제를 가져온 外換위기는 1988년부터 시작된 민주화 과정의 비싼 代價였다. 1988년에 순채권국 상태, 무역 흑자 세계 제4위, 경제 성장률 세계 제1위의 튼튼한 대한민국을 물려준 歷代 군사정권에 대해서 오늘날 국가 위기의 책임을 묻는다는 것은 세종대왕에게 한글 전용의 폐해 책임을 묻는 것만큼이나 사리에 맞지 않다.

1987년 이후 한국의 민주화는 지역 이익, 개인 이익, 당파 이익을 민주, 자유, 평등, 인권이란 명분으로 위장하여 이것들을 끝없이 추구함으로써 國益과 효율성, 그리고 국가엘리트층을 해체하고 파괴해 간 과정이기도 했다. 박정희의 근대화는 國益 우선의 부국강병책이었다. 한국의 민주화는 사회의 좌경화·저질화를 허용함으로써 박정희의 꿈이었던 강건·실질·소박한 국가건설은 어려워졌다. 한국의 민주화는 조선조적 守舊性을 되살리고 사이비 좌익에 농락됨으로써 국가위기를 불렀다. 싱가포르의 李光耀는 한국의 민주화 속도가 너무 빨라 法治의 기반을 다지지 못했다고 비판했다.

박정희는 자신의 '한국적 민주주의'를 '한국식 민주주의', 더 나아가서 '한국형 민주주의'로 국산화하는 데는 실패했다. 서구 민주주의를 우리 것으로 토착화시켜 우리의 역사적·문화적 생리에 맞는 한국형 제도로 발전시켜 가는 것은 이제 미래 세대의 임무가 되었다. 서구에서 유래한 민주주의와 시장 경제를 우리 것으로 소화하여 한국형 민주주의와 한국식 시장경제로 재창조할 수 있는가, 아니면 民主의 껍데기만 받아

18

들여 우상 숭배의 대상으로 삼으면서 선동가의 놀음판을 만들 것인가, 이것이 박정희가 오늘날의 우리에게 던지는 질문일 것이다.

　조선일보와 月刊朝鮮에서 9년간 이어졌던 이 傳記 연재는 月刊朝鮮 전 기자 李東豪 씨의 주야 불문의 충실한 취재 지원이 없었더라면 불가능했을 것이다. 아울러 많은 자료를 보내 주시고 提報를 해주신 여러분들께 감사드린다. 이 책은 박정희와 함께 위대한 시대를 만든 분들의 공동작품이다. 필자에게 한 가지 소망이 있다면, 박정희가 소년기에 나폴레옹 傳記를 읽고서 군인의 길을 갈 결심을 했던 것처럼 누군가가 이 박정희 傳記를 읽고서 지도자의 길을 가기로 결심하는 것이다. 그리하여 그가 21세기형 박정희가 되어 이 나라를 '소박하고 근면한, 자주독립·통일된 선진국'으로 밀어 올리는 날을 기대해 보는 것이다.

2007년 3월

趙甲濟

⑬ 마지막 하루

제51장 超人의 무덤

제50장

최후의 시간들

朴正熙

효자손, 카빈소총, 벽돌

썰렁한 침대 위에서 朴正熙 대통령은 눈을 떴다. 맞은편 벽에 걸린 故陸英修 여사의 커다란 초상화가 맨 먼저 시야에 들어왔다. 동창 밖으로 번지는 여명에 아내의 미소 띤 얼굴이 점차 또렷하게 드러나기 시작했다. 유화로 그려진 초상화 아래로는 붙박이 단이 있고 그 위에는 국화가 꽃힌 노란색 화병 두 개와 책 한 권이 놓여 있었다. 책은 朴木月 시인이 쓴 '육영수 여사'로 나무 상자에 들어 있었다. 대통령은 1974년 8월 15일 광복절 행사에서 文世光의 총탄에 喪妻(상처)한 이후 아내 생일에는 직접 꺾은 국화 송이를 초상화 밑에 가지런히 얹어 놓곤 했다. 아내가 없는 공간을 대신한 것은 朴正熙의 머리맡을 차지한 '효자손'이었다. 스테인리스 막대 끝에 플라스틱 손이 달린 것이었다.

62세로는 단단한 체구를 가졌던 박정희는 그 무렵 노인성 소양증세를 비롯해 세 가지 질병을 갖고 있었다. 온몸, 특히 등쪽이 가려웠던 박 대통령은 이 때문에 순면 내복을 입었고 가려움증을 없애준다는 알파케일을 주치의로부터 구해 목욕물에 풀어 몸을 적셔 보기도 했지만 별무효과였다. 밤중에 가려움이 심해도 등을 긁어 줄 사람이 곁에 없어 효자손을 반려자로 삼고 있었던 홀아비가 박정희였다.

1960년대에 그는 축농증의 일종인 副鼻洞炎(부비동염) 수술을 받았으나 곧 재발했다. 1978년 하반기에 대통령은 국군서울지구병원에서 다시 코 수술을 받았다. 그래도 코를 통한 호흡이 원활하지 못하여 편도선주위염이나 목감기를 자주 앓았다. 그 며칠 전에도 대통령은 목감기에 걸렸었다. 노인 박정희를 괴롭힌 세 번째 질병은 가벼운 궤양성 소화장애였다. 그 1년 전쯤 박 대통령은 2층 침실에서 자다가 토사곽란을 만난 적이 있었다. 고통을 참지 못한 대통령은 1층 부속실로 통하는 인터폰 부저를 눌렀다. 숙직 중이던 朴鶴奉(박학봉) 비서관이 뛰어 올라왔다. 대통령은 기진맥진한 표정으로 "내가 변소에 열 번 이상이나 다녀왔는데……"라고 했다. 주치의를 긴급 호출한 박 비서관은 대통령의 배를 주물러 드렸다. 연락을 받은 주치의가 한밤중에 청와대로 달려와 진통제를 주사했다. 잠시 후 고통이 수그러들자 비로소 대통령은 잠이 들었다. 박 비서관은 잠든 대통령에게 이불을 덮어 드렸다. 그 휑한 방에 대통령을 혼자 남겨두고 나오려니까 눈물이 왈칵 쏟아졌다.

한 달 전까지만 해도 침대 발끝 오른편엔 카빈소총 두 정을 걸어 둔 나무 총가가 놓여 있었다. 탄창과 실탄은 총가 밑 서랍에 들어 있었다. 대통령은 한 달 전쯤 박 비서관을 시켜 이 총을 청와대 경호단에 반납시켰다. 총가가 있던 자리에는 희미한 자국만 카펫 위에 남아 있었다. 총으로 권력을 쟁취했던 박정희는 그 銃口(총구)가 언젠가는 자신을 향할 것이란 불길한 예감을 버리지 못하고 있었다.

아침에 일어나면 대통령은 맨 먼저 정원이 내려다보이는 동쪽 창문을 비롯, 서재와 거실의 창문들을 활짝 열어 젖혔다. 청와대 본관에 거주하는 사람들은 박 대통령의 창문 여는 소리와 함께 아침 일과를 시작했다. 지어진 지 40년째가 되었던 청와대 본관은 대통령이 욕실에 들어가 물 트는 소리조차 아래층에서 다 들을 수 있었다. 침실 옆 욕실 변기의 물통 속에는 대통령이 아무도 모르게 넣어 둔 빨간 벽돌 한 장이 들어 있었다. 자신이 일과시간에 사용하는 1층 집무실 옆 대통령 전용 화장실도 마찬가지였다. 물을 절약하기 위해서였다. 석유파동 이후부터 골프를 삼간 대통령은 자리에서 일어나 창문을 열고 나면 어김없이 본관 부속실로 연결된 인터폰을 눌렀다.

"운동하자."

대통령을 측근에서 수발하는 제1부속실 직원은 당시 박학봉 비서관과 李光炯(이광형) 부관 두 사람이었다. 이들이 대통령 집무실에 근무하면서 교대로 숙직을 했다. 그날 아침 숙직한 직원은 이광형 부관(당시 32세)이었다. 李 부관은 운동복 차림에 배드민턴 라켓을 들고 현관 앞으로 나와 대통령을 기다렸다. 잠시 후 대통령도 운동복을 입고 나타났다. 두 사람은 나란히 달렸다. 청와대 본관을 빙 둘러쳐진 철망을 벗어나 동쪽으로 난 소로를 따라가면 상춘제가 나타나고 이어서 실내 수영장이 보인다.

석유파동 직후 대통령은 "수영장에 물을 넣고 하면 돈도 많이 드는데 마루를 깔고 배드민턴이나 치도록 하자"고 지시해 실내 수영장이 실내 배드민턴 경기장으로 바뀌었다. 환갑을 넘긴 대통령과 배드민턴을 치고 나면 젊은 이 부관도 땀으로 온몸을 적셔야 했다. 운동이 끝나자 이 부관은 도구를 챙겨 들고 대통령과 함께 본관으로 돌아왔다.

이날 대통령은 삽교천 방조제 준공식 행사에 참석하기로 일정이 잡혀 있었다. 이 부관은 박 대통령의 양복과 구두를 챙기기 시작했다. 바로 그때였다. 2층 거실의 대통령으로부터 인터폰이 울렸다.

"예, 이광형입니다."

"어제 입었던 그 양복하고 구두, 그거 가져오게."

"예, 알겠습니다."

'어제 입었던 양복과 구두' 란 허리단을 수선한 곤색 양복과 금강제화에서 맞춘 검정색 구두를 말한다. 한해 전 코 수술을 받은 직후부터 담배를 끊었던 대통령은 몸무게가 60kg에서 3~4kg쯤 불었다. 1층 집무실로 출근할 때 자신이 전날 입었던 양복바지를 든 채 내려온 적도 있었다. 대통령은 부관에게 바지를 뒤집어 허리 뒷단을 보여주며 손가락으로 정확히 폭을 재 보이고는 "여기 요만큼만 더 늘려 주게"라고 했다. 부속실 직원들은 을지로 2가에 있던 '세기 양복점'으로 옷을 보내어 고쳐오도록 했다.

그날 대통령의 마지막 양복을 준비했던 이광형은 "바지는 수선해서 입고 구두 뒤축을 갈아 신은 적도 한두 번이 아니었다"고 회상했다. 이 부관은 평소보다 십여 분 늦게 양복과 구두를 들고 2층 거실로 올라갔다.

그때까지 대통령은 거울 앞에서 하얀 와이셔츠에 자주색 넥타이를 맨 차림으로 기다리고 있었다. 하체는 반바지 모양의 팬티 차림 그대로였다. 대통령은 李 부관이 들어서자 "어, 어, 이리 가져와" 하며 반겼다. 농촌 시찰이 있는 날이면 대통령은 소풍 가는 소년처럼 들떠 있곤 했다. 이날도 늦게 올라온 양복을 받아 입으며 연신 어깨를 들썩이면서 알 수 없는 콧노래를 흥얼흥얼했다. 권력이란 갑옷을 걸치기 직전 朴正熙(박정희)라는 한 인간의 내면을 엿보게 하는 것은 孤獨(고독), 武人(무인), 節約(절약)의 상징물인 효자손, 카빈 그리고 변기 속의 벽돌이었다. 그는 양복을 입음으로써 이 같은 자신의 내면을 누구도 범접하지 못하도록 감싸 버렸다.

대통령의 장부

대통령과 아침운동을 마친 李光炯은 즉시 부속실로 돌아왔다. 웨이터 전영생이 주방에서 부속실 직원의 아침식사를 쟁반에 담아 이광형에게 갖다 주었다. 부속실 직원은 대통령보다 먼저 식사를 하고 대통령보다 먼저 마쳐야 했다. 식사 도중에 대통령으로부터 인터폰을 받게 되면 부관은 입속에 든 밥을 얼른 손바닥으로 받아 낸 다음 즉시 물로 입을 헹군 뒤 인터폰을 받곤 했다.

박 대통령 부속실에서는 세 가지 장부를 유지하고 있었다.

'가족장부'는 대통령을 제외한 두 딸과 한 아들의 잡비 씀씀이를 다룬 것이었다. 1979년 10월에는 27만 9,388원이 지출됐다. 2층 내실 담당 가정부 미스 원에게 10만 원, 신당동의 대통령 사저를 관리하고 있던 박환영 비서관과 아주머니에게 월급 이외의 보조비로 2만 원씩, 선물인 듯한 동양란 구입비 3만 2,000원, 志晚 생도의 콘택트렌즈 구입비 5만원, 세탁비 2만여 원 등이었다. 본관에는 식당이 있었다. 본관 근무자와 대통령 가족이 식사하는 곳이었다. 저녁에 대통령이 주관하는 수석비서관 회식, 특별보좌관 회식도 여기서 했다. 이 식당의 식료품 구입비는 1979년 8월에 80만 8,765원이었다. 박 대통령의 개인지출을 기록한 장부에 따르면 그는 1979년에 약 70만 원을 양복, 허리띠, 구두 구입비로 썼다. 10월 3일에 구두 세 켤레 11만 2,200원, 8월 5일에 흰색 반바지 두 벌 3만 원, 허리띠(반바지용) 2만 원, 5월 28일에 잠옷 네 벌 2만원……. 박 대통령 개인 잡비는 대통령 이름으로 된 통장에서 빼 쓰고 입금해 두기도 했다. 1979년 초에 9만 9,830원이 전년도에서 이월됐다가 10월 26일

현재 9만 7,330원이 잔고로 남아 있었다.

대통령은 아침식사를 항상 2층 침실 옆 작은 식당에서 했다. 웨이터 전영생은 본관 1층 부속실 옆에 있는 주방에서 아침을 준비하고 나면 주방 옆으로 난 계단을 통해 2층 식당으로 음식을 날랐다. 대통령의 두 딸 槿惠, 槿暎이 먼저 자리에 앉아 아버지를 기다리고 있었다.

2층 식당 한쪽 구석에는 전자 오르간과 톱악기, 퉁소도 있었다. 대통령은 밤에 홀로 퉁소를 불기도 했다. 적막한 청와대 본관에 울려 퍼진 퉁소 소리는 애끊는 음률이었다고 한다. 1층에는 피아노가 놓인 작은 방이 하나 있었다. 대통령은 가끔 피아노방을 찾아가 혼자서 '황성 옛터' 같은 노래를 연주하기도 했다.

모든 직원들이 퇴근한 오후 6시 이후가 되면 525평의 본관에는 대통령과 두 딸 그리고 숙직 당번인 부속실 직원, 그리고 경호원들만이 남았다. 청와대 본관에서 근무한 사람들은 일과 후를 '적막강산'이라 표현했다. 외부세계와 철저하게 차단된 이곳에서 대통령은 못다 본 서류를 열람하거나 국가의 중대사 그리고 자신의 몫이었던 고독과 대면했다.

1960년대 중반 대통령이 패기만만했을 당시에도 청와대는 항상 도시 속의 쓸쓸한 섬이었다. 그래서 대통령이 수없이 되뇌인 말이 있었다.

"이자들이 나만 이 깊은 감옥에 처넣고 저희들은 마음대로 뛰어다니며 사사건건 말썽만 부리니……."

이 고독의 섬에 아침이 찾아오면 대통령은 자신의 썰렁한 내면을 이불 개듯 걷어 접고서 아무렇지도 않은 듯 정장 차림으로 가족들과 아침을 함께했다. 청와대의 아침 식단은 찌개와 멸치볶음 등 대여섯 가지 밑반찬이 전부였다. 대통령의 오른편으로는 조간신문들이 가지런히 놓여 있었다. 아침식사를 마친 대통령은 늘 그러하듯 커피까지 마시고 일어섰다. 이때 근혜 양이 선물로 들어온 족자를 들고 와 아버지께 보여드렸다. 대통령은 족자를 펴 벽에 걸어 보더니, "그 사람이 벌써 이렇게 됐나"면서 흐뭇해했다. 그 족자는 그로부터 40여 년 전 경북 문경에서 박정희가 보통학교 교사로 있을 때 제자였던 사람이 써 보낸 것이었다. 대통령이 2층 식당에서 가족들과 함께 식사를 하던 그 시간에 맞은편 비서실장실에서는 金桂元 실장이 주재하는 수석비서관 회의가 열리고 있었다. 매일 오전 8시부터 열리는 회의였다. 柳赫仁 정무 제1수석, 高建 정무 제2수석, 徐錫俊 경제 제1수석, 吳源哲 경제 제2수석, 崔侊洙 의전수석, 朴承圭 민정수석, 林芳鉉 공보수석비서관들이 참석했다. 매주 1회 꼴로 대통령에게 친인척 관련 상황보고를 해 온 박승규 민정수석은 비상계엄령이 펼쳐진 부산지역의 민심동향을 조사하고 올라왔었다. 그는 다음 날인 토요일에 대통령을 면담, 민심동향과 함께 대통령의 친인척들에 대한 보고를 하기로 돼 있었다. 이날 수석비서관 회의가 끝나자 김계원 비서실장은 박승규를 따로 불렀다. 박 수석은 이렇게 보고했다.

"부산지역에 계엄군으로 투입된 공수단 병력이 시민들을 때려 민심이 反정부적으로 돌아서고 있습니다."

"내일 각하에게 그 사실을 보고할 때 金載圭 부장과 車智澈 경호실장의 불화에 대해서도 보고하시오. 특히 차 실장의 월권적 행동에 대해서 보고하시오."

김 실장은 그전에도 한번 대통령에게 "차 실장이 정치에서 손을 떼도록 하셔야 되겠습니다"라고 건의한 적이 있었다. 박 대통령은 "차 실장이 국회의원을 했기 때문에 정치를 잘 알아"라고 했다. 김 실장은 비슷한 건의를 다시 하기가 뭣해서 박 수석에게 그런 부탁을 한 것이었다. 김 실장은 박 수석의 그런 보고 후 대통령을 만나 김 부장과 차 실장의 암투가 심하니 차라리 두 사람의 자리를 맞바꾸어 주자는 건의를 할 예정이었다.

　차지철 경호실장은 이날 아침 8시 20분쯤 연희동 집을 떠났다. 차 실장은 두 부관을 데리고 있었는데, 이날 그를 수행한 것은 李錫雨였다. 李 부관은 아침 8시에 연희동 車 실장 집에 도착, 1층에서 근무 중인 경호실 직원으로부터 차 실장의 5연발짜리 리볼버 권총이 든 가죽 손가방을 넘겨받았다. 차 실장은 8시 40분쯤 청와대 정문 우측 첫 번째 4층 건물인 경호실에 도착했다. 그는 집무실에 들어가자마자 金載圭 정보부장을 전화로 찾아 통화했다. 8시 45분경이었다.

　金 부장은 이날 박 대통령이 들르게 돼 있는 KBS 唐津(당진)송신소 준공식에 참석하고 싶다면서 대통령과 함께 헬리콥터 1호기에 동승할 뜻을 비쳤다. 김 부장은 그런 뜻을 김계원 비서실장에게도 전했으나 결정권은 차 실장이 갖고 있었다. 차 실장은 김 부장에게 "지금 시국이 불안하고 대통령께서 서울을 비우시니까 김 부장은 자리를 지켜 주면 좋겠다"며 냉정하게 거절했다.

서재 풍경

　朴 대통령은 오전 9시쯤 2층 식당에서 일어나 1층 집무실로 내려가는 계단으로 몸을 옮겼다.

"나 오늘 삽교천에……."

대통령은 "갔다 올 거야"라는 뒷말을 망설이다 끝내 하지 않았다.

"아버지 안녕히 다녀오세요."

두 딸이 머리 숙여 인사했다. 이것이 영원한 작별인사가 됐다. 박 대통령은 필기도구와 안경, 연설문 따위가 담긴 누런 가죽가방을 직접 챙겨 들고 콧노래를 부르며 계단을 내려왔다. 2층에서 1층으로 출근한 것이다.

김계원 실장은 이런 식의 출근이 대통령의 기분전환에 문제가 있다고 생각하여 별채건물을 지어 내실을 그곳으로 옮기자고 건의했으나 청와대 건물에 돈을 쓰는 것을 싫어한 박 대통령에 의해 거부됐다. 대통령은 빨간 카펫이 깔린 계단을 내려와 우측으로 난 문을 열고 집무실로 통하는 '전실'로 들어섰다. 부속실 역할을 하는 전실에는 박학봉 비서관과 이광형 부관이 교대로 '미스 리'라 불리는 李惠蘭과 함께 근무했다. 이광형 부관과 이혜란이 자리에서 일어나 대통령에게 인사를 했다. 대통령의 가죽가방은 이혜란이 받아 들었다.

박 대통령이 집무실로 들어가자 잠시 후 김계원 실장이 보고를 하러 들어갔다. 김 실장은 정보부와 경찰에서 올라온 일일 보고서를 노란 봉투에 넣어 대통령에게 올렸다. 평소에는 대통령이 봉투 끝을 잘라 보고서를 꺼내 읽어 보지만 이날은 봉투째 서랍 속에 집어넣었다.

박정희의 집무실은 서재로 불리기도 했다. 그는 군인 출신이었지만 책 속에서 살았다. 이 서재 겸 집무실에는 약 600권의 책이 꽂혀 있었는데 소설이나 수필집, 시집은 단 한 권도 없었다. 세계대백과사전, 파월 한국군전사, 난중일기, 박정희 대통령(중국어 판), 불확실성의 시대, 감사원 결산 감사 보고서, 성경, 성경사전, 崔水雲 연구, 단재 申采浩 전집, 白斗鎭 회고록, 지미 카터 자서전, 자본론의 誤譯(오역)(일어판), 金

日成(일어판), 사상범죄론, 한국 헌법, 다국적기업, 정경문화(잡지)…….

《암살사 연구》란 책도 있었다. 朴鐘圭 경호실장 시절인 1973년에 경호실의 연구발전실에서 펴낸 상하권으로 된 책이었다. 세계 각국의 암살 사례를 분석, 암살을 예방하는 방법을 개발하자는 취지로 쓰인 책이었다.

이 도서목록이 풍기는 분위기는 실용주의자의 그것이었다. 관념적인 것과는 거리가 먼 실무적이고 물질적인 소재로 꽉 차 있었다. 집무실 비품들을 보면 재미있는 것들이 있었다. 계산자, 돋보기, 은단통, 소독솜통, 라디오, 정원수 整枝用 톱, 그리고 부채와 파리채.

대통령은 기름을 절약한다고 여름에도 에어컨을 틀지 않고 창문을 열어 놓고는 부채를 부치며 파리를 잡았다. 그해 여름 이광형 부관이 집무실에 들어갔을 때였다. 대통령은 더위를 먹은 듯 얼굴이 벌겋게 돼 있었다. 李 부관은 보일러실 직원을 불러 에어컨을 정식으로 틀지 말고 실내 공기순환만 시켜 달라고 했다. 그날 저녁 박 대통령은 가족과 식사를 하다 말고 근혜 양에게 이런 말을 했다.

"그놈들이 에어컨을 틀었더군. 갑자기 시원해지던데 내가 모를 줄 알고. 앞으로는 절대 틀지 말라고 해."

비품 중에 재떨이가 없었던 것은 박 대통령이 말년에 금연을 선언한 때문인데 간혹 한 개비씩 피우기도 했다. 대통령은 가끔 부속실 직원에게 담배를 가져오라고 하여 개비 담배를 빼내 피웠다. 점심을 먹고는 김계원 실장을 불러 마치 고교생이 숨어서 담배 피우듯 함께 피우기도 했다. 대통령의 건강 파수꾼 노릇을 했던 金秉洙 국군서울지구병원장이 말렸더니, 대통령은 "임마, 그러면 너는 뭣 때문에 있노?" 하더란 것이다.

서재에는 비디오테이프도 몇 개 있었다. '일본 후지 텔레비전과의 인터뷰', '吳元春사건', '500MD 헬기' 등이었다. 서재 겸 집무실은 1967년에 청와대 본관을 증축하면서 기존의 벽을 헐고 방을 낸 것으로 약 40평 정도가 됐다. 그때까지는 전실을 집무실로 사용해 왔다.

서재 남쪽 벽으로 출입문이 하나 있었다. 밖에는 잔디밭에 평행봉과 철봉이 설치돼 있었다. 이 문 옆에는 가로 50cm, 세로 80cm가량 되는 커다란 日曆이 걸려 있었다. 매일 아침 부속실 직원이 청소부를 데리고 들어가 청소를 하면서 한 장씩 찢어 내고 있었다. 일력은 날짜만을 크게 인쇄하고 연도와 달을 작게 표기한 것으로 1979년 10월 26일자가 걸려 있었다. 서재에 걸렸던 일력은 이날로 역사의 化石이 됐다.

이날 오전 9시 20분경 김 비서실장은 보고를 마치고 집무실을 나왔다. 이때부터 대통령은 그날 결재할 서류를 모두 처리하고 일상적인 여타 업무도 거의 다 정리했다.

얼마 후 둔중한 프로펠러 소리가 점점 가까워지고 있었다. 'K-16' 성남비행장(현재 서울 비행장)에서 이륙한 세 대의 청색 UH-1H 헬리콥터가 청와대 동편으로 날아와 지하벙커 지붕 위로 내려앉고 있었다. 오전 10시가 막 넘어설 무렵이었다. 헬리콥터가 착륙한 직후 전실 입구 복도에 차지철 경호실장과 千炳得 수행과장이 도착했다. 김계원 비서실장도 2층 집무실에서 복도로 내려왔다. 비서실장을 본 車 실장은 들으라는 듯 이렇게 중얼거렸다.

"비서실장도 내려가는데 中情부장까지 거길 가려 하다니⋯⋯ 이런 비상시국에는 서울을 지켜야지⋯⋯."

조금 전에 있었던 김재규 정보부장과의 통화내용에 관한 언급이었다.

김계원은 일언반구 대응이 없었다. 잠시 어색한 침묵. 이윽고 문이 열리고 박 대통령이 걸어 나왔다. 기다리던 세 사람은 인사했다. 대통령을 뒤따라 나온 이혜란이 박 대통령의 가죽가방을 천병득 과장에게 넘겨주었다. 현관을 나서는 대통령의 뒤에서 미스 리와 이광형 부관이 "안녕히 다녀오십시오"라고 인사했다. 대통령은 연신 콧노래에 맞춰 고개를 끄덕임으로써 인사에 답했다.

본관 앞마당에는 대통령 전용차량 슈퍼살롱과 비서실장 차량 및 경호차량 등 다섯 대가 줄지어 대기하고 있었다. 행사에 참석할 수행원들과 관계 장관들이 차 옆으로 도열해 서 있다가 대통령을 보고 일제히 인사를 했다. 청와대 내 헬리콥터 착륙장으로 향하는 대통령 전용차에는 김계원 비서실장이 대통령 왼쪽에 동승했다. 대통령은 김 실장에게 "실장 모친이 편찮으신 모양인데, 내일모레는 내가 찾지 않을 테니 고향에 다녀오시오"라고 했다.

가버린 목소리

청와대 내 헬기장에서 세 대의 헬리콥터가 이륙한 것은 이날 오전 10시 30분쯤이었다. 3호기에는 보도진, 2호기에는 수석비서관들과 경호실 수행팀이 탔다. 대통령이 탄 공군 1호기는 승무원을 포함하여 정원이 13명이었다. 앞의 네 자리는 조종사, 부조종사, 정비사, 공군연락관 차지였다. 그 뒷자리에 박 대통령이 앉았다. 대통령 좌석에는 쌍안경과 큰 지도가 놓여 있었다. 이 지도에는 주요시설, 공장, 공단, 공사장이 표시돼 있었다. 경호실 소속 상황실에서는 이 지도에 새로운 정보사항을 늘 유지하여 대통령이 잘 알아볼 수 있도록 신경을 곤두세웠다.

　대통령은 누구보다 공중시찰을 많이 하여 지리에 밝았다. 전에 없던 시설물 같은 것이 보이면 궁금해했다. 그럴 때는 수행과장이 지상으로 긴급 무전 연락을 취해 상황을 파악, 보고해야 했다. 이날 대통령 옆자리에는 삽교천 방조제 준공식의 주무장관인 李熺逸 농수산부장관이 앉았다. 그 뒤로는 김계원, 차지철, 徐錫俊 경제수석 비서관 및 천병득 수행과장과 吳世林 계장이 경호원으로 자리 잡았다.

　機內에서 박 대통령은 이 장관에게 전날 확정된 추곡 매입가 결정에 따른 농민들의 반응을 물었다. 추곡 매입가 결정과정에 우여곡절이 많았다. 경제기획원에서는 前年대비 10% 선의 인상을, 농수산부에선 20% 이상의 인상을 주장하여 좀처럼 결말이 나지 않았다. 申鉉碻 경제기획원장관 겸 부총리와 李 농수산부장관이 대통령 앞에서도 합의를 보지 못하자 대통령이 일방적으로 인상률을 22%로 결정했다.

　'박 대통령이 농민들에게 주는 보너스'라고 표현된 선심 때문이기도 했지만 대통령은 이날 무척 기분이 좋았다. 박 대통령은 농촌 시찰에 나서면 언제나 신이 나는 사람이었다.

　비행 중에 박 대통령은 쌍안경으로 地上을 두루 살폈다. 반월공단 위를 지날 때는 자신이 펼쳐보던 지도와 일일이 대조하기도 했다. 아산 화력발전소 공사장에서 굴뚝 연기가 솟아오르는 것을 가리키며 "이곳은 공장입지가 좋은 곳"이라고 설명도 했다. 김계원 실장은 대만 대사로 오래 근무하여 국내 사정에 어두웠다. 박 대통령은 김 실장에게 그동안의 업적을 자랑하듯 지상의 변화를 이야기하고 있었다. 경지정리가 잘 돼 있고 막 추수가 끝난 농촌지역은 평화로웠다.

헬기가 唐津 禮山 상공을 지날 때 김 실장은 대통령에게 말을 건넸다. "각하, 초가집이 다 없어진 줄 알았는데 저기에는 남아 있지 않습니까?" 대통령은 씩 웃으며 대답했다.

"우선 큰 길가부터 하고 있소."

대통령 일행을 태운 세 대의 헬기가 삽교천 방조제 준공식장인 당진군 신평면 운정리에 도착한 것은 오전 11시 2분이었다. 헬기는 새로 닦인 포장도로 위에 착륙했다. 헬기에서 내린 대통령은 도열한 현지 주민들로부터 박수를 받자 활짝 미소를 지으며 손을 흔들어 답례를 했다. 넓은 공터에 설치된 단상까지 약 50여 미터를 걸어가 단상 위로 올라섰다. 관계 공무원들과 근로자들이 도열해 있었다. 행사장 앞줄에는 마을 노인들이 한복을 입고 참석했다. 대통령은 방조제 건설 유공자 표창을 한 뒤 약 8분에 걸친 致辭(치사)를 낭독했다. 대통령은 "국토개발이 국력의 원천"이며 "오는 83년부터는 홍수와 가뭄이 없는 농촌이 될 것이다"라고 연설했다. 목소리가 예전 같지 않았다.

이희일 장관은 "의아하게 생각했습니다. 쇳소리 나는 특유의 카랑 카랑한 음성이 아니고 그날은 힘이 좀 빠진 듯했어요. 나이를 드신 때문인가 하고 생각했지요"라고 했다. 경호실 수행계장 오세림은 "목감기 때문에 저런가" 하고 생각했다고 한다. 당시 수행과장 천병득은 "그날 바람이 세게 불었는데 바람소리를 제거하기 위해 방송국에서 오디오 시스템을 조작한 때문이 아닐까"라고 했다. 박수 속에 치사를 마친 박 대통령은 단상에서 내려와 테이프 절단식장으로 발걸음을 옮기면서 참석자들의 환호에 손을 흔들어 답례했다.

그날 맨 앞줄에 참석한 노인들 가운데는 갓을 쓴 이들도 보였다. 대통령은 동행하던 측근들에게 이런 말을 했다.

"이 고을의 元老 어른이 어디 계신가. 이런 경사에 같이 모셔야겠지. 가서 모시고 오게."

천병득 수행과장은 즉시 무전으로 경호원들에게 지시했다. 孫守益 충남지사도 부하 공무원들에게 재촉했다. 이들이 마을 이장을 통해 원로를 찾는 사이 대통령은 노인들이 서 있는 곳에 다가가 "연세가 제일 높으신 분은 나오셔서 저와 함께 테이프를 끊으시지요"라고 직접 말하기도 했다. 테이프 절단식장은 방조제 입구에 마련되어 있었다. 대통령은 가위를 받아 이희일 장관 등 관계 공무원들과 함께 테이프를 자르기 위해 줄을 섰다. 그동안 합덕읍에 사는 李吉淳(이길순·당시 83세) 노인이 그날 참석한 사람들 중 가장 연로한 사람임이 밝혀졌다.

하얀 턱수염에 돋보기를 끼고 새마을 모자를 쓴 한복 차림의 이 노인은 몸 둘 바를 모르며 대통령 곁으로 다가와 인사를 했다. 대통령보다 작은 체구의 이 노인은 주위에서 급히 마련해 준 흰 장갑과 가위를 떨리는 손으로 받아 들었다. 대통령은 한 손으로 이 노인이 자를 오색 테이프의 한 허리를 들고 미소를 머금은 채 잠시 기다렸다.

긴장한 이 노인의 오색 테이프는 좀처럼 잘려지지 않았다. 대통령은 함박웃음을 터뜨리며 가위질을 도와주었다. 주위에서 박수가 터졌다. 대통령은 자리를 뜨지 않고 잠시 이 노인의 등을 어루만지며 "올 농사는 잘 지으셨겠지요. 댁내도 모두 편하시고"라고 안부를 물었다. 박 대통령은 "버튼도 같이 누르시죠" 하며 이 노인을 끌었다.

박 대통령은 배수갑문을 여는 버튼을 눌렀다. 이 순간을 잡은 것이 그의 마지막 공식 사진이 됐다. 버튼을 눌러도 삽교호의 막혔던 물이 갑문을 통해서 서해로 쏴— 빠져나가는 장면은 둑에 가려 보이지 않았다. 대통령은 옆에 있던 이희일 장관에게 "어디야, 어디야?"라고 물으면서 두리번거렸다.

박 대통령은 배수갑문이 열린 삽교천 방조제 위로 걸어가 갑문 사이로 물이 빠지는 것을 구경했다. 그리고 이희일 장관과 함께 승용차로 3,360m의 방조제 위를 달렸다. 李 장관은 방조제 도로 옆에 자란 잔디가 몇 달 전에 씨를 뿌렸던 미국産 '켄터키 블루'라고 설명했다.

건너편 牙山군 쪽에 도착한 박 대통령은 湛水碑(담수비)를 제막했다. 물개 세 마리가 하늘을 향해 서 있는 모양이었다. 碑를 감싼 흰 천이 세찬 바람에 휘감겨 있어 박 대통령이 줄을 잡아당겨도 벗겨지지 않았다. 급기야 수행 경호원들이 비 위로 올라가 천을 벗겨 내려야 했다.

死神

박정희 대통령은 삽교천 방조제 담수비 제막을 마친 뒤 주위의 평야에 야적된 볏단을 바라보더니 수행한 관계자들과 출입기자들을 향해 말했다.

"물이 괸 논은 십자형으로 나무를 세우고 벼를 다발로 묶어 그 위에 걸쳐 말리면 습기가 완전히 제거되어서 벼이삭도 잘 건조됩니다."

시동을 건 채 대기하고 있던 공군 1호기에 오른 대통령은 헬기가 이륙 준비를 하는 동안 먼 들판을 응시했다. 기체가 떠오르기 직전에 그는 좀 떨어진 곳에 모여 있던 출입 기자들에게 손을 흔들어 보였다. 비공식 행사가 기다리고 있는 唐津을 향해 출발한 시각은 11시 40분경.

박 대통령이 삽교천 행사장을 둘러보던 그 시각, 金聖鎭 문공부장관은 두 시간째 꼬불거리는 시골길을 달려서 겨우 목적지에 도착했다. 김 장관은 하루 전날 도고호텔로 내려와 있었다. 10월 26일 오전에 김 장관은 삽교천 행사장을 들르지 않은 채 느지막이 승용차편으로 새로 건립된 KBS 對北방송 중계소로 향했다. 예전 같으면 먼저 열리는 행사장에 장관이 참석했다가 대통령을 모시고 자신의 소관 행사장으로 와야 했다. 차지철의 경호실은 대통령과의 과잉접촉을 근절한다는 이유로 이 관례를 바꾸어 주무장관은 자신의 행사장에서 대통령을 기다려야 했다.

건평 500평 남짓한 2층 건물에 안테나 두 개가 솟아오른 자그마한 중계소는 아주 후미진 곳에 세워져 있었다. 이곳은 중앙정보부가 관할하고 있었으므로 아침에 金載圭가 대통령 전용기에 동승할 뜻을 비쳤던 것이다. 김 장관이 중계소에 상주할 직원들과 함께 건물을 먼저 둘러보는 동안 맑은 가을 하늘에서 헬리콥터 소리가 들리기 시작했다. 잠시 후 왕모래 섞인 먼지바람을 일으키며 공군 1호기와 2호기가 중계소 앞뜰에 착륙했다. 2호기에서 내린 경호원들이 경호 배치를 한 후 1호기에서 박 대통령이 내려오고 차지철이 그 뒤를 따라 내려왔다. 대통령을 모시고 행사장으로 간 김 장관은 대통령과 함께 중계소 현관 앞에서 준공과 개관을 축하하는 테이프를 잘랐다. 그리고 건물 안으로 들어가 몇 가지 시설들을 설명한 뒤 미리 준비해 둔 방으로 안내했다. 시멘트 냄새가 채 가시지 않은 방에 들어선 박 대통령은 의자에 털썩 앉았다. 그 순간 김 장관은 흠칫 놀랐다.

"그토록 또렷하던 대통령의 날카로운 눈빛이 간데없었어요. 나를 바라보던 눈빛은 퀭하니 眼光이 비어 있었습니다. 더구나 얼굴에는 윤기도 없고 대통령 특유의 긴장감도 없었습니다. 마치 죽은 사람의 얼굴을 보는 것 같았습니다."

잠시 침묵이 흘렀다.

"김 장관, 나 물 한 잔 주어."

대통령의 목소리에도 힘이 없었다.

한 시간도 채 걸리지 않은 작은 행사를 마치고 대통령이 이렇게 기진맥진한 채 물을 청하는 모습에 김성진 장관은 목이 멨다. 냉수를 받아든 대통령은 단숨에 꿀꺽꿀꺽 다 들이켰다. 그러고는 어깨의 힘을 쭈욱 빼더니 의자에 비스듬히 기대며 묵묵히 무엇인가 생각에 잠기는 듯했다. 그때까지 박 대통령을 만 9년 동안 모셔왔던 김성진으로서는 처음 보는 광경에 애가 탔다. 김 장관은 불안해졌다.

'어디가 편찮으신가? 아니면 삽교천 행사 때 무언가 마음에 들지 않은 언짢은 일이 있었나?'

그렇다고 대통령에게 함부로 물어볼 수도 없었다. 잠시 후 대통령은 밖으로 나가 예정된 기념식수를 한 뒤 헬리콥터로 향했다. 헬기 동승자 명단에 포함되지 않았던 김 장관은 대통령의 뒤를 따라가다가 헬기 문밖에까지 전송하게 됐다. 헬기에 올라탄 박 대통령은 김 장관을 보더니 "왜 안 타나?"라고 했다. 행사 후 KBS 직원들과 동네 유지들을 모시고 점심을 같이하기로 되어 있었던 김 장관은 대통령의 채근에 헬기로 뛰어올랐다. 먼지를 일으키며 1호기가 이륙했다. 뒤따라 이륙을 시도하던 2호기는 엔진 고장을 일으켜 주저앉고 말았다. 약 30분 동안 2호기는 KBS 중계소 앞뜰에서 긴급수리를 해야 했다. 먼저 이륙한 1호기는 한 시간 전에 행사를 치렀던 삽교천 방조제 부근 상공으로 비행했다. 그동

안 대통령은 아무 말 없이 무슨 생각에 골몰하는 듯하더니 갑자기 아래를 내려다보며 뭐라고 혼자 중얼거리기 시작했다. 옆에 앉은 김 장관이 귀를 기울여도 무슨 말인지 통 알아들을 수 없는 말을 혼자서 계속했다. 그러더니 갑자기 김 장관에게 얼굴을 돌리고는 이렇게 물었다.

"그렇게 하면 안 되지?"

"......?"

말뜻을 알아차리지 못한 김 장관이 머뭇거리자 박 대통령은 아무 일도 아니었다는 듯 또다시 깊은 생각에 잠기는 것이었다.

도고호텔 앞마당에 공군 1호기가 착륙한 것은 12시 40분이었다. 소음으로 가득 찬 좁은 공간에서 바람과 먼지가 휘말려 올랐다. 마당 한 구석에 있는 사슴 사육장에서는 헬기 소리에 놀란 새끼 밴 사슴 한 마리가 머리를 벽에 들이받고 죽었다. 잇단 사고들은 대통령에게 보고되지 않았다.

도고호텔 2층 회의실에서는 오찬이 있었다. 대통령의 좌석은 맨 끝에 독상 차림으로 마련되어 외딴섬처럼 느끼게 되어 있었다. 그 좌우로 길다란 탁자가 배치되어 있었고 孫守益 충남지사 등 17명이 앉았다.

예전에는 대통령과의 오찬석상에서 비서관들은 예의를 깍듯하게 차리면서도 유쾌한 분위기를 만들어 나가는 데 지혜를 모으곤 했다. 웃음도 있었고 농담과 재담이 넘치곤 했다. 그날 김성진 장관은 '딱딱하게 말라 버린 가랑잎 같은 존재들만이 대통령을 저 멀리 쳐다보면서 밥술만 뜨는 참으로 한심하고 송구스러운 점심'으로 기억했다.

농담은 대통령이 주로 했다. 대통령은 "金元基 장관이 뜻밖에 준공식장에 나타나 이상하게 생각했어"라고 말했다. 김 장관이 "당진이 제 고

향입니다"라고 말하자 대통령은 "그렇군"이라고 가볍게 받으면서 농담조로 이런 말도 했다.

"이희일 장관이 청와대에 있을 때는 쌀값을 높게 책정해서는 안 된다고 하더니 농수산부 장관이 되자 추곡수매가를 올리자고 하는데 입장이 바뀌면 모두 그렇게 되는 건가?"

박 대통령은 또 7일 전에 있었던 싱가포르 李光耀(리콴유) 수상과의 대화 내용을 소개했다.

"이 수상이 그러는데, 공산당과의 싸움에서는 내가 죽든지 적을 죽이든지 하는 두 길밖에 없다는 거야. 어중간한 방법으로는 안 된다는 거야."

청와대의 오후

오찬을 마친 대통령을 태운 공군 1호기가 도고호텔을 이륙한 것은 오후 1시 50분쯤이었다. 박정희는 機長(기장)에게 아산만 쪽으로 가 현충사 상공을 한 번 돌게 했다. 그는 고민이 있으면 이곳에 들러 충무공李舜臣과 '無言의 대화'를 나누곤 했었다. 박정희가 이순신에 대하여 同病相憐(동병상련)을 느꼈던 부분은, 당대의 평가를 기대하지 않고 역사의 짐을 고독하게 지고 가야 했던 사람으로서의 공감이었을 것이다. 대통령은 서울상공에 와서도 한 바퀴 돌도록 했다. 박정희는 가끔 "국토개발 현장을 시찰하면 꼭 내가 그린 그림을 보는 것 같애"라고 말하기도 했었다. 한반도란 畵幅(화폭)에다가 가장 큰 밑그림을 그린 인물로 기록될 박정희는 6·25동란의 폐허 위에서 불사조처럼 솟아나 그의 시대에 세계적 대도시가 된 콘크리트의 정글을 대견스럽게 내려다보았다. 그는 강남과 강북을 잇는 다리들을 가리키면서 "다리가 참 많군" 하며 새삼 감탄하기도 했다.

1979년 10월 26일 오후 2시 30분쯤, 대통령이 탄 헬기는 청와대에 착륙했다. 수석비서관들을 태운 2호기가 먼저 도착하여 착륙장에서 사람들이 기다리고 있었다. 대통령은 이들에게 손을 흔들면서 내렸다. 기분이 좋아 보였다. 본관 1층 대통령 집무실까지 수행한 金桂元 비서실장, 車智澈 경호실장, 千炳得 수행과장에게 대통령은 "수고했으니 쉬어"라고 했다. 화창한 가을날에 농촌지역을 한 바퀴 돌고 와서 그는 기분전환이 된 것 같았다. 열흘 전에 터졌던 釜馬사태와 아직도 골치를 썩이고 있는 金泳三 총재의 의원직 제명 뒤의 신민당 사태도 잠시 잊을 수 있었다. 도시에서 짜증난 것을 농촌에서 상당히 푼 셈이었다.

오전에 지방으로 출장을 갔다가 돌아온 날의 오후에는 청와대에 머무는 것이 대통령의 습관이었다. 차지철 실장도 대통령의 이런 습관을 익히 알고 있어 자신의 사무실로 돌아와서는 부하들에게 "수고했어, 쉬어"라고 했다. 오후 4시쯤, 李在田 경호실차장은 실장실에서 차지철과 가벼운 이야기를 나누고 있었다. 이때 인터폰이 울렸다. 짧은 대화 끝에 전화기를 놓은 차 실장은 부관에게 "정보부장을 대라"고 했다. 金載圭 부장에게 짤막한 통보를 한 뒤에 그는 千炳得 과장과 경호원들을 불러 경호준비를 시켰다. 차 실장은 "오늘은 좀 쉬시지……"라고 중얼거리면서 좀 짜증스러운 표정을 지었다.

만 62세의 건강한 홀아비 박정희는 이날의 농촌나들이로 고양된 기분을 풀 수 있는 방법을 청와대 안에서는 찾을 수가 없었다.

오후 6시에 그가 2층 내실로 물러나면 거기에는 너무 넓은 침실이 기다리고 있었다. 그의 곁을 떠나지 않은 것은 '방울이'란 이름을 가진 스피츠 한 마리와 가려움을 긁어 줄 효자손뿐이었으니.

오후 3시를 조금 지나서 박정희는 집무실 문을 열고 나왔다. 이광형 부관이 보니 슬리퍼를 신고 있었다. 콧노래를 흥얼거리며 어깨춤을 추듯 몸을 흔들흔들했다. 벌떡 일어선 이광형, 이혜란 두 사람과 눈이 마주치자 눈웃음을 지으면서 '신경 쓰지 말고 일이나 계속해'라는 시늉을 했다. 이발기구와 의자가 설치된 화장실로 들어간 박정희는 잠시 후 다시 나와 집무실로 들어갔다. 그때까지 콧노래는 끊이지 않았다. 오후 5시를 조금 넘어 대통령은 林芳鉉 대변인에게 인터폰을 걸었다.

"연두기자 회견은 어떻게 되어 가나."

"이미 준비에 착수했습니다."

"참 잘했어. 아주 잘했어."

대통령은 계속 기분이 좋아 있었다.

10월 26일 오후 4시 10분쯤 남산 정보부장실에 있던 김재규는 차지철의 전화를 받았다.

"오늘 저녁 6시에 각하를 모시고 대행사가 있습니다."

대행사라고 하면 대통령 이외에 정보부장, 대통령 비서실장, 경호실장까지 포함되는 만찬이다. 4시 10분경 궁정동 정보부 시설의 본관에 있는 부장 의전비서 尹炳書 사무실에 정보부 의전과장 朴善浩가 와 있었다. 이리로 청와대 경호실 경호처장 鄭仁炯이 전화를 걸어 왔다. 박선호가 받으니 정인형은 '대행사가 있다'고 했다. '심부름을 할 여자 두 명을 준비해 달라'는 당부도 함께 했다. 정 처장은 박선호와는 해병대

제16기 간부후보생 동기였다. 둘은 형제처럼 친했다. 박 과장이 이날 해야 할 중요한 일은 이 만찬의 시중을 들 두 여자를 데리고 오는 것이었다. 그는 가수 沈守峰(심수봉)과 하루 전에 만나서 보아 둔 영화배우 지망생 申才順(신재순)의 집에 전화를 걸었다. 신 양은 오후 5시 20분까지 플라자 호텔 커피숍에서, 심수봉 양은 오후 5시 30분에 뉴내자 호텔 커피숍에서 만나기로 약속했다. 박선호로부터 행사준비 지시를 받은 식당 책임자 南孝周(남효주) 사무관은 식당 전용차 코티나 운전사 金勇南(김용남)에게 경기도 고양군 신도면 원당읍에 있는 원당 양조장으로 가서 막걸리 석 되를 사오라고 시켰다. 최근 들어 대통령은 양주를 많이 마셨지만 언제 막걸리를 시킬지 몰라 준비를 시킨 것이다.

김재규는 남산의 부장실을 출발하여 오후 4시 20분쯤에 궁정동에 도착했다. 정보부장 수행비서관인 육사 18기 출신의 현역대령 朴興柱가 부장 승용차의 앞자리에 타고서 수행했다. 부장 차가 궁정동 본관에 당도하니 朴善浩가 기다리고 있다가 차에서 내리는 부장에게 귓속말로 무어라고 보고를 했다. 박 대령은 '아, 오늘 행사가 있구나' 하고 직감했다. 박 대령은 부장의 서류가방을 들고 윤병서 비서와 함께 2층 부장 집무실로 따라 올라갔다. 박흥주 대령은 오후 3시경에 부장이 이발을 할 수 있도록 이발사를 불러 두었다. 그 이야기를 했더니 김재규는 "오늘 각하께서 일찍 오시면 곤란하니 내일 이발을 하도록 하지"라고 했다.

오후 4시 40분경 김재규는 1층 尹炳書 의전비서의 방에 있던 박흥주 대령을 인터폰으로 찾았다. 金 부장이 박 대령에게 "정승화 육군참모총장에게 전화 대"라고 지시하는 말을 곁에서 들은 윤 비서가 재빨리 일반전화로 鄭昇和 총장실에 전화를 걸었다. 윤 비서는 다시 인터폰으로 부장에게 "육군총장님 전화 나왔습니다"라고 보고했다.

이날 정 총장은 육군본부 집무실에 있었다. 오전에 라디오를 통해서 삽교천 防潮堤(방조제) 준공식 실황중계를 듣고 나서 저녁으로 잡혀 있었던 前 2군사령관 金鍾洙 중장 송별연을 취소한 뒤에 퇴근시간을 기다리고 있었다. 김 중장은 2군 사령관 자리에서 물러나 수산청장으로 간 지 며칠 되지 않았었다. 정 총장은 삽교천 준공식 중계를 듣고 비로소 대통령이 지방에 내려갔음을 알았다. 대통령의 일정을 알려주지 않은 경호실장이 마뜩찮게 생각됐다. 정 총장은 '대통령도 안 계신데 송별파티를 열기도 뭣하군' 하는 생각이 들었다. 그래서 그 행사를 연기시킨 것이었다. 이때 수석부관 黃源卓 대령이 방으로 들어왔다.

"김재규 중앙정보부장이 직접 전화를 걸었습니다."

정 총장은 수화기를 들었다.

殺意의 탄생

鄭昇和 육군참모총장이 전화기를 드니 金載圭의 걸걸한 목소리가 흘러나왔다.

"안녕하셨습니까, 정 총장. 오늘 저녁 뭐 바쁜 일 있습니까?"

"특별한 일은 없습니다."

"저도 별일이 없습니다. 그럼 오늘 우리 저녁이나 같이하면서 조용히 시국 이야기나 합시다."

"그렇게 합시다."

"궁정동…… 전에 한번 와 보셨지요…… 알겠지요?"

"압니다."

정승화 장군은 근 한 달 전에 김재규가 식사를 같이하자고 연락이 왔지만 선약 때문에 거절한 적이 있었다. 이날도 金鍾洙 장군 송별연을 취소하지 않았더라면 김재규와의 자리는 성사될 수가 없었다. 정 장군은 "그때 김재규의 목소리는 정중하고 평상 그대로였다"고 기억하면서 "나는 지금도 김재규가 나와 먼저 저녁 약속을 했고 그 직후에 대통령과 만찬이 있다는 통보를 받았다고 믿고 있다"고 했다.

10·26사건의 미스터리 중 하나는 김재규가 정 총장에게 전화를 건 시각이 대통령과의 만찬이 있다는 연락을 경호실장으로부터 받은 뒤인가 그 전인가 하는 것이었다. 대통령과의 만찬이 있다는 연락을 받은 뒤에 정승화 총장과 겹치기 약속을 했다면 이는 김재규의 殺意가 발동한 基點이 되기 때문이다. 이 쟁점에 종지부를 찍을 만한 자료를 기자는 이번 취재에서 발견했다. 1979년 10월 29일 윤병서 의전비서가 合搜部(합수부)에서 쓴 자필진술서는 자신이 4시 40분(즉 대통령과 만찬이 있다는 사실을 통보받은 30분쯤 뒤)에 총장실로 전화를 걸어 김 부장에게 연결시켜 주었다고 밝히고 있기 때문이다.

이 전화는 두 사람의 운명뿐 아니라 이 나라의 진로를 바꾸어 놓는 중대한 인연을 만든다. 이 전화는 10·26에서 12·12사건으로 이어지는 드라마의 무대에 긴 그림자를 드리우게 된다.

이날 밤 무대의 한 조연이 된 정보부 金正燮 제2차장보는 점심 때 조선비료 金德燁(김덕엽) 사장의 셋째 아들 결혼식장에 갔다가 감사원 嚴秉吉 감사위원과 재무부 趙忠勳 차관을 만나 신라호텔 일식당에서 점심을 함께했다. 국내 정치담당인 그는 남산 사무실로 돌아와서는 석간신문과 상황보고서를 훑어보았다. 오후 3시 30분쯤 부장실에서 '보고할 것이 있으면 지금 해 주었으면 좋겠다'는 연락이 왔다. 김 차장보는 부장에게 "정운갑 신민당 총재권한대행이 자기 체제를 발족시키겠다는 발표를 했고 일본인 관광객이 한국인 접대부를 찔러 죽였다"는 보고를 했다.

오후 4시쯤 부장실을 나온 그는 4시 30분에 시청 건너편에 있는 프레지던트 호텔 內 정보부 전용사무실 1720호실로 갔다. 이 방에서 신민당 金모 의원과 만나 黨內 사정에 대해서 이야기를 나누고 있던 오후 5시쯤 보좌관 朴永學이 들어와 "김 부장이 전화를 해 달랍니다"라고 했다. 김 차장보는 대화를 중단하고 전화를 걸었다.

"오늘 저녁 6시 30분까지 궁정동 사무실까지 오시오."

김재규는 이렇게 말하고는 대답도 듣지 않고 일방적으로 끊어 버렸다. 김 차장보는 호텔 방에서 김 의원과 이야기를 마친 뒤 오후 5시에 다시 궁정동 부장 사무실로 전화를 걸었다. 윤병서 비서가 받았다. 김 차장보는 부장이 아까 전화로 저녁에 궁정동으로 오라는 것은 거기로 와서 업무보고를 하라는 뜻인 줄 알고는 "오늘 저녁에 친구들과 선약이 있으니 지금 전화로 부장께 보고를 하겠다"고 했다. 김 부장에게 전화가 연결이 됐다. 김정섭 차장보는 신민당 김 의원과 나눈 대화를 설명하고 신민당 鄭雲甲 代行 체제에 대한 전망을 보고했다. 그러고는 "이상입니다"라고 끝내려고 했더니 김 부장은 또 "저녁 6시 30분까지 이리로 오시오"하고 일방적으로 전화를 놓아 버리는 것이었다.

궁정동 정보부 시설의 본관 2층에는 부장용 침실이 있었다. 그 무렵 肝 치료를 받고 있던 김 부장은 여기서 오후에 한 시간쯤 낮잠을 자는 경우가 잦았다. 이날 鄭 총장에게 전화를 건 뒤에 이 침실에서 한 일에 대하여 김재규는 1979년 11월 8일에 작성한 자필진술조서에서 이렇게 썼다.

"금고에 보관하고 있던 32구경 독일제 소형 권총을 꺼냈다. 실탄도 꺼내어 탄창에다가 일곱 발을 넣고 권총에 끼워 장전 점검을 해 보았더니 이상이 없었다. 한 발을 장전하여 격발만 하면 발사될 수 있도록 해 두었다. 이 총을 언제라도 쉽게 꺼낼 수 있도록 책장 상단 선반에 꽂혀 있는 《국제정보자료》책 뒤편에 숨겨 두었다."

이 권총의 내력은 오래된 것이었다. 김재규가 육군대학 부총장으로 있던 1960년 총장이던 李成佳 장군으로부터 선물 받은 권총이었다. 김재규는 전역한 뒤 이 권총과 45구경 권총 두 자루를 주소지를 관할하는 서울 성북경찰서에 맡겨 두었다. 그는 정보부장으로 취임한 이후인 1977년에 경찰로부터 권총을 수령하고 금고에 넣어 보관하고 있었던 것이다.

부장수행비서관 朴興柱 대령이 1층 사무실에서 부장 친척들의 여권서류를 정리하고 있던 오후 5시쯤 윤 비서가 2층에서 내려오더니 "부장님이 조끼와 줄무늬 있는 양복을 보내라고 하신다"고 했다. 박 대령은 부장공관으로 연락을 취했다. 이 양복바지에는 특징이 하나 있었다. 라이터를 넣는 호주머니 속의 작은 호주머니를 유달리 크게 만든 바지였다. 작은 권총이 들어갈 정도였다. 한 20분이 지나서 다시 인터폰을 받으니 부장이었다.

"오늘 손님이 오시는데 식사 3인분을 준비해 주게. 저녁 6시 30분에 손님들이 올 걸세."

오후 5시를 지나자 오늘 대행사의 관리책임자 박선호 의전과장은 직접 차를 운전하여 프라자 호텔 커피숍에서 申才順을 태우고 내자 호텔로 차를 몰았다. 당시 23세이던 한양대학교 연극영화과 3학년 신재순은 광고모델로 일한 적도 있었다. 신재순은 그 이틀 전 오후 약수동에 있는 '대하'라는 살롱 마담 숙경 언니로부터 만나자는 연락을 받았다. 그 다음 날 서교동에 있는 언니 집에 가서 만난 사람이 박선호였다. 박 과장은 이 자리에서 申 양을 면접한 뒤에 내일, 즉 26일 오후 5시에 프라자 호텔 커피숍에서 만나기로 약속을 했다는 것이다. 박 과장이 예기치 않은 대통령과의 만찬에 대비하여 미리 약속을 해 둔 것인지 아니면 다른 목적이 있었는지는 명확하지 않다. 박, 신 두 사람은 내자 호텔에서 심수봉과 합류하여 궁정동으로 향했다. 박선호는 마음이 급한지 중앙선을 넘나드는 곡예 운전을 하며 달렸다. 이날 오후에 박흥주 대령은 짬을 내어 부장 경호차를 타고 광화문 에스콰이어 양화점에 갔다. 평소 무좀으로 고생하던 그는 여기서 검은색 구두를 사 가지고 돌아왔다.

정치 공작

金桂元 대통령 비서실장은 삽교천 방조제 준공식 행사에 다녀온 뒤 사무실에서 유정회 총무 崔榮喜 의원과 한담을 하고 있었다. 며칠 전 군 선배인 최 의원은 저녁을 하자고 김 실장에게 연락했으나 대통령이 갑자기 부르는 바람에 성사되지 않아 그 약속을 오늘로 미루어 미리 사무실에 와 있었던 것이다. 김 실장은 "각하께서 또 찾으실지 모르니 다섯 시까지 조금 더 기다려 봅시다"고 했다. 오후 4시 30분쯤 경호실장이 전화를 걸어 왔다.

"오늘 각하를 모시고 저녁을 하게 되었습니다. 여섯 시까지 정보부장한테 가십시오."

김 실장은 전화기를 놓고는 최영희 의원에게 웃으면서 "이러니 제가 약속을 못 합니다"라고 했다. 김계원 실장에게는 전 해 12월 취임한 이후 이번 만찬이 네 번째였다. 경호실장으로부터 오라는 연락이 없으면 갈 수 없는 자리였다. 김 실장이 마지막으로 궁정동에 간 것은 그 두 달 전에 이 궁정동 나棟(동) 만찬장을 수리한 뒤였다. 金載圭가 안내를 하면서 식탁 밑으로 푹 패여 다리를 놓게 되어 있는 부분을 자랑스럽게 설명했다. 발바닥이 닿는 바닥에 용수철 장치가 되어 있어 촉감이 좋았다. 박정희는 그 속으로 상체의 반쯤을 넣어 보면서 "여기에 숨어도 되겠군"이라고 했다.

김계원 실장이 궁정동 본관에 도착한 것은 5시 20분쯤. 정보부측의 안내 없이는 비서실장조차 나동 만찬장엘 갈 수가 없어 본관으로 먼저 들어가야 했다. 실장 혼자 본관 1층으로 들어오자 회의실로 그를 안내한 윤병서 비서는 곧장 2층으로 올라가 자고 있던 부장을 깨웠다. 잠시 후 김재규는 2층에서 내려와 김계원이 기다리고 있는 회의실로 들어왔다.

김재규가 말문을 열었다.

"오늘 무슨 일입니까?"

"모르겠소. 오늘 행사도 다녀오시고 해서 쉬실 줄 알았는데."

"저는 오늘 만찬이 없을 줄 알고 鄭昇和 총장과 저녁약속을 해 두었는데……."

김재규는 난감한 표정을 지었다. 김계원 실장이 꺼낸 다음 말은 김재규의 분통을 터뜨릴 만한 것이었다.

"헛수고 많이 했소. 신민당 공작은 공화당이 다 망쳐 놓았소. 中情은 수고만 하고……."

"사표를 일괄반환한다는 말이 이틀만 늦게 나왔어도 되는데……. 할 수 없지요. 이제부터는 鄭 대행이 출범하면 하나씩 부쳐 주어야지요."

그해 10월 초 金泳三 신민당 총재의 의원직 제명에 항의하여 신민당 의원들이 일괄 제출한 의원직 사퇴서에 대해 그 이틀 전 공화당이 이 사퇴서를 한꺼번에 반환하겠다고 발표한 것을 두고 나누는 대화였다. 정보부에서는 김영삼 계열의 신민당 당직자들에게 압력을 넣어 당직에서 사퇴하게 한 다음, 법원의 판결에 의해서 이미 총재직무가 정지된 김영삼으로부터 당권을 빼앗아 鄭雲甲 총재권한대행에게 넘기는 공작을 추진하고 있었다. 정보부는 이런 공작의 압력용으로 신민당 의원들이 제출한 사퇴서를 선별하여 수리하겠다는 설을 퍼뜨리고 있었는데 공화당이 "다 반환하겠다"고 하는 바람에 정보부는 협박 수단을 놓치고 협조할 듯한 의원들도 강경으로 돌아섰던 것이다.

권총 안 찬 경호실장

대통령이 궁정동에 도착할 시각이 다가오자 金載圭와 "金桂元(김계원)은 만찬장인 나棟으로 향했다. 尹炳書 비서의 기억에 따르면 이때가 저녁 5시 40분경이었다. 김재규는 본관을 나서면서 따라 나오는 수행비서관 박흥주 대령에게 귀엣말로 "2차장보가 오늘 손님을 모시고 올 텐데 저녁 7시까지 내가 나오지 못하면 손님들끼리 먼저 식사를 하도록 하게"라고 당부했다.

아담한 2층 양옥 건물 나동 앞에는 정원이 있고 화강암을 깎아서 만든 경계석이 화단과 마당을 가르고 있었다. 여기에 걸터앉은 김재규 정보부장과 김계원 비서실장은 계속해서 차지철을 도마 위에 올려놓고 있었다.

 "사회 공기가 얼마나 험악한지 실장님도 모르실 것입니다. 부산에 계엄령이 선포되어 우선은 조용해졌지만 며칠이나 가겠습니까."

 "김 부장, 대한민국 정부가 그렇게 약한 줄 아시오. 학생들이 비판한다고 오늘 내일 정부가 쓰러질 것 같소."

 "맑은 물에 무엇 같은 놈 한 마리가 앉아서 자주 물을 흐려 놓으니 일이 되겠습니까."

 "무슨 일만 있으면 각하에게 쪼르르 쫓아가서 고자질을 하니 야단이야. 그러니 각하는 자꾸 강경해지시고……."

 "오늘 저놈을 해치워야 일이 올바르게 되지, 저놈이 옆에서 각하의 판단을 흐려 놓는 한 잘되기는 글렀습니다. 저놈을 오늘 해치울까요, 어떻게 하지요."

 김계원은 이때 김 부장이 또 과격한 불평을 하는구나 하고 생각했다. 그래서 "차 실장의 월권에 대해서는 다른 사람을 통해서 내일 이야기하게 되어 있어"라고 했다. 김재규는 "미지근하게 하면 안 됩니다"고 다짐을 주듯 말했다.

 정보부 안전국장 金瑾洙가 10·26사건 뒤에 合搜部에서 진술한 내용 중에는 이런 대목이 있다. 1979년 5월 중순 어느 날 오전에 신민당 전당대회에 관련된 보고를 부장에게 올리는 정보부 간부회의가 있었다. 김재규는 "차 실장은 ○○○을 어떻게 조종했는지 모르겠어. ○○○이 무슨 보스인가. 이기택만도 못한 머저리 바보다"라고 했다. 이는 차지철 경호실장이 ○○○을 조종하여 김영삼의 총재 당선을 저지하려고 했다가 실패하자 그 책임을 정보부의 무능으로 돌린 데 대한 신경질이었다. 당시 차지철은 경호실에다가 정보처를 신설하여 산하에 사설 정보대를 운영하고, 여야 양쪽에다가 자신의 말을 잘 듣는 국회의원들을 조직하여 두고는 정보부가 해 오던 정치공작을 직접 지휘하고 있었다.

정치공작의 설계를 경호실장이 하고 정보부는 그 심부름을 하는 형편이었다. 정치공작이 실패로 돌아가면 차지철은 책임을 정보부로 돌려 버리곤 했다. 김재규는 수시로 경호실장에게 불려가서 지시를 받고 오는 형편이 됐다. 이런 상황을 정보부 간부들이 다 알고 있어 부장의 권위도 말이 아니었다. 문제는 차지철 실장이 정치에 신경쓰느라고 본연의 임무인 경호는 소홀히 하고 있었다는 점이었다.

오후 5시 40분쯤 청와대. 차지철 경호실장은 대통령을 모시러 가려고 사무실을 나섰다. 부관 李錫雨가 떠나는 車 실장에게 권총을 건네주었다. 실장은 "갖고 있어라"고 돌려주는 것이었다. 이석우 부관은 권총을 받아 도시락 상자같이 생긴 권총집에다가 넣었다. 이석우는 그전에도 차 실장이 궁정동으로 대통령을 수행하러 나설 때는 권총을 건넸으나 매번 차지철은 되돌려주기만 하는 것이었다. 오기가 생긴 李 부관은 '그래도 대통령을 모시는 자리인데 경호실장이 권총을 안 차고 간다는 것은 말이 안 된다'고 생각하여 계속해서 권총을 권했다. 차 실장이 권총을 차고 가지 않게 된 것은 서너 달 이전부터였다. 이석우는 차 실장이 대통령으로부터 무슨 말을 들었기 때문이라고 추측했다.

오후 5시 50분쯤 차지철은 부속실로 올라왔다. 대통령 부속실 이광형 부관은 그때 비로소 저녁 약속이 있음을 알게 됐다. 대통령은 집무실을 나서면서 약간 계면쩍은 표정을 지으면서 말했다.

"이 군, 나 경호실장하고 저녁 먹고 올 테니까 서재 문 잠그고. 어……
그런데 인터폰하니까 근혜 없던데, 근혜 어딨나."

그때 박근혜는 응접실에서 손님을 만나고 있었다. 대통령은 그녀의
방으로 인터폰을 건 모양이었다.

"근혜보고 먼저 밥 먹으라고 이야기하게."

"예, 알겠습니다."

"그리고 내가 보던 것들은 위에 올려놓고."

"예."

경호실장과 대통령이 현관으로 나가는 동안 李 부관은 밖으로 뒤따라
나와 대통령의 등을 향해 인사했다.

"안녕히 다녀오십시오."

본관 앞에는 비공식 행사 때 쓰는 크라운 슈퍼살롱이 시동을 건 채 대
기하고 있었다. 본관 당직 책임자 咸壽龍(함수용) 경호과장이 승용차의
문을 열고 있다가 대통령을 배웅했다. 차 실장은 대통령 옆자리에 탔다.
鄭仁炯 경호처장은 자신의 지정석이나 다름없는 운전사 옆자리에 앉았
다. 정인형 처장은 지도를 항상 준비하고 있다가 뒷좌석에 앉은 대통령
이 "저 공장은 뭐야" 하고 물을 때마다 즉답을 해야 했다. 요사이 그는
시력이 나빠져 안경을 써야 할 입장이었으나 대통령 앞에서 불경스럽게
보일까 봐 그러지도 못하고 있었다. 鄭 처장은 사석에선 "이제 나도 그
만둘 때가 된 것 같아"라고 말하기도 했다. 安載松 부처장, 朴相範 경호
계장, 金鏞燮 경호관은 뒤차에 탔다.

오후 6시 5분, 대통령을 태운 슈퍼살롱이 궁정동 나棟에 도착했다. 이

슈퍼살롱은 대통령이 私的인 행차를 할 때 쓰는 차였고, 운전사도 공용차 운전사 李他官(이타관)이 아닌 金容太였다. 南孝周 사무관이 기다리고 있다가 오른쪽 뒷문을 열었다. 대통령이 내리자 왼쪽 문으로 차 실장이 내렸다. 대통령은 내리면서 남 사무관에게 아무 말도 하지 않았다. 남효주는 '오늘은 각하께서 별로 기분이 좋으신 편이 아니구나'라고 생각했다. 오랫동안 대통령을 모셔 본 南 사무관은 대통령의 표정만 보면 그날 기분을 대충 알 수 있었다. 기분이 좋은 날에는 꼭 "별일 없나"란 말을 하면서 웃음을 보였다.

남 사무관이 대통령 일행을 만찬장인 안방으로 안내했다. 그가 주방으로 돌아오니 정인형, 안재송, 김용태 세 사람이 주방 한가운데에 있는 식탁에 둘러앉아서 맥주를 마시고 있었다. 주방 바깥에서는 김용섭 경호관이 식당차 운전 기사 김용남과 함께 그가 원당 양조장에서 받아온 막걸리 한 통을 뉴코티나 앞 지붕 위에 올려 놓고 마시고 있었다. 박상범은 속이 거북하여 김용태가 주는 '까스명수'를 마셨다. 남효주는 주방 요리사에게 안주를 빨리 준비하라고 시킨 뒤에 정인형 처장에게 "그만 들고 나가시지요"라고 했다.

당시 경호 관례에 따르면 청와대 경호원들은 정보부가 관할하는 궁정동 시설에 도착한 뒤에는 대통령 경호를 정보부에 넘기게 되어 있었다. 그래서 궁정동에 도착한 청와대 경호원들은 한숨을 돌리고 식사를 하곤 했다. 이곳 궁정동을 관리하는 정보부 직원들하고는 워낙 얼굴이 익고 친구 사이인 경우도 있어 일단 긴장을 푸는 것이었다.

김계원은 만찬장인 안방에 들어가자 안쪽으로 마주보고 앉게 된 대통령에게 "각하, 오늘 행사에 다녀오시느라 피로하실 텐데 괜찮습니까"라고 했다. 대통령은 "아, 괜찮아요. 그 큰 공사를 잘 했던데"라고 말했다. 박정희는 삽교천을 다녀온 감상을 설명하면서 "KBS에서는 준공식을 방영하지 않나"라고 했다. 차 실장이 "시간이 되면 틀겠습니다"라고 보고했다.

두 여인

대통령은 탁자 건너편에 앉은 김재규 부장을 향해서 "부산 마산에 별일 없지" 하고 물었다.

"예, 별일 없습니다."

시바스 리갈을 얼음이 든 물컵에 타서 젓고 있던 김 부장이 대답했다.

"부산사태는 신민당이 개입해서 하는 일인데 괜히들 놀래가지고 야단들이야. 신민당 의원이 나한테 와서 말한 게 있어. 오늘 삽교천에 가 보았지만 국민 대다수는 다 열심히 일하는데 부산 데모만 하더라도 그렇지 식당 뽀이, 똘만이들이 많았잖아. 그놈들이 어떻게 選別수리란 말을 알겠어. 중앙정보부가 수고 많이 하는 것은 잘 알고 있지만 더 정확한 정보를 수집해야겠어."

"예, 알겠습니다."

그런 말을 하는 김 부장의 얼굴은 어두웠다. 이날 박 대통령은 부산사태는 김영삼의 신민당이 조종해서 일어난 사건이라는 선입견을 깔고서 김재규와 정보부의 무능을 질책했다. 이것이 김재규로 하여금 더욱 울화를 치밀게 했다. 김계원이 군 검찰에서 진술한 내용은 저간의 사정을 잘 설명해 준다.

"지난 10월 16일 부산에서 발생한 소요사태에 관하여 차지철은 각하에게 신민당이 배후조종한 폭동이라고 보고해서 선입견을 갖게 했습니다. 중앙정보부는 조사 결과 신민당이 아니고 남조선민족해방전선 등 불온단체와 일부 反정부학생들이 가담했다고 보고했으나 각하로부터 거절당하고 오히려 야단을 맞게 되자 김재규는 그 원인이 차지철의 농간에 의한 것이라고 눈치 채고 분노가 극에 달한 바 있습니다."

김재규는 그전에도 수없이 김계원에게 이렇게 털어놓곤 했다.

"각하께서 나보고 무어라고 명령하는 것은 좋지만 지가 뭔데 한술 더 떠서 이러쿵저러쿵 나에게 이야기하는지, 짜식……."

대통령은 김재규 부장에게 다시 한 번 퉁명스럽게 물었다.

"신민당 공작 어떻게 되었소."

"다 틀렸습니다. 당직에서 사표 내겠다고 한 친구들이 모두 강경으로 돌아서 버렸습니다. 암만해도 당분간은 정운갑 대행 체제의 출범이 어렵겠습니다."

이때 차지철 실장이 나섰다.

"그까짓 새끼들, 까불면 신민당이고 학생이고 탱크로 싹 깔아뭉개 버리겠습니다."

김재규는 '야 이 친구 또 이런 자리에서…… 꼭 마찬가지로구나' 하고 생각했다. 대통령이 못마땅한 말투로 얘기를 계속했다.

"설사 일괄 반려하는 일이 있더라도 그때까지는 아무 말도 하지 않아야 하는데 이 친구들 괜히 놀라서 야단들이야. 참 답답하단 말이야."

車智澈이 이 말을 받아 "각하, 정말 그렇습니다"고 부추기듯 말했다. 대통령은 "국회의장이 무슨 잘못이 있어……"라고 중얼거렸다. 차 실장은 대기실의 두 여자 때문에 안방과 바깥을 들락날락했다.

신재순과 심수봉이 궁정동 안방 옆 대기실에 도착한 것은 6시 15분쯤. 의전과장 朴善浩가 나갔다 오더니 서약서를 내놓았다. 오늘 듣고 본 것을 바깥에 나가서 발설하면 처벌을 받는다는 상투적인 내용으로 인쇄된 문안에 사인만 하는 것이었다. 이어서 鄭仁炯과 安載松 두 사람이 몇 가지 질문을 하고 차 실장이 오더니 또 몇 가지를 물었다. 그 다음 박선호가 신 양에게 '단독으로 각하를 모시는 방법'을 가르쳐 주었다. 신 양은 어제 본 박 과장과 너무 달라진 오늘의 박 과장을 대하고 흠칫했다. 얼굴에는 냉기가 흐르고 있었다.

심수봉은 대기실에서 기다리면서 안재송 부처장과 인사를 나누었다. 사격이 취미였던 심 양은 태릉 사격장에서 안재송을 만난 적이 있었다. 6시 30분쯤 차 실장이 안방에서 나오더니 남효주 사무관에게 "지금 여자 손님이 두 분이 있는데 현관 앞에서 대기시키고 내가 들여보내라고 할 때 들여보내라"고 하고는 다시 들어갔다.

식당 관리자 겸 안방 전담 웨이터 남효주는 박선호를 찾아 경호관 대기실로 가 보았다. 박선호가 정인형, 안재송 그리고 두 여자와 함께 앉아 있었다. 남 씨는 차 실장의 전달사항을 박선호에게 말해 주었다. 박 과장은 두 여자를 내보내 주었다. 남 사무관이 이들을 안방 입구 쪽에 있는 부속실로 안내하여 기다리도록 했다.

잠시 후 경호실장이 안방에서 나오더니 두 여자를 데리고 들어갔다. 두 여자는 실내화로 갈아 신고 핸드백과 기타를 대기실에 놓아둔 채 살며시 들어왔다. 심수봉은 대기실에서 정보부장과 경호실장이 언성을 높여 다투는 소리를 들었기 때문에 긴장했다. 처음 와 본 신 양의 눈에 들어온 방은 한 여섯 평이 되는 온돌방이었다.

한가운데 직사각형의 식탁이 놓여 있었고 뒤쪽으로는 십장생이 그려진 병풍이 펼쳐져 있었다. 그 옆으로 작은 진열장. 두 여자가 들어왔는데도 네 사람은 이야기를 계속하고 있었다. 그들은 사람이 들어오는 것을 알아차리지 못한 것 같았다. 심수봉은 대통령의 왼쪽, 신재순은 그 오른쪽에 앉았다.

신 양은 김재규와 마주보는 자리에 앉았기 때문에 이날 가장 정확한 목격자가 될 수 있었다. 신 양은 네 사람의 이야기가 너무 심각하게 진행되자 긴장을 풀려고 식탁 위에 놓인 안주를 세어 보았다. 꿀에 재운 인삼, 도라지나물, 부침, 생채, 송이구이, 편육, 시바스 리갈 두 병, 선 담배 두 갑. 술상은 생각보다 조촐했다.

대통령이 먼저 심수봉을 보고 한마디 했다.

"이 아가씨는 텔레비에서 많이 본 얼굴이고."

신재순을 쳐다보면서는 "이 아가씨는 처음이군"이라 하더니 "예쁘게 생겼군. 이름이 뭐지? 나이는?" 하고 물었다. 긴장한 신 양이 기어들어가는 듯한 목소리로 대답했다. 대통령은 심수봉에게 "본이 어디지?" 하고 물었다. 靑松 沈氏인데 고향은 충청도라고 하자 대통령은 "충청도 놈?" 하고 웃더니 "작고한 총무처장관과 같군"이라고 했다. 沈宜煥(심의환) 장관을 가리키는 말이었다. 대통령은 전날 심 장관의 부인에게 위로 편지를 써 집무실 금고에 넣어놓고 있었다. 10·26사건 후 대통령의 집무실을 정리할 때 발견된 이 서신에서 박정희는 다음과 같이 쓰고 있었다.

"인생은 원래 무상한 것이고 會者定離(회자정리)라고 하였으니 한 번 왔다가 한 번 가는 것은 정한 이치인 줄 알면서도 너무나도 홀연히 떠나시니 애석하고 허전함을 금할 길이 없습니다. …… 고인이 나에게 마지막으로 남기고 가신 편지사연을 한 줄 한 줄 읽으면서 고인도 이 편지가 대통령에게 보내는 마지막 서신이라는 것을 영감적으로 느끼면서 썼으리라는 흔적이 구절구절 나타나 있는 것을 보고 읽으면서 단장의 슬픔과 감회를 금할 수가 없었습니다."

자리를 빠져나와

두 여자의 등장으로 술자리의 분위기는 다소 누그러졌다. 대통령은 빠른 속도로 술잔을 비웠다. 그는 시바스 리갈을 주전자에 부어서 마시고 있었다. 양주잔은 주로 대통령과 김계원 비서실장 사이에서 오고갔다. 차지철 경호실장과 김재규 정보부장은 술잔에 입술을 갖다 대는 시늉만 하고 있었다. 김재규는 담배도 피우지 않았다.

신재순 양이 보니 김재규가 맞은편에 앉아서 고개를 떨구고 있는데 신양의 오른쪽에 앉아 있던 차 실장이 또 한마디를 거는 것이었다.

"요즘 정보부는 뭘 하는지 모르겠어. 부산사태만 해도 그렇지."

대통령은 또 시국문제를 꺼냈다. 차 실장이 계속해서 자극적인 발언으로써 대통령을 부추겨 이 화제에서 벗어나지 못하게 하고 있는 형국이었다.

"오늘 삽교천에 가 보니 공해도 없고 공기는 그렇게 좋은데 신민당은 왜 그 모양이오."

"신민당은 주류가 중심이 되어 강경으로 돌아섰습니다. 정운갑을 미는 것은 非주류인데 국민들은 이들을 사쿠라視(시)하니 힘이 없습니다.

주류의 협조가 없이는 鄭 代行 체제의 출범이 불가능합니다. 우리가 공작하던 현 당직자 백지화도 수포로 돌아갔습니다."

"그까짓 새끼들 싹 쓸어버리겠습니다."

차 실장은 예의 강경한 소리를 되풀이했고, 김 부장은 대책 없는 비관론을 되풀이하니 대통령도 난감한 표정이었다.

한편 정승화 총장은 오후 5시 30분경에 총장실에서 나와 한남동 공관에 가서 사복으로 갈아입었다. 오후 6시 10분경에 공관을 출발했다. 전속부관 李在千 소령이 승용차 앞자리에 앉았다. 鄭 총장은, 6시 35분쯤 궁정동 정보부 사무실에 도착했다. 정문초소 안에서 경비원이 바깥을 보더니 문을 열어 주고 누군가가 나와서 안내를 해 주었다.

정 총장이 안내자를 따라서 들어가는데 뒤에 도착한 승용차에서 내린 한 중년 신사가 따라왔다. 사복차림의 전속부관 이재천이 그 신사에게 "우리 참모총장이십니다"라고 소개를 했다.

신사는 門前에서 "제2차장보입니다"라고 인사를 하더니 정 총장을 안내하여 1층 대기실로 같이 들어가 앉았다. 이때 정보부장 수행비서관 朴興柱 대령이 오더니 차장보에게 귓속말로 말했다.

"부장께서 각하와의 만찬자리에 가시면서 두 분이 먼저 식사를 하시라고 했습니다."

金正燮 차장보는 정승화 총장에게 양해를 구했다.

"부장님이 대통령 각하의 저녁 부름을 받아서 제가 대신 왔습니다. 미안하다고 말씀하시면서 총장님을 모시고 있으면 끝나는 대로 오시겠다고 하셨습니다."

정승화 총장은 기분이 나빴다. 돌아갈까 하다가 전에도 있었던 비슷한 일이 생각났다. 지난 봄인데 김재규가 3군 참모총장들을 저녁에 어느 음식점으로 초대해 놓고서 불참했다. 갑자기 대통령의 호출을 받았다는 것이었다. 이때도 金學浩(김학호) 정보부 감찰실장이 대신 와서 접대를 하다가 김재규가 늦게 합류한 적이 있었던 것이다.

다시 나棟 안방. 김계원은 왼쪽 자리에 앉은 김재규 부장이 너무 몰리는 것이 안타까웠다. 분위기를 바꾸어 보려고 이렇게 말했다.

"김 부장이 칵테일도 잘합니다. 그런데 김 부장, 칵테일은 어떻게 하는 거요."

"술 한 잔에 물 두잔을 부으면 됩니다."

무뚝뚝하게 대답하는 김 부장에게 위로의 뜻으로 술을 권했더니 큰 잔에다가 양주를 희석시키지도 않고 그냥 부어서 돌려주는 것이었다. 김재규가 암살준비를 위해서 만찬장을 뜬 시각은 지금까지의 수사발표에선 저녁 7시 직후로 되어 있었다. 이번에 기자가 관련 수사 자료를 면밀히 검토한 결과 저녁 6시 40분경임이 확실해졌다. 김재규가 두 번째 자리를 뜨고 나서 상당히 오랫동안 돌아오지 않자(아마도 10~15분간 자리를 뜸) 김계원 비서실장은 불안해졌다. 〈각하를 모시고 하는 행사인데 주인이 되는 사람이 자리를 비워 송구스럽고 그 전에 정치문제로 이야기가 전개되었을 때 난처한 입장에 놓여 있었기 때문에 혹시 하는 생각이 나서 불안해졌다.〉(合搜部 진술서)

그 사이 김재규는 슬그머니 안방을 나와 마당을 지나서 쪽문을 통해 한 50m 떨어진 본관으로 갔다. 식당으로도 쓰이는 1층 회의실 문을 여니 정승화 총장과 김정섭 2차장보가 환담하고 있었다. 양복차림의 김재규는 좀 과장된 말투로 말했다.

"정 총장, 정말 미안합니다. 계엄사태하에서 정보부가 여러 가지로 판단한 자료를 가지고 이야기를 좀 나누려고 했는데 대통령 각하께서 갑자기 만찬에 부르시니 안 갈 수도 없고 …… 금방 끝내고 올 테니 이 사람과 이야기를 나누고 계십시오."

김재규는 억지氣가 있는 너털웃음을 터트리더니 이렇게 덧붙였다.

"이 사람, 국내담당 차장보는 나라 안이 돌아가는 것을 저보다 더 잘 알고 있습니다. 저도 빨리 끝내고 오겠습니다. 같이 식사를 하면서 기다려 주십시오. 김영삼이도 내가 다 손들게 만들어 놓았는데 제 말을 안들어 이 지경이 되었습니다."

정 총장과 김정섭 차장보를 모시는 책임을 지고 있던 尹炳書 비서는 김재규가 이 두 사람과 한 5~10분쯤 이야기하다가 나왔다고 기억했다. 김재규는 회의실을 나와서 2층으로 올라갔다. 화장실에서 소변을 보면서 그는 엄청난 생각을 하기 시작했다.

〈차 실장을 쏘아 버릴까. 그런데 차 하나 쏘아서 근본적인 문제 해결은 안 되지 않는가. 한다면 각하를 제거해야지 하고 거사를 결심하게 되었습니다.〉(合搜部 진술서)

김재규가 범행 이틀 뒤인 10월 28일에 작성한 자필진술서의 이 대목은 당시 殺意의 발전경로를 정직하게 고백하고 있다. 범행 직후에 썼다는 점에서도 그러하고 그 뒤 여유가 생겨서 자신의 행동을 과장, 미화, 합리화하기 전 비교적 순수한 상황 아래에서 작성했다는 점에서도 그러하다. 이 진술서 그대로 그의 살의를 격발시킨 것은 이날 밤 차 실장의 오만방자한 언동이었다. 대통령과 저녁을 같이 하게 되어 있다는 것을 알고도 육군참모총장을 별실로 초대할 때부터 김재규는 살의의 불씨를 지펴 가고 있었으나 확정된 의지는 아니었다.

이날 대통령과 경호실장이 다른 모습을 보였더라면 김재규의 생각도 바뀌었을 것이다.

그런데 이날 분위기는 두 사람이 마치 짜고 그러는 듯이 김재규 부장을 일방적으로 몰아붙이고 있었다. 여기서 결정적으로 울컥해 버린 김재규는 문제의 차지철을 죽이려고 했으나 대통령이 걸림돌이 됐다.

'더구나 대통령은 저 오만방자한 차지철을 편애해 왔고 이날도 합세하다시피하여 나를 몰아세우지 않는가' 하는 생각.

바야흐로 배신감이 殺意로 바뀌고 있었다.

"각하까집니까?"

'박정희까지 쏘자' 는 결론에 도달한 김재규에게는 옆집에 초대해 둔 정승화 총장의 존재가 새로운 의미를 띠게 됐다. 김재규는 화장실에서 나오자 책장 선반 책 뒤에 감추어 두었던 32구경의 작은 독일제 호신용 권총을 꺼내 바지 오른쪽 호주머니 속의 유달리 크게 만든 라이터용 주머니에 집어넣었다. 나棟의 관리책임자인 남효주는 대통령 일행이 식사 중인 안방에 음식을 들고 들어갔다가 부장이 보이지 않자 신경이 쓰였다. 그는 방을 나오자마자 현관으로 가 보았다. 부장의 신발이 없었다. 주방으로 돌아오니 식당차 운전사 김용남이 보였다.

"과장님이 어디에 계신가?"

"저 뒤 어디에 있을 것입니다."

남효주는 경호원 대기실로 가 보았다. 그는 의전과장 박선호를 발견하고는 "부장이 나가신 지 오래되었는데요"라고 일러주었다. 박선호는 항상 갖고 다니는 손전등을 비추면서 구관 쪽으로 건너갔다. 구관과 본관 사이 쪽문에서 경비를 서고 있던 張珉淳(장민순) 경비원에게 물어보니 부장은 5분 전에 쪽문을 지나 본관으로 갔다고 했다.

부장 수행비서관 박흥주 대령은 본관 1층에 있는 부속실에서 오전에 하던 여권 서류정리를 계속하고 있었다. 박 대령은 김재규가 정승화 총장을 만난 뒤 2층으로 올라가서 권총을 꺼내 바지 호주머니에 넣고 내려올 때까지도 서류정리에 몰두하고 있었다.

본관 정문에서 인터폰으로 "부장이 나가십니다"는 연락을 받고서야 현관 문밖으로 나가서 부장이 나오기를 기다렸다. 김재규는 본관을 나오더니 박흥주 대령에게는 아무 말을 하지 않고 구관 쪽으로 걸어갔다. 이때 박선호는 본관 현관을 걸어 내려오는 김재규, 박흥주 두 사람을 만나자 플래시를 비추면서 부장 곁을 따라갔다. 박흥주는 뒤에 처졌다. 구관으로 통하는 쪽문에 거의 다 가더니 김재규는 돌아서서 박 대령을 향해서 이리로 오라는 손짓을 했다. 세 사람은 구관으로 들어가서 잔디밭에 들어섰다. 김재규가 말했다.

"둘 다 이리 와."

어두운 가을밤 찬 공기를 마시면서 이야기하는 모습이 됐다. 박흥주가 보니 김 부장은 '酒氣가 어리고 긴장된 표정'이었다. 김재규는 상의를 들어올리고 오른쪽 바지 호주머니를 툭툭 치면서 흥분된 말투로 말했다. 박선호가 보니 호주머니가 불룩했다. 박 대령의 시야에는 호주머니에 있는 권총이 살짝 들어왔다.

"자네들 어떻게 생각하나. 나라가 잘못되면 자네들과 나는 죽는 거야.

오늘 저녁에 내가 해치운다. 방에서 총소리가 나면 너희들은 경호원들을 처치하라. 육군총장과 2차장보도 와 있다. 너희들 각오는 다 되어 있겠지."

"각오는 되어 있습니다."

박선호는 얼떨결에 대답했다. 그는 이 말을 하면서 박흥주의 표정을 슬쩍 보았다. 박흥주는 '느닷없는 이야기에 입만 벌리고 듣는 수밖에 없었다'(합수부 진술서)면서도 "예" 하고 대답했다. 침통한 표정이었다. 김재규는 본관 쪽을 가리키면서 "이미 총장, 차장보도 와 있다"는 말을 여러 번 했다. 박선호가 입을 김 부장의 귀에다 대고 속삭이듯 말했다.

"각하까집니까?"

김재규는 고개를 끄떡하면서 "응" 했다. 박선호는 내키지 않는 표정이었다. 그는 거짓말을 했다.

"오늘 저녁은 좋지 않습니다. 경호원이 일곱 명이나 됩니다. 다음에 하지요."

"안 돼. 오늘 처치하지 않으면 보안이 누설되어서 안 돼. 똑똑한 놈 세 명만 골라 나를 지원해. 다 해치워."

박선호가 주춤하는 기색을 보이자 김 부장은 다시 밀어붙였다.

"믿을 만한 놈 세 놈 있겠지."

박선호는 엉겁결에 "예, 있습니다"라고 답했다(군검찰 진술).

"좋습니다. 그러시면 30분의 여유를 주십시오."

"안 돼. 너무 늦어."

"30분이 필요합니다. 30분 전에는 절대로 행동해서는 안 됩니다."

"알았어."

김재규는 박흥주 대령을 향해서 느닷없이 "자유민주주의를 위하여"라고 중얼거리더니 권총이 든 호주머니를 탁 쳤다. 그러고는 두 말 없이 나동으로 들어가는 것이었다. 박선호는 플래시를 비추면서 부장을 따라서 나동 현관까지 수행했다. 이들의 수작하는 장면을 바라보고 있었던 본관정문 초소 근무자 이말윤에 따르면 이 세 사람들이 붙어 서서 대화한 시간은 1분쯤이었다고 한다. 이 짧은 시간에 무슨 진지한 논의가 있을 수 없었다. 김 부장의 일방적인, 저돌적인 선전포고가 있을 뿐이었다. 그는 엄청난 계획을 던져 놓고는 그냥 만찬장으로 들어가 버렸다.

이 계획이 성공하느냐 실패하느냐 하는 열쇠는 이제 김재규의 손을 떠나 두 朴 씨 손에 넘어온 셈이었다. 나중에 계엄사 합동수사본부 수사관 앞에서, 그리고 법정에서 박흥주는 당시의 기분을 이런 줄거리로 설명했다.

"부장이 '오늘 해치운다' 고 했을 때 처음에는 무슨 말인지 몰라서 어안이 벙벙했습니다. 부장과 박선호 과장 사이의 대화 내용과 그 뒤에 계속되는 말을 듣고 보니 대통령 각하와 경호실장은 자기가 살해할 테니 경호관들은 박선호와 제가 처치하라는 뜻으로 알아들었습니다. 김 부장의 말을 듣고 정신이 없을 정도로 놀랐습니다. 헤어져서 제 사무실로 오면서도, 부장은 '민주주의를 위해서' 하면서 각오가 서서 들어갔는데 나는 어떻게 해야 하는가 하는 생각을 골똘히 했습니다. 저는 이미 호신용 25구경 베레타 권총을 오른쪽 허리에 차고 있었으나 너무 작아 쓸 생각을 하지 않았습니다. 본관 주차장에 가서 부장 차에 두고 내렸던 저의 휴대용 가방을 열고 독일제 9연발 권총을 꺼내어 일곱 발을 장전한 다음 왼쪽 허리에 찼습니다. 이 총은 1978년 4월 1일 수행비서관으로 부임하면서 정보부에서 지급받은 것이었지만 너무 무거워서 차고 다니지 않고 항상 가방에 넣고 다녔습니다. 그러고는 1층 부속실에 들어가서 담배를 피우면서 생각해 보았습니다. '육군총장과 정보부 2차장보도 와 있다. 준비도 다 되어 있다고 한다. 부장은 한국에서 모든 정보를 다 알고 있는 분이다. 부장은 나도 모르게 이미 모든 준비와 계획을 다 해 놓고 있다가 오늘 기회를 포착하게 되자 갑자기 명령하는 것이 아닌가.' 한편으로는 저의 마음 한구석에 언제 그런 준비를 했을까 하는 의심도 생겼으며 착잡한 심경이었습니다. 시간은 자꾸 흘러갔습니다. 내가 김 부장과 아무런 인연이 없었다면 이런 일도 없는 것인데…… 이제는 어쩔 수 없다는 생각이 들었습니다."

궁정동 본관 1층 부속실에서 생각에 잠긴 박흥주 대령이 초조해 보였던 모양인지 옆에 있던 윤병서 비서가 물었다.

"과장님 왜 담배만 피우세요?"

"아무것도 아냐."

해병대

김재규 정보부장은 암살준비 지시를 내릴 때 주로 의전과장 박선호와 이야기했다. 궁정동內에서 경비 병력을 관장하고 있는 것이 박선호였기 때문이다. 대통령과 경호원들을 자신의 지휘하에 움직이는 병력 속에 집어넣어 놓고 있었던 박선호가 그 시간에는 실질적인 경호실장이었다. 부장 수행비서관 박흥주 대령은 이날 밤의 두 주역 김재규와 박선호가 짜 놓은 상황 속에서 수동적으로 따라가는 역할을 했다.

박 대령의 변호인 太倫基(태윤기)가 1심법정에서 "피고인은 군인 신분이라 단심으로 형이 확정이 되는데 마지막으로 빠진 것이 있으면 말씀하십시오"라고 했더니 박흥주는 이렇게 말했다.

"이 건과 관련해서는 사전 계획을 몰랐습니다. 갑자기 말을 꺼내 그 상황에 처하게 됐고 상사의 명령에 따라 움직이는 것이 마땅한 것이 아닌가 생각됩니다."

박선호도 김재규가 만찬장으로 돌아가고 난 뒤 고민에 빠졌다. 그도 '총장이 와 있고 2차장보가 안 올 시간에 와 있으니 국내외 사정이 긴박하구나. 부장이 총을 차고 나와서 각오한 모습을 보여 주었으니, 내가 거부를 하면 성공이건 실패이건 살아남지를 못하겠구나. 부장이 육군총장과 함께 유혈 쿠데타를 하는구나' 하는 판단에 도달했다. 박선호가 보기에는 부장이 단독으로라도 할 것 같았다. 부장이 각하도 포함된다고 했지만 차지철 경호실장만 사살하고 각하는 납치 정도 하겠지 하는 생각도 해 보았다. 경호원들에 대한 공격을 준비하는 데는 제미니 차로 총만 싣고 오면 2분도 안 걸리는데 처음에는 한 시간을 요구할까 하다가 30분의 여유를 달라고 했다.

박선호는 항소심에서 "그때 왜 부장님을 쏘거나 밀고를 하지 않았느냐고 저보고 바보라고 하는 사람도 있으나 저는 그런 배신자가 되고 싶지 않았습니다"라고도 했다. 김재규는 법정에서 "명령은 선택적으로 받아들여서는 안 됩니다. 무조건 복종하도록 하기 위하여 시간을 두지 않고 강하게 명령했던 것입니다"라고 진술했다.

이날 박선호가 취한 행동을 이해하려면 그와 김재규의 관계를 알 필요가 있다. 이때 나이가 45세이던 박선호는 대구의 대륜중학교 학생 시절에 체육교사 김재규를 알게 됐다.

박선호는 1953년에 해병학교 16기로 들어가 소위로 임관한 뒤부터 派
越 청룡부대 대대장, 해병 서울보안부대장, 해병사령부 인사처장을 거
쳤다. 1973년 10월 10일에 해병대가 해군에 흡수되어 통합될 때 예편했
다. 박선호는 스승이기도 한 김재규가 3군단장으로 있을 때 중학동기들
과 함께 가서 인사를 나누는 등 접촉을 유지하고 있었다. 해병대에서 전
역한 다음 해인 1974년 4월 그는 당시 정보부차장이던 김재규의 도움으
로 정보부 총무과장으로 취직했다. 김재규가 건설부장관으로 나간 뒤에
는 정보부 부산지부 정보과장으로 옮겼다. 기자는 당시 부산에서 발행
되고 있던 국제신문의 사회부 기자였다. 1976년 1월 1일자 사회면 머릿
기사로 '포항에서 油徵(유징)이 발견됐다' 는 요지의 기사를 썼다가 박선
호 과장에게 불려가 조사를 받은 적이 있었다. 정보부가 포항에서 석유
시추를 하고 있었는데 유징 발견 사실은 보도금지가 되어 있을 때였다.
그때 본 박선호는 '날렵한 몸집을 가진 부드러운 신사' 였다. 소위 기관
원으로서의 건방진 태도를 느낄 수 없었다. 아마도 기자가 나쁘지 않은
대우를 받았기 때문이겠지만.

박선호는 그해 초에 부산지부 정보과장직에서 면직됐다. 당시 부산에
서는 서울에서 내려온 石鎭康(석진강) 검사가 대대적인 밀수수사를 지
휘하고 있었다. 밀수세력을 비호해 온 정보부 직원들도 다수 조사를 받
았다. 이 검찰수사팀의 동향을 알아보려고 박선호가 도청을 시켰는데
이것이 정보부의 내부 감찰에 걸려 그만두게 된 것이었다.

박선호는 군대와 정보부의 엄격한 上命下服(상명하복) 관계에 의하여
장악되어 있었을 뿐 아니라 金載圭와는 의리와 인정에 의해서도 운명적

으로 엮여 있었다. 박선호는 정보부 부산지부 정보과장직에서 면직된 이후 한 1년 실직자 생활을 하다가 다시 김재규의 도움을 받는다. 김재규는 그때 정보부장으로 부임해 있었다. 건설부장관 출신인 김 부장은 박선호를 현대건설의 사우디 주베일 항만 건설현장 안전차장으로 취직시켜 주었다. 1977년 4월의 일이었다.

한 여덟 달 근무하다가 이듬해 2월에 돌아온 그는 중앙상사라는 油類(유류) 수입상을 경영하게 됐다. 그해 8월 초 김 부장의 의전과장으로 있던 金仁泳이 회사로 찾아왔다. 그는 "부장님께서 당신에게 관심이 있어 하신다"며 회사의 경영상황을 물어보고 돌아갔다. 8월 7일 정보부장 비서실장 金甲洙 장군이 "좀 와 달라"는 연락을 해 왔다.

"정보부에 와서 다시 근무해 볼 생각은 없는가."

"무슨 보직인데요."

"아직은 모르겠는데 부장이 알아서 해 주실 거야."

박선호는 자신의 회사가 그렇게 잘 돌아가는 것도 아니라 정보부 근무 제의를 승낙했다. 김갑수 실장은 그 자리에서 박선호를 부장실로 데리고 들어갔다. 김재규 부장은 박 과장에게 궁정동의 安家를 관리하는 의전과장 자리를 제의한 뒤 "오늘부터 근무를 시작하라"고 했다. 그날로 김인영 과장과 인수인계를 했다. 이렇게 하여 박선호는 이 역사적 사건에 말려들게 되었던 것이다. 박선호는 군 검찰 신문에서 이렇게 말했다.

"김 부장은 본인의 은사이고 직업도 알선해 주시고 본인을 알아 주고 아껴 주어 고마운 생각을 항상 하여 왔습니다. 삼국지, 대망 같은 책을 많이 읽어라, 검소하게 생활하라, 우쭐거리는 행동은 삼가라는 등 좋은 말씀을 하여 왔기에 평소부터 존경해 왔습니다."

박선호는 이날 김재규를 보좌하여 전광석화 같은 암살작전을 펴는 데 있어서 해병대의 기질을 충분히 발휘한다. 이날 작전의 성공여부는 이 사나이의 행동여하에 달려 있었다. 그는 최초의 순간적인 주저와 번민을 즉시 극복하고 과단성 있게 행동을 개시한다. 박선호는 김재규의 암살지령을 들은 뒤 골목길 건너편의 가棟이라 불리는 신관 2층 자신의 사무실로 가면서 이렇게 생각했다고 한다.

"동원인원 선발을 생각한 바 우선 떠오르는 인물이 李基柱(이기주)였습니다. 그는 본인 밑에서 경비를 책임지고 있는 인물로서 해병대 출신인데 무엇을 시켜도 복종할 수 있는 사람이었습니다. 본인이 의전과장으로 부임한 이후 경비직에서 관리직으로 보직을 변경시켜 주어 본인의 은혜를 입은 자였습니다(合搜部 1차 진술서)."

그는 가동 1층 경비원 대기실을 거쳐 2층 사무실로 올라가면서 경비원 관리책임자인 이기주를 불러 올렸다.

"권총 하나 갖고 와."

李基柱와 柳成玉

궁정동 경비원 관리책임자 李基柱(당시 32세)는 1층으로 내려와서 경비원 엄현에게 "리볼버가 어디 있느냐"고 물었다.

"내가 근무용으로 차고 있는 게 하나 있어요."

"주세요."

"근무용이라니까요."

"과장님이 달라고 하셔요."

엄현은 허리에서 권총을 풀어서 건네주었다. 이기주는 박선호와 같은 해병대 출신(하사)으로서 태권도가 3단, 유도가 초단이었다. 다른 경비원들과 함께 매주 수요일에 공기권총으로 사격훈련을 하고 있었다. 근무할 때도 허리에 찬 권총에는 항상 실탄을 장전하고 있었다. 박선호 과장은 '지시만 떨어지면 아무데나 쏴도 좋다'는 지침을 주어 놓고 있었다. 해병대 출신끼리의 독특한 인간관계 덕분에 이기주는 박선호의 특별한 배려를 받고 있었다.

박선호는 이기주로부터 5연발 38구경 리볼버와 권총집을 받아 가지고는 탄알집을 열고 다섯 발이 든 것을 확인했다. 권총을 다시 집에 넣고 혁대에 끼운 뒤에 허리에 찼다. 이기주와 함께 1층으로 내려오면서 박선호는 "엠15로 무장하고 와. 양복 상의 안에 넣고"라고 했다. 이때 박선호의 눈에 뜨인 사람이 자신의 승용차 운전사 柳成玉(유성옥)이었다.

'그를 보는 순간 유성옥은 성격이 괄괄하고 용감하며 복종심이 강한 자이므로 그를 선발하기로 결정했다(合搜部 진술서)'는 것이다. 박선호, 이기주는 같이 대기실 입구에 있는 총기함으로 갔다. 경비원이 꺼내 주는 소총 엠15 한 정과 15발이 든 탄창 한 개를 이기주가 받았다. 엠15는 舊型 엠16 소총의 별칭으로 추정된다. 경비원 관리책임자 이기주는 엠15를 양복 저고리 안에 넣고 바깥으로 나갔다.

박선호는 신관을 나서서 건물의 모서리를 돌아 길을 건너가다가 따라오는 이기주에게 불쑥 "유성옥이 총 쏠 줄 아는가"라고 했다.

"유성옥은 육군중사 출신입니다."

총을 잘 쏠 줄 아는지는 모르지만 육군중사 출신이니 최소한 쏠 줄은 알지 않겠느냐란 뜻으로 한 말이었다.

"권총에 장전하고 오라고 해."

유성옥은 그날 오후 동대문시장에 가서 반찬거리를 6만 원어치 사다가 주방에 가져다 준 뒤에 대기실에서 바둑을 두고 있었다. 이기주는 대기실 문 앞에 서서 안에 있는 경비원들한테 "과장님이 유성옥이 권총을 휴대하고 나오라고 하신다"라고 소리쳤다. 유성옥이 황급하게 일어나 엄현을 향해서 리볼버가 어디 있느냐고 했다.

"내가 차고 있던 것은 과장님께서 가져갔고 저 방에 있는 유석술이 차고 있을 거요."

누군가가 유석술한테서 권총을 받아서 유성옥한테 가져다 주었다. 유성옥은 권총을 받아 허리에 차면서 뛰어나갔다. 이기주, 유성옥 두 사람은 캄캄한 가을 밤공기를 가르면서 박 과장을 따라나섰다.

"그 총 숨겨."

박 과장이 이기주에게 한 말이었다. 그는 엠15를 외투 안에 가리느라고 애를 먹었다. 세 사람은 본관 정문을 통과하여 구관으로 들어갔다가 다시 쪽문을 지나 그때 만찬이 무르익고 있던 나동의 뒷마당 으슥한 곳으로 향했다. 이때의 심정을 박선호는 군검찰의 신문에서 이렇게 말했다.

'당시 본인은 이기주, 유성옥 두 명을 제미니 차에 태워 곧장 나동으로 올 수도 있었지만 초조하고 불안한 나머지 본관으로 해서 몇 번 멈추다가 구관을 지나 나동으로 들어섰습니다.'

유신정권의 핵심 인물 네 명이 식사중인 나棟 건물의 캄캄한 뒷마당 구석쪽으로 걸어가면서 박선호가 말했다.

"부장님 지시다. 오늘 일이 잘되면 한 몫 볼 것이다. 저 방안에서 부장님이 쏘는 총소리가 나면 너희들은 주방 앞에 있다가 경호원들을 몰아

붙여."

"경호원이 총을 쏘면 어떻게 하나요."

이기주가 겁먹은 듯 물었다.

"그때는 쏴 버려."

말은 그렇게 했지만 가슴이 두근거리기는 박선호도 마찬가지였다. 박과장은 유성옥에게 "제미니를 주방 쪽에 옮겨 놓아"라고 했다.

"주방 앞에 차를 대 놓고 그 안에서 기다려. 경호원이 뭐라고 하면 과장이 시켰다고 해. 주방 앞에 서 있는 경호원들은 주방으로 몰아넣는다. 반항하면 사살해."

박선호는 나동 정문초소로 가더니 경비를 서고 있던 徐永俊(서영준)에게 이기주와 교대하라고 지시했다. 서영준은 '교대한 지 20분도 지나지 않았는데 무슨 교대인가' 하고 이상하게 생각했으나 말없이 시키는 대로 하는 수밖에 없었다. 박선호는 나동에 들어가 상황을 살피고 나오다가 정문에 서 있는 이기주를 보았는데 웃옷 안에서 엠15의 개머리판이 삐죽이 나와 있고 움직이면 소리가 났다. 권총으로 바꿔 오라고 지시했다. 이기주는 박 과장이 권총으로 바꾸어 차고 오라고 했을 때 '이 길로 도망가 버릴까 하고 생각하다가 마음을 고쳐 먹었다'고 한다.

그는 법정에서 진술하기를 "한 번 해병이면 영원한 해병이다. 과장이 나를 신임했는데 거절할 수가 있는가. 과장이 유사시에는 생명을 걸고 충성하라고 했는데 하는 생각을 했습니다"라고 했다. 그는 항소심에서 "과장님이 왜 하필 나에게 이런 일을 시켰는지 원망도 했으나 저를 신임했기 때문에 그와 같이 시켰을 것이라고 자위도 했습니다"라고 말했다.

조금 전에 박선호와 박흥주 두 사람이 김재규로부터 거사에 대한 지시

를 갑자기 받았을 때 느꼈던 똑같은 충격과 당황을 이번엔 이기주와 유
성옥이 느끼고 있었다. 이기주는 법정에서 "과장의 지시면 누구나 그 자
리에서부터 뜁니다"라고 했다. 변호사가 "불응한다거나 승낙한다거나
선택적으로 판단할 여유가 없다는 것인가요"라고 물었다.

"무조건 지시에 따랐습니다. 상관의 지시이니까 무조건 따르고 여기
서 죽는구나 하고 생각했습니다."

유성옥은 그때 나이가 서른여섯이었다. 경기도 高陽(고양)이 고향인
그는 불우한 어린 시절을 보냈다. 生母는 두 살 때 죽고 계모밑에서 살
았다. 중학교 2학년을 중퇴한 다음에는 근처 미군공병대에서 나오는 쓰
레기를 주워 팔아 생계비를 보탰다. 그의 아버지는 산에서 나무를 하여
서울에 가져다 파는 등짐장수였다. 유성옥은 어릴 때는 고아처럼 자랐
다. 그에게 군대는 피난처이자 기회의 땅이기도 했다.

제미니 車

1966년에 육군에 입대한 유성옥은 하사관을 자원하여 월남전선에 갔
다. 맹호부대에서 근무하다가 1970년에 귀국하여 이듬해 중사로 제대했
다. 그해 정보부에 운전사로 취직했다가 박선호 과장에게 부탁하여 1급
근무지인 궁정동 안가로 옮겨 박 과장의 차인 제미니의 운전사로 일하
게 됐다. 유성옥은 다음 달에 결혼을 하기로 날짜를 받아 놓고 있는 중
이었다. 그는 합수부에서 진술할 때 "저는 직속상관인 박 과장이 당장
그만두라면 그만 실직해야 할 입장입니다"라고 했다.

김재규-두 朴 씨- 李基柱·유성옥으로 이어지는 이 다섯 명의 刺客

(자객)들이 정보부의 경직된 上命下服(상명하복) 관계에다가 특수한 의리 관계로 뭉쳐 다섯 명의 방심한 대통령 경호원들을 기습하게 된 것이다.

신관(가동) 경비원 대기실에 있던 이광철은 저녁 7시를 조금 지나서 대통령의 저녁식사가 진행 중이던 나棟의 정문경비원 徐永俊(서영준)이 들어오기에 놀랐다.

"왜 이렇게 일찍 교대하고 오는 거요?"

"정문에 이기주하고 과장님이 계세요."

7시 25분쯤 경비원 관리책임자 이기주가 대기실로 뛰어왔다. 그는 황급하게 서영준이 차고 있던 38구경 리볼버 권총을 달라고 했다. 권총에는 네 발이 장전되어 있었다.

한 10분쯤 지나서 이번엔 동료 경비원 金泰元(김태원)이 오더니 서영준에게 "박 과장이 찾으니 식당 쪽으로 가 보라"고 했다. 서영준은 나棟 정문으로 뛰어갔다. 과장은 안 보이고 이기주가 "권총 차고 왔느냐?"고 물었다. 서영준은 다시 대기실로 달려가서 김태원이 차고 있던 권총을 받아 왔다. 이기주는 그에게 경비를 서 달라고 한 뒤 나동 주방 쪽으로 가는 것이었다. 서영준은 오늘은 종잡을 수가 없는 날이라는 생각을 하면서 곧 역사가 격동치려고 하는 나동 건물을 지키고 있었다.

운전사 유성옥은 박선호 과장이 시키는 대로 신관에 세워 두었던 제미니를 골목길 건너편 나동으로 몰고 왔다. 문은 박선호 과장이 열어 주었다.

나동 관리책임자 남효주는 대통령 비서실장도 못 들어오게 되어 있는 이곳에 제미니가 들어온 것이 궁금하여 "어떻게 들어왔느냐"고 물었다. 유성옥은 "과장님이 여기에 차를 대라고 하셨다"고 했다. 그는 제미니를, 대통령 경호원들이 모여 있는 주방 벽면과 나란히 세워 두었다.

이때 대통령 경호원 朴相範(박상범), 金鏞燮(김용섭)은 대통령 차 운전사 金容太(김용태), 정보부 식당차인 뉴코티나 운전사 金勇南(김용남)과 함께 주방 바깥에서 잡담을 하고 있었다.

뉴코티나의 앞지붕 위에다가 원동에서 사온 플라스틱 막걸리통 (10되짜리)을 얹어 놓고 김용남과 김용섭은 막걸리를 마시고 있었고 박상범은 속이 거북하다면서 김용태가 주는 까스명수를 마셨다. 박상범 등 경호원들은 유성옥이 모는 제미니가 신관 경비원대기실 쪽에서 제2대문을 통해서 나동으로 들어오는 것을 보았다. 박선호 과장이 대문을 열어주는 것도 보았다. 주방 운전사 김용남이 한참 있다가 제미니로 다가가서 유성옥에게 "어떻게 해서 왔느냐?"고 물었다. 유성옥은 "과장님이 여기에 차를 대라고 하셨다"고 했다.

김용남은 무서운 과장이 시킨 일에 토를 달 수가 없었다. 대통령 경호원들은 이곳의 경호는 정보부 소관으로 되어 있으니 신경을 쓸 필요가 없다는 타성에 지배되고 있었다. 제미니의 창이 검게 칠해져 있어 안에 누가 탔는지도 알 수가 없었다.

대통령 측근 경호를 맡고 있었던 수행계장 박상범(전 보훈처장)은 고려대학을 졸업한 후 해병대에 입대하여 대위로 전역한 경력의 소유자로서 해병대 선배인 박선호와도 알고 지내고 있었다. 그 박선호가 아까 주방 안에 몇 번 왔다가 갔다가 하더니(그는 경호원들의 동태를 살피고 있었다) 이번에는 승용차 제미니까지 다가가서 기웃거리고 가는 것이 보였다(이때 박선호는 유성옥에게 격려를 하고 갔다). 유성옥은 1979년 12월 12일 육군보통계엄군법회의에서 신호양 변호인의 신문에 대하여 주목할 만한 발언을 한 적이 있다.

"박 과장의 암살지시에 반항하면 나중에라도 죽을 것으로 생각했습니다. 저는 주방으로 차를 옮겨 놓고 제미니 차에 타고 있다가 문을 열어달라고 했는데 경호원이 모르고 그냥 지나갔습니다. 그때 문을 열어 주었다면 도망하려고 했습니다."

경호원이 다가와서 제미니의 문을 열어주면 "각하가 위험하다"고 알린 뒤에 달아날 생각을 했다는 뜻인 것 같다. 만약 그 경호원이 문을 열어 주었더라면 역사는 달라졌을지도 모른다.

주방에 있던 두 명의 경호원과 대기실에 있던 두 경호원이 자위조치를 취했을 것이고, 오히려 김재규 쪽이 당했을 가능성도 있기 때문이다. 유성옥이 그렇게 하지 못한 것은 경호원이 그의 신호를 듣지 못했기 때문이라기보다는 그가 어리벙벙한 상태에서 어느 쪽으로도 확실한 행동 방향을 정하지 못하고 그냥 상황에 끌려가고 있었기 때문일 것이다.

보통사람의 의지로서는 어떻게 할 수 없는 판이 짜여져 있었다. 그는 운이 나쁘게도 '연출자' 박선호에 의하여 이 역사의 무대에서 한 배역을 맡도록 지명되어 있었던 것이다.

이날 밤 드라마의 한 조역인 정보부장 수행 비서관 朴興柱(박흥주·당시 40세) 대령과 김재규와의 인간관계도 박선호에 못지않을 만큼 끈끈한 것이었다. 그는 서울고등학교를 졸업한 뒤에 육군사관학교 생도 18기로 들어갔다. 졸업 후 제6사단의 포병대대에 배속됐다. 이곳에서 브리핑 솜씨가 사단장 김재규의 눈에 띄어 그의 전속부관으로 발탁된 것은 1964년 8월이었다. 6사단 포병사령관 박재종 대령이 그에게 차를 보내 "사단장이 부르니 가 보라"고 했다. 사단장실에 갔더니 김재규 사단장은 이름을 물어보고 위아래로 한 번 훑어보고는 말했다.

"자네 오늘부터 내 부관 좀 하게."

박흥주는 누가 자신을 추천한 것이 아니고 며칠 전에 화력시범을 할 때 브리핑, 시범, 통제를 담당한 자신을 사단장이 잘 보았기 때문이라고 생각했다. 김재규의 제6사단은 한일회담 반대 데모가 폭력화되어 이를 진압하기 위하여 비상계엄령이 선포되자(1964년 6·3사태) 계엄부대로 서울에 출동했다가 본대로 돌아와 있었다.

박흥주는 1966년 1월에 김재규가 6관구 사령관으로 옮길 때도 같이 따라가서 여섯 달 동안 전속부관으로 근무했다. 그는 월남전선을 지원하여 1966년 10월부터 2년간 派越 9사단(백마부대) 52포병 제3포대 전포대장으로 근무했다. 귀국한 뒤에는 21사단 제1포대장을 거쳐 육군 보안사령부 서울지구대(506부대)에 있으면서 3년 6개월간 수경사 파견대 조장, 영등포 팀장, 漢水이북 對共팀장으로 근무하기도 했다. 이때도 보안사령관은 김재규였다. 그가 육군본부 교육참모부 장교로 근무 중이던 1978년 4월 정보부장 수행 비서관으로 다시 불려 와 근무하기 시작한 것이 김재규와의 네 번째 인연이었다.

10·26 당시 그의 생활수준은 자필진술서에 따르면 '시가 1,500만 원짜리인 대지 20평, 건평 18평의 슬라브 집과 약 400만 원어치의 부동산에 약 40만 원의 월급으로서 중하류'였다.

金載圭의 민주주의

정보부장 수행비서관 박흥주 대령은 저녁 7시 20분쯤 궁정동 정보부

시설의 본관을 나와 정보부장 운전사 유석문에게 차에 가 있으라고 지시한 뒤에 한 울타리에 있는 나棟 쪽으로 갔다. 대통령을 모신 은밀한 만찬이 열리는 이 건물에는 그도 들어가 본 적이 없었다. 나동으로 뚫린 쪽문에 갔더니 이름을 알 수 없는 경비원이 제지했다.

"비서관님은 나동에 못 들어가십니다."

"박 과장 좀 불러줘."

경비원은 들고 있던 워키토키 무전기로 연락을 취했다. 의전과장 朴善浩(당시 45세)가 나오더니 朴 대령더러 따라오라고 했다. 나동 정원은 컴컴하고 바닥에 작은 돌들이 박혀 있어 울퉁불퉁했다.

"나는 어디에 가지?"

"저쪽으로."

박선호는 주방 쪽을 가리켰다. 거기에 가니 제미니가 한 대 서 있었다. 공격목표인 주방 쪽을 보니 서너 명이 왔다 갔다 하는 모습의 윤곽만 어리고 누가 누구인지는 분간을 할 수가 없었다. 제미니 안에는 운전기사(柳成玉)만 타고 있었다. 운전석 오른쪽 옆자리에 들어가 앉았다. 박흥주 대령은 박선호 과장이 관할하는 경비원들의 얼굴이나 이름은 모르고 있었다. 말없이 차중에 앉아 있는데 곧 한 사람이 오더니 뒷자리로 들어가 앉았다. 경비원 관리책임자인 해병대 하사 출신 이기주였다. 박흥주는 주방 쪽을 가리키면서 물었다.

"저 뒤에 몇 사람이 있나?"

이기주가 답했다.

"경호원이 3~4명 될 거예요."

박흥주 대령은 주방 안에서 왔다 갔다 하는 사람들을 가리키면서 다시 물었다.

"저 사람들은 누구지?"

"글쎄요. 음식 나르는 사람인가."

박 대령은 흥분상태라서 몇 분을 기다리는지 감을 잡을 수가 없었다.

김재규가 두 朴씨에게 암살지령을 내린 뒤 나동 만찬장으로 들어가면서 "자유민주주의를 위해서!"라고 중얼거렸다는 것은 의미가 깊다. 김재규가 박정희 암살의 이유로 든 민주회복이란 말은 그가 자신의 행동을 합리화하기 위하여 事後에 지어낸 것이란 해석이 강하다. 그런데 김재규가 거사하기 직전에 '자유민주주의를 위하여'란 말을 한 사실은 어떻게 해석할 것인가. 이는 적어도 그의 뇌리에 '자유민주주의의 회복'이란 씨앗이 뿌려져 있었음을 짐작하게 한다. 이것은 그가 암살을 결심하는데 영향을 준 여러 요인 중의 하나일 뿐이지만 굽이치는 역사적 상황이 한 인간의 생각을 어떤 방향으로 끌고 가는지를 알아보는 데는 좋은 실마리이다. 미국식 민주주의의 맹목적 추종을 사대주의라고 단정하고 주체적 입장에서 한국식 민주주의를 만들어 보겠다고 나섰던 사람이 박정희였다. 한국적 민주주의를 이념으로 하여 탄생한 유신체제의 守門將으로 임명되었던 정보부장이 이미 상대방(민주화세력)의 논리에 감염되어 있었다. 김재규에게 장기집권에 대한 국민들의 염증을 확인시켜 준 것은 釜馬사태였다.

10월 17일 늦은 밤, 중앙청에서 소집된 임시국무회의가 부산에 비상계엄령을 선포하기로 의결하고 있을 때 김재규는 야간비행으로 부산에 도착했다. 그는 야간시위가 격렬하게 진행되고 있던 광복동 남포동 중앙동 일대를 관할하는 중부경찰서로 갔다. 시위군중 속에 놓여 있었던 중부경찰서에서 상황보고를 듣고 정보부 부산분실로 돌아가려는데 시위대 때문에 승용차가 경찰서로 접근할 수가 없게 됐다. 김재규는 정보부 요원들의 호위를 받으면서 한 20분을 걸어서 차가 기다리는 광복동 쪽으로 갔다.

암흑이 깔린 도심 곳곳에서 시위대가 외치는 함성과 최루탄이 터지는 소리가 들리고 중심부는 撤市(철시) 상태라 음산하기도 했다. 캄캄한 뒷골목을 걸으면서 김재규는 "이래 가지고는 안 되겠는데"라고 혼잣말로 몇 번 중얼거렸다. 수행하던 정보부 요원이 들으니 '물리적으로 해결하려 해서는 안 되고 아무래도 근본대책이 있어야 한다'는 의미로 해석이 됐다.

김재규는 이 시위현장의 체험을 통해서 '이 정권의 운명이 다했구나' 하는 느낌을 받았던 것 같다. 그런데 전쟁, 시위, 화재사건의 현장에 지휘자가 빠져 버리면 상황을 과대평가하는 경향이 있다. 김재규는 현장을 목격함으로써 부마사태를 실제보다도 더 심각하게 해석하게 됐고 '제2의 4·19가 다가오고 있다'는 판단을 하게 되었던 것으로 보인다. 그는 부산에서 올라와 청와대로 가서 대통령에게 출장보고를 했다. 대통령, 비서실장, 경호실장이 식사하고 있는 자리에서 '부산사태는 체제저항, 정책불신, 조세저항까지 겹친 민란이며 전국 5대 도시로 확대될 것이다'라고 보고를 하자 박 대통령은 화를 내더니 이렇게 말하더란 것이다(김재규 항소이유보충서).

"부산사태 같은 것이 또 생기면 이제는 내가 발포명령을 내리겠다. 자유당 때는 최인규나 곽영주가 발포명령을 내렸다가 사형되었는데 대통령인 내가 내리는데 누가 나를 사형시킬 수가 있겠는가."

옆에 있던 차지철은 "캄보디아에서는 300만을 죽여도 까딱없는데……" 라고 거들었다는 것이다. 김영삼 의원직 제명 전날인 10월 3일 朴浚圭 공화당의장서리, 太完善 유정회의장, 김계원 비서실장, 김재규 정보부장은 신라호텔의 한 방에서 만나 다음 날의 전략을 논의했다. 김 실장이 먼저 말문을 열었다.

"오늘 아침 모 대사관에서도 전화가 왔는데 김 총재의 제명을 재고 해 달라는 부탁이 있었습니다. 우리 네 사람이 지금 각하를 뵙고 재고해 달 라고 건의합시다."

다른 사람들도 동의했다. 이때 차지철이 나타났다. 그는 이야기를 듣더니 펄펄 뛰었다.

"방금 각하를 만나고 오는 길인데 각하의 뜻은 절대로 제명 쪽입니다."

이러니 청와대行은 포기될 수밖에 없었다. 이날 밤 김재규는 김영삼을 위해서 마지막 노력을 해 본다. 남산에 있는 공관으로 김영삼 총재를 극비리에 초청하여 한 시간 동안 간청하다시피 했다. 김영삼 총재가 1987년에 기자에게 전한 대화의 요지는 이러했다.

"김 부장은 전날 대통령과 장시간 나의 제명 문제에 대해서 이야기 했다면서, 내일 아침 자연스럽게 기자들과 만나서 〈뉴욕타임스〉 기사에 대한 해명을 해 주면 이걸 명분으로 하여 제명을 하지 않도록 노력해 보겠다고 했습니다. 나는 거부했습니다. 김 부장은 애원조로 사정하다시피 했습니다. 그는 몇 번이나 '그렇게 하면 나라도, 김 총재도, 대통령도 불행하게 됩니다' 라고 했어요."

김재규가 야당이나 학생세력을 다루는 데 있어서도 무리를 안 하려고 애쓴 흔적들이 더러 나타나고 있다. 김재규는 권력에 맹목적으로 추종하는 인간형은 아니었다. 그가 1979년에 즐겨 썼던 붓글씨 '自由民主主義' '民主民權自由平等' '爲民主正道' '爲大義' '非理法權天' 같은 것들도 그의 심리를 엿보게 한다.

金載圭와 朴正熙

김재규(당시 53세)는 박정희보다 나이가 아홉 살이 아래인 것을 빼고는 공통점이 많았다. 고향이 같고, 키도 같고, 육사는 동기(2기)이고, 초등학교 교사를 지낸 경력도 같았다. 그의 합수부 진술, 즉 그의 육성을 인용하여 박정희와의 관계를 살펴본다.

〈1954년 9월경 5사단 36연대장으로 근무할 때 박 장군께서 사단장으로 부임함으로써 재회를 하게 되었습니다. 여기서 상하관계이나 친형제같이 지내게 되었습니다. 1960년 3월 본인은 진해의 육군대학 부총장으로 있고, 박 장군께서는 부산의 군수기지 사령관으로 있을 때 3·15부정선거로 국민들의 원성이 많으니 군사혁명을 일으키자고 동의하였습니다. 박 장군께서는 당시 육군대학 총장이시던 李鍾贊 장군을 주동으로 하는 게 좋은데 그의 의견을 타진해 보라고 지시하였습니다. 李 장군을 원거리에서 타진한 바 그는 위험한 일에는 가담할 만한 위인이 못 되어 그대로 박정희 장군에게 보고한 일이 있었습니다. 5·16 후에는 호남비료 사장도 시켜 주시고 준장으로 진급도 시켜 주셨으며, 6사단장을 거쳐 6관구 사령관, 그리고 상당한 위치에 있는 보안사령관직도 맡게 해 주셨습니다. 그리하여 각하와 자주 뵙게 됐고, 이어서 3군단장, 유정회 의원, 정보부 차장, 건설부 장관, 중앙정보부장으로 등용해 주셨습니다. 1976

년 12월4일 건설부 장관으로 있을 때인데 청와대 비서실장으로부터 빨리 각하 집무실로 가 보라는 연락을 받았습니다. 각하께서는 금일 중으로 申稙秀 부장과 교대해서 근무하라는 명령을 하시는 것이었습니다.

저는 "부족한 점이 많은데 되겠습니까"라고 했더니 "연구해서 잘하시오"라고 하셨습니다. 타인의 추천은 일절 없었고 각하의 意中(의중)에서 결정된 것입니다.〉

1978년 어느 날 김재규 부장은 서울 근교에 있는 한 천주교 건물에서 金壽煥 추기경을 만난 적이 있었다. 이 두 사람의 만남에 배석했던 李東馥 당시 부장특보(前 의원)에 따르면, 김재규는 담담하게 자신과 박정희의 관계에 대해서 "고해성사로 알고 들어 주십시오"라면서 이렇게 설명하더라고 한다.

"1973년 12월에 제가 유정회 국회의원을 할 때인데 각하께서 저를 부르시더니 중앙정보부 차장으로 가라고 하시더군요. 당시에 부장은 신직수 씨였습니다. 정보부 차장으로 부임하기 하루 전에 각하께서 저녁이나 하자는 연락이 있었습니다. 청와대 본관 2층에 있는 각하의 私邸에서 저녁을 주시는데 식사가 시작되자마자 각하와 육영수 여사가 高聲으로 다투시는 것이었습니다. 육 여사께서 이후락, 박종규같이 국민들의 怨聲을 듣는 사람들을 왜 중용하느냐고 따지니까 각하께서는 '왜 아녀자가 國政에 참견하느냐' 고 나무라시고 육 여사도 지지 않고 대드시니 저는 불안해서 음식을 한 숟갈도 뜨지 못했습니다. 한 10시쯤 집으로 돌아가려고 일어서니 각하께서는 화가 나셔서 저의 인사도 받아 주지 않았습니다.

육 여사께서는 현관까지 저를 배웅해 주셨습니다. 제가 신발을 신고 인사를 하려는데 저를 등 뒤에서 껴안으시더니 '김 장군님, 들으셨죠. 김 장군께서는 누구 편이세요' 라고 하셔요. 저는 '경모님과 같은 생각입니다' 라고 했습니다. 그랬더니 육 여사께서는 '김 장군께서 중요한 자리로 가시는데 제발 저분이 하시는 인사문제를 잘 지켜봐 주세요. 그리고 간섭도 해 주세요' 라고 당부하시는 것이었습니다. 저는 육 여사께서 그 이듬해에 돌아가셨기 때문에 더욱 이 말씀을 유훈으로 생각하고 깊게 새기고 있습니다. 저의 머리에는 이 말씀이 항상 남아 있습니다. 추기경께서도 저를 그렇게 아시고 대해 주십시오."

김재규는 나름대로의 정의감과 대통령에 대한 충성심을 가지고 있었다. 1979년에 일어난 정치적 격동은 그의 능력을 시험하는 것이었다. 5월 김영삼 총재 당선으로 시작된 민주화 세력의 도전은 8월의 YH여공 농성사건, 9월의 김영삼 총재 직무정지 결정, 10월의 김영삼 의원직 제명과 부마사태로 이어지는 격랑을 타고 있었다. 이런 상황에서 김재규가 당황하는 모습을 보이면서 시국대책을 결정하는 주도권은 차지철 경호실장 손으로 넘어갔다.

김재규는 대체로 온건론을 견지한 것처럼 보였지만 金致烈 법무장관의 말대로 그것은 論이랄 것도 없는 수준이었다. 김재규는 YH여공의 신민당사 농성 때는 청와대와 경찰이 안전대책이 미흡하다고 반대하는 것을 누르고 경찰을 투입하도록 했고, 한 女工의 사망을 가져왔다. 그는 또 8월 하순 대통령이 주재한 시국수습대책회의에서 "각하, 칼날이 시퍼런 긴급조치 10호를 쥐어 주십시오. 그래야만 정국을 수습할 수 있습니다"라고 했다.

박 대통령은 이렇게 말했다.

"그럼 지금 학생, 종교, 근로자들을 다 적으로 돌리면 어떻게 이 난국을 타결해 나가겠소. 당분간 9호로 밀고 나가고 정치와 종교를 분리하는 방법을 연구해 보시오."

정보부 간부들도 긴급조치 10호를 신설하자는 발상에 반대했다. 김재규는 인간적인 바탕은 선량한 사람이었지만 격동기를 주도할 만한 안목과 추진력은 갖지 못했다. 상황이 너무 커지면서 김재규라는 그릇이 담을 수 있는 용량을 초과하고 있었다. 이런 過負荷(과부하) 상태에서 차지철에 대한 증오심, 열등감, 차지철을 펀드는 대통령에 대한 배신감이 뒤섞여 부글부글 끓고 있었다. 그는 대통령에게 사표를 내든지 담판을 하여 차지철의 월권을 저지시켰어야 했는데 이 수모를 참기만 했다. 대통령이 워낙 어렵게 보이기도 했고 자신의 논리가 부족하기도 했을 것이다.

울분이 발산되지 못하고 있었기 때문에 폭발성은 증가하고 있었다. 그렇다고 총을 대통령에게 겨눈다는 것은 전혀 다른 차원의 문제이다. 그 누구도 상상할 수 없었던 이 행동을 했다는 점에 김재규의 남다른 면이 있다. 그가 지녀 왔던 인간적인 선량함과 정의감에다가 자유민주주의에 대한 동경, 그리고 평소의 시국 판단을 확인시켜 준 부마사태의 민란화가 보조적인 요인이었을 것이다. 그는 또 남자다운 死生觀을 핵심으로 하는 일본 무사정신의 숭배자였다.

10월 26일 남산 사무실에서 궁정동으로 이동하는 차중에서도 김재규는 일본 무사들이 즐겨 읊었던 詩 낭송 테이프를 들었다. 그는 '사무라이 영화 비디오 중독자'이기도 했다. 영웅적인 죽음의 美學을 그는 동경했다. 김재규는 안동농림학교 4학년 재학 중에 강제징집을 당해서 일본

四日市(욧카이치) 항공병학교의 특별간부후보생으로 들어갔다. 1944년 1월이었다. 이 학교에서는 가미카제 특공대원들이 배출되고 있었다. 그는 임관을 여섯 달 앞두고 해방을 맞았다. 김재규는 안동농림을 다닐 때도 친구들 사이에선 유별난 의협심으로 인해 별명이 노기 대장이었다. 노기 대장은 러시아·일본 전쟁 때 여순요새의 공격을 지휘했던 일본 장군으로서 명치천황이 죽자 부인과 함께 자결한 사무라이 정신의 화신이었다.

김재규는 金寧 김씨였다. 수양대군의 쿠데타에 불만을 품고 親 단종 쿠데타를 모의하다가 발각되어 죽은 충신 金文起의 18대손이다. 그는 정보부장의 직위를 이용하여 학자들에게 압력을 넣어 무리하게 김문기를 死六臣에 포함시키려고 했다는 비판을 받고 있다. 그런 무리를 할 만큼 大義에 목숨을 건 사람들을 존경하는 마음을 갖고 있었다는 뜻이다.

그때 그 사람

다시 나棟 안방. 박정희 대통령이 자주 시계를 보면서 "삽교천 중계방송은 안 하나"라고 재촉했다. 차지철이 "시간이 되면 틀겠습니다"라고 보고했다. 그 뒤로는 차 실장이 시계를 자주 보았다. 심수봉도 이때 시계를 보았는데 나중에 기억을 살려 보니 7시 10분 전쯤이었다. 대통령은 윗양복을 벗었다. 오른쪽에 있던 신재순이 받아서 옷걸이에 걸었다. 김계원, 차지철도 바깥 마루로 나가더니 상의를 벗어놓고 들어왔다. 이때 김재규가 들어왔다. 대통령이 웃옷을 벗은 것을 보고는 김재규도 상의를 벗어 걸고 들어왔다. 대통령은 KBS TV 7시 뉴스를 보면서 미국 대사가 김영삼 총재를 만났다는 보도에 대하여 심사가 다시 뒤틀린 듯했다.

"아니 총재도 아닌 사람과 만나서 무슨 이야기를 한다는 건지 모르겠어."

법원의 판결에 의해서 김영삼 총재의 직무집행이 정지되었는데도 미국 측이 총재 대우를 해 주는 데 대한 불평이었다. 대통령은 김재규 부장을 향해서 퉁명스럽게 던졌다.

"거, 정보부에서 부산사태 사진을 만들어 주는데 깡패들 사진만 만들지 말고 진짜 소요사태의 사진을 좀 크게 뽑아 보여 주게."

김 부장은 짤막하게 "예"라고만 대답했다. 박정희는 고향 후배인데다가 육군사관학교는 동기이고 줄곧 자신이 끌어 주고 키워 주었던 김재규에 대해서는 동생처럼 편하게 대하다가 보니 도가 지나쳐서 여러 사람들 앞에서 무안을 주는 경우가 있었다. 대통령은 자신이 내심으로는 끔찍이 아낀다는 것을 깔고 하는 행동이었지만 당하는 입장에서는 기분이 좋을 리가 없었다.

"미국 브라운 장관이 오기 전에 김영삼이를 구속 기소하라고 했는데 유혁인이가 말려서 취소했더니 역시 안 되겠어. 국방장관회의고 뭐고 볼 것 없이 법대로 하는데 뭐가 잘못이란 말인가. 미국 놈은 범법해도 처벌 안 하나."

"각하 김영삼이는 사법조치는 아니지만 국회에서 제명한 걸로 이미 처벌받았다고 국민들은 생각하고 있습니다. 구속하면 두 번 처벌하는 인상을 줍니다. 정치를 좀 대국적으로 하시지요."

"정보부가 좀 무서워야지 당신네들은 비행조사서만 움켜쥐고 있으면 뭣하나. 딱딱 입건해야지."

"정치는 대국적으로 해서 상대방에게도 구실을 주고 국회에 나오라고 해야지 그러지 않고서는 이번 회기에는 나오지 않을 것입니다. 해외 여론도 좋지 않습니다."

김재규는 이 말을 유달리 강경하게 했다. 그때까지 침울하게 "예, 예" 하고 있던 태도와는 사뭇 달랐다. 김재규가 약간 불손하게 대통령의 말을 반박한 것은 이미 거사 준비를 시켜 놓고 연락이 오기만을 기다리고 있는 그로서는 거리낄 것이 없다고 생각했기 때문일 것이다. 이때 또 차지철이 끼어들어 예의 戰車 이야기가 나왔다.

"신민당 놈들 그만두고 싶은 놈은 하나도 없습니다. 언론을 타고 反정부적인 놈들이 선동해서 그러는 거지 문제가 없다고 봅니다. 그 자식들 신민당이고 뭐고 나오면 전차로 싹 깔아뭉개겠어요."

신재순이 보니 맞은 편에 앉은 김재규가 손목시계를 자주 보고 있었다. 대통령은 駐韓미군 방송에서 카터 대통령의 재선 가능성에 대한 이야기가 나오니까 무언가 한마디 하더니 텔레비전을 끄라는 손짓을 했다. 그러고는 "도승지 한잔 하시오" 하면서 술잔을 金桂元 실장에게 건넸다. 대통령은 오른쪽 자리에 앉은 신재순 양 앞 접시로 음식을 집어 건네주기도 했다. 대통령은 술기운이 돌자 김계원 실장을 도승지, 김 부장을 포도대장이라고 불렀다.

申 양에게는 "김 부장은 술을 아주 잘하니 많이 권하게"라고 농담조로 말했다.

김재규는 간이 나빠서 술을 거의 마시지 않았다. 이날 술은 대통령과 김계원 두 사람이 거의 다 마셨다. 마주 앉은 두 사람은 잔을 빨리 돌렸다. 한 시간 40분 사이에 시바스 리갈 한 병 반이 비워졌다. 차지철 자리

앞에 놓여 있던 잔에서는 김계원의 지문이 검출되었는데 이는 김계원이 술이 약한 車 실장에게도 잔을 돌렸기 때문이다. 이날 김재규도 그의 주량에 비해서는 술을 많이 마신 편이었다.

분위기가 좀 풀리고 나서 대통령이 "이제 노래나 좀 듣자"고 했다. 대통령 왼쪽에 앉아 있던 심수봉이 바깥에 나가서 기타를 들고 들어왔다. 심 양은 기타를 대기실에 두고 왔었다.

安載松 부처장이 기타를 갖다 주겠다고 했었는데 막상 노래를 부를 시각이 되어도 가져다 주지 않아서 나갔다가 온 것이었다. 심 양은 돌아와서 '그때 그 사람'을 부르기 시작했다. 노래가 끝나자 모두 박수를 쳤다.

박정희는 "하나 더"라고 했다. 심수봉은 구성진 목소리로 '눈물 젖은 두만강'을 불렀다. 만찬장의 분위기는 흥겨워지기 시작했다. 두 번째 노래가 끝나자 차 실장이 "이제부터는 노래를 한 사람이 다음 사람을 지명하는 게 어떻습니까"라고 했다. 심수봉이 "경호실장님"이라고 했다. 심 양은 지명을 하려고 좌중을 둘러보았는데 김재규와 김계원의 표정이 어두워 차 실장을 지명한 것이었다. 심 양은 그 전에도 한 번 여기에 와서 노래를 부른 적이 있었다. 그때 김 부장은 지금처럼 침울하지는 않았는데 하는 생각이 났다. 신재순은 차 실장의 생김새에 어울리는 노래는 군가일 것이라고 생각했는데 엉뚱하게도 "도라지, 도라지, 백도라지, 심심산천에……"를 부르는 것이었다. 분위기는 한결 고조되어 갔다. 이때 남효주가 들어와서 김 부장에게 귓속말을 하는 것이 심수봉한테도 들렸다.

"과장님께서, 부속실로 전화가 왔다고 합니다."

공격 준비를 끝낸 박선호는 대기실에서 경호처장 鄭仁炯, 부처장 안재송과 같이 있다가 안방 옆에 붙은 부속실로 나와 아무것도 모르는 남효주에게 심부름을 시킨 것이었다. 김재규가 슬그머니 나가는 것을 박정희는 눈치를 못 채는 것 같았다. 차 실장이 부른 앙코르곡은 '나그네설움'이었다. 대통령은 손으로 장단을 맞추었다. 김 실장이 "각하 차 실장이 저런 노래도 다 하는군요"라고 했다.

"예, 뭐, 국민학교 다니는 딸이 저의 노래선생입니다."

만찬장의 중심인 식탁의 크기는 1.5×1m. 박정희가 이 식탁을 너머서 맞은편으로 볼 수 있는 출입문은 열려 있었다. 대통령에게 시야를 틔워 주려고 그런 것이었다. 맞은편에 앉아 있는 김재규가 나가고 들어오고 하는 것은 다 알 수 있는 위치였다. 차 실장도 김재규가 무엇 하는지를 의식적으로 감시 안 해도 다 볼 수가 있는 자리에 있었다.

카터와 金泳三과 朴正熙

여기서 잠시 숨을 멈추고 우리는 박정희가 이날 왜 이토록 집요하게 김영삼과 미국에 대하여 증오에 가까운 감정을 드러내고 있었는지를 알아볼 필요가 있다. 김영삼이 박정희를 정치공작을 일삼는 독재자로 생각했듯이 박정희는 김영삼을 사대적 근성을 가진 위선자로 보고 있었다. 박정희는 독재정권을 혼내 준다며 미국의 세계전략에도 불리한 주한미군철수 정책을 들고 나온 카터 美 대통령을 경멸했다. 그는 또 이 카터와 미국의 힘을 믿고 자신에게 도전한다고 본 김영삼을 더 경멸했다. 박정희는 1979년에 들어와서는 카터와 김영삼에 대한 이런 경멸감을 정책으로 표현하기에 이르러 문제가 꼬이기 시작한다. 카터가 신민당 김영삼 총재를 싸고돈다고 생각한 박 대통령은 9월부터는 김영삼을 구속하는 문제를 진지하게 생각하고 있었다. 그런 낌새를 눈치 챈 미국은 김영삼을 구속하면 가만히 있지 않겠다는 신호를 계속해서 보냈다. 9월 15일 글라이스틴 駐韓미국대사는 최광수 의전수석을 만나 '단도직입적인 긴 대화'를 가졌다. 최근에 비밀등급에서 해제되어 공개된 글라이스틴의 '국무부 장관 前 보고문서'에 따르면 "상부의 지시를 받아 말하는 것임을 분명히 하고 내 말을 그대로 대통령에게 전해 달라고 崔 수석에게 요청했다"는 것이다.

글라이스틴 대사는 "만약 한국정부가 행동을 자제하지 않으면, 예컨대 김영삼을 구속한다든지, 혹은 최근에 카터가 訪韓했을 때 만났던 사람들을 구속하면 한국정부의 이미지는 미국에서 심각한 상처를 받게 될 것이다"라고 말했다. 박정희는 외교적으로 점잖게 표현된 이 요청을, '우리하고 친한 사람들을 건드리면 가만두지 않겠다'는 强者의 협박 정도로 해석했던 것 같다.

바로 이날 문제의 인터뷰 기사가 〈뉴욕 타임스〉에 실렸다. 김영삼 총재는 이 신문과의 인터뷰 기사에서 의원직 제명의 단초가 되는 발언을 했다.

9월 24일 與圈이 김영삼 제명을 밀어붙이려고 한다는 정보를 입수한 글라이스틴 대사는 국무부에 대하여 "우리 대사관은 한국 정부당국의 요인들에게 김영삼 제명은 한미관계에 심각한 결과를 가져올 것이다"라는 내용의 의사를 전달하겠다고 보고했다. 柳赫仁 정치담당 수석은 10월 중순에 열리는 연례 한미 국방장관회의에 참석하러 브라운 미 국방장관이 오는데 그 전에 김 총재를 구속하면 문제가 확대된다고 대통령을 말려 10월 26일 현재로는 보류된 상태였다.

9월에서 10월 사이에 박 대통령은 미국정부로부터 김영삼에게 손을 대면 경제적 보복을 포함하여 여러 가지 불이익을 당할 것이라는 명시적 협박을 연속적으로 받고 있었다. 9월 27일 미 국무부 홀브룩 차관은 訪美한 朴東鎭 외무장관에게 "야당에 대한 탄압(Repression against the Opposition)"이란 강한 표현을 쓰면서 "정부 내의 고위정책협의회에서 對韓차관에 대한 승인을 보류하도록 은행에 지시했다"고 통보했다. 미국정부는 10월 4일에 김영삼의 국회제명이 있자 국무부 성명으로써 "깊은 유감"의 뜻을 표시하고는 주한 미국대사를 소환했다. 에드워드 케네디 상원의원도 같은 성명서를 발표했다.

　그러나 10월 13일 미 국무부는 주한 미국대사관에 보낸 電文을 통해 "글라이스틴이 의회와 접촉했던 바 한국정치 사태에 대해서 관심을 가진 의원들은 거의 없었다. 오직 한 의원만이 우리가 가진 안보상의 지렛대를 이용하여 정치적 자유의 확대를 추구해야 한다고 주장했다"고 알려주었다.

　그런데도 미국정부는 박 대통령에 대하여 "親韓的인 의원들도 비판적으로 돌아서고 있다"는 논리를 항상 되풀이하고 있었다. 10월 13일 밴스 국무장관은 金溶植 주미대사를 불러 이 같은 논리를 내세워 가시적 완화조치가 없으면 한미관계가 심각한 사태에 이르게 될 것이라고 경고하고는 박 대통령에게 이 뜻을 전해 달라고 요청했다. 부산에 비상계엄령을 선포한 10월 18일 연례안보회의에 참석하러 와 있던 브라운 미 국방장관은 카터의 친서를 박 대통령에게 전달하는 자리에서 "야당과의 대화를 재개함으로써 전면적인 탄압이 임박했다고 걱정하는 국내외의 인사들을 안심시켜 줄 것"을 요청했다. 이것은 박정희의 오기를 더 건드렸다.

미국 대사와 정보부장의 밀담

미국정부가 박정희를 괴롭힌 것은 사실이지만 그를 제거하기 위하여 적극적으로 움직였다는 증거는 발견되지 않고 있다. 당시 미국은 정보기관의 횡포에 대한 의회의 조사가 진행되고 특히 외국의 국가원수들에 대한 암살음모가 폭로되고 있을 때였다. 미국정부가 개입하여 박정희를 암살하도록 조종하기에는 적절하지 않은 시점이었다. 박정희의 제거는 한국의 정치불안을 부를 것이 분명한데 이는 미국의 국익에 반하는 것이었다. 3년 전에 기자를 만난 글라이스틴(10·26사건 당시 미국 대사)은 박정희의 原爆(원폭)개발 계획도 1979년 무렵에는 핵재처리시설 도입 포기로써 완전히 동결되어 있었기 때문에 걱정하지 않고 있었다고 했다.

1979년에 김재규는 글라이스틴과 CIA 서울지부장 로버트 브루스터를 특별히 자주 만났다. 미국 측은 온건하고 충직한 김재규를 대화창구로 삼아 박정희 대통령에게 의사를 전달하고 있었다. 이런 자리에서 오고 가는 이야기의 대부분은 박정희의 인권탄압에 대한 미국 측의 불만과 비판을 둘러싼 것이었다. 이런 대화를 통해서 김재규 정보부장이 자극이나 격려 또는 암시를 받았을 가능성은 있다. 김재규는 10·26사건 재판의 항소이유보충서에서 이렇게 썼다.

"자주국방이 이상일는지는 몰라도 현실적으로는 잠꼬대에 지나지 않는다. 서독 같은 나라도 집단안보를 강조하고 있는데 우리나라가 자주국방을 내세우고 있다는 것은 발상 자체가 우스운 것이다."

박정희는 자주국방을 할 수 없는 나라는 진정한 독립국가가 아니라는 생각을 갖고 있었다. 그런데 유신정권의 守門將은 미국 측 논리에 세뇌되었는지 대통령이 심혈을 기울여 추진하고 있던 자주국방 정책을 잠꼬대라고 생각하고 있었다. 10·26 무렵 韓美 양국의 네 인물—박정희, 김영삼, 김재규, 카터—중에서 세 사람은 한국적 민주주의 對 미국식 민주주의의 이념 대치전선에서 反朴 편에 서 있었다는 얘기다. 인권·자유·평등과 같은 보편적인 가치를 앞세운 미국식 민주주의 앞에서 주체성에 기초한 박정희의 한국식 민주주의는 무너지고 있었다. 미국정부는 한국 내의 야당과 민주화운동단체들을 박정희의 공격으로부터 비호하기 위하여 主 공격수役인 김재규를 설득하려고 노력했다.

특히 6월 말의 카터 訪韓을 앞두고는 한 달 사이에 확인된 것만 세 번 김재규와 글라이스틴의 대화가 있었다. 최근에 비밀이 해제되어 공개된 문서에서 대화 내용을 부분적으로나마 알 수 있는 것들을 소개한다. 1979년 6월 20일에 주한 미국대사 글라이스틴이 국무부에 지급으로 보고한 김재규 정보부장과의 면담 내용은 이러했다.

〈나는 오늘 김 부장을 만나서 단도직입적으로 카터—박정희 정상회담과 한국 내 인권문제의 중요성을 강조했다. 인권향상을 상징하는 정치적 제스처가 있으면 더 이상 좋을 것이 없겠다고 말했다. 나는 또 정상회담을 전후하여 인권탄압으로 생각될 수 있는 행동을 피해 달라고 했다. 심각한 문제로 비화될 가능성이 있는 사례로서는 몇 주 전에 있었던 카터 방한반대 선교사들에 대한 위협, 김대중에 대한 행동의 자유 제약, 그리고 크리스찬 아카데미 사건 같은 것이 있을 수 있다고 지적했다. 정상회담 이후에 있어야 할 한국정부의 바람직한 행동을 강조하기 위하여 나는 포드 대통령의 訪韓 뒤에 있었던 탄압의 예를 들었다. 김재

규 부장은 내가 말한 뜻을 확실하게 알아들었다.〉(이하 김 부장의 발언은 공개문서에서 삭제됨)

6월 26일, 카터의 서울 도착을 사흘 앞두고 글라이스틴 대사는 김재규 부장에게 "반체제 인사들의 가택연금 같은 행동은 정상회담의 분위기를 상하게 할 것이라고 지적했다"며 도쿄에 있던 밴스 국무장관 앞으로 보낸 電文에서 밝히고 있다. 글라이스틴 대사가 마지막으로 김재규를 만난 것은 시해사건 한 달 전인 9월 26일이었다. 글라이스틴의 보고 전문에 따르면 두 사람의 대화가 거의 끝나 갈 때 김 부장이 물었다.

"한국 경제와 국내 정치의 진행방향에 대한 대사의 분석을 듣고 싶습니다."

"나는 경제학자는 아니지만 한국 경제는 앞으로 여섯 달에서 열두 달 사이에는 침체할 것으로 봅니다. 이 기간에 점차적인 물가앙등으로 해서 임금인상에 대한 압력과 정치적인 압력이 있을 것입니다. 그러나 나는 한국 경제가 기본적으로 건전하며 성장을 계속하겠지만 과거와 같은 성장률을 유지하기는 어려울 것이라고 생각합니다. 정치문제에 대하여 말씀드린다면 두 가지 점이 나를 걱정스럽게 만듭니다. 하나는 정치적인 양극화 현상으로서 이는 국가를 분열시키고 정치적인 불안정을 초래할 것입니다. 신민당 사태를 둘러싼 국회의 空轉이 이를 잘 말해 주고 있습니다. 두 번째 문제는 모든 한국인들에게 관련된 것으로서 평화적인 권력이동입니다. 현재의 헌법과 정치조직으로서는 평화적 권력이동을 다루기가 불가능할 것입니다. 나는 한국의 상황을 이란과 비교하는 것에는 동의하지 않습니다. 한국은 이란보다도 내부적으로 훨씬 강력하며 공통된 가치관과 이해관계를 갖고 있는 사회이기 때문입니다. 그래서 저는 한국의 장래에 대해서 낙관하고 있습니다."

대사의 이런 분석에 대해서 김재규는 "귀하의 판단은 매우 정확하다"고 하면서 이렇게 덧붙였다.

"권력이동기나 전쟁과 같은 국내위기 상황에서 한국사람들의 가치관은 변함없이 지속될 것입니다. 한국의 발전과 안보를 위해서 가장 중요한 것은 정치의 안정이며 이는 정부가 확보해야 할 사안입니다."

김재규 부장은 한국 경제와 정치의 변화전망에 대한 대사의 생각에 대해서 유별난 흥미를 보였다. 그는 정부의 기본적인 통제력에 대해서는 그렇게 걱정하지 않고 있다는 인상을 남겼다. 김 부장은 박 정권에 대한 불만이 쌓여 가고 있고 경제불황이 그런 불만축적을 더욱 가속화시키지 않을까 하는 점에 대해서는 전보다 더 걱정하고 있었다. 김재규 부장은 공안기관의 권력남용이 억제되어야 한다는 대사의 견해에 대해서는 동의한다고 말했다.

글라이스틴과의 마지막 만남에서 김재규가 권력이동과 박 정권에 대한 정치적, 경제적 불만의 누적에 대해서 관심이 많았고, 강권통치에 반대하는 미국 대사의 입장에 동조했다는 점은 그가 미국의 논리에 설득되어 박정희식 통치에 대해서 회의하고 있었음을 엿보게 한다.

1979년 11월 19일 글라이스틴 대사는 국무부에 흥미로운 해명성 전문을 보낸다. 그 요지는 이렇다.

"박 대통령의 죽음에 미국이 관련되어 있다는 의심이 한국에서 끈질기게 나돌고 있다. 일본과 미국 언론은 미국이 박정희 정부를 비판한 것은 쿠데타 음모자들에게 모종의 신호를 보내기 위한 것이었다고 쓰고 있다. 김재규도 앞으로 재판에서 나와 나의 전임자들이 자신에게 박 대통령을 공격하라고 부추겼다는 주장을 하고 나올 가능성이 있다. 우리는 그런 일을 하지 않았다. 나는 한국 내의 어떤 사람들이나 조직들에게 박정희 정권이 1년 이상 유지될지 의심스럽다는 말을 하고 다녔다는 비난을 듣고 있다. 나는 그런 대화를 한 적이 없다. 그러나 우리가 박 대통령의 행동을 공개적으로 비판한 것 때문에 한국인들이 우리의 비판을 오해하여 박정희의 최후가 다가오고 있다든지 그가 사라지는 것에 대하여 미국이 좋아하지 않을 이유가 없다든지 하는 식으로 생각했을 가능성은 있다."

노래와 총성

암살작전의 지휘자 朴善浩 의전과장은 작전 배치를 끝내고는 7시 20분쯤 경호원 대기실로 들어갔다. 대통령이 식사하고 있는 안방과는 마루를 사이에 두고 있었다. 두 해병대 친구는 자신이 맡겠다고 결심한 터였다. 사살하지 않고 무장해제시킬 수도 있을 것이라는 생각을 했다. 해병대 간부후보 동기생 鄭仁炯 처장과 후배인 安載松 부처장은 땅콩을 먹으면서 텔레비전을 보고 있었다. 미8군 방송이었다. 박선호는 문 쪽에 있는 소파에 앉아서 같이 텔레비전을 보고 있다가 7시 38분쯤 문밖으로 나왔다. 그는 아무것도 모르는 식당관리인 남효주를 시켜 부장에게 전화가 왔다고 전하라고 했다. 안방 앞에 있는 부속실로 나온 김재규는 박선호에게 "준비 다 되었지" 하고 물었다.

준비 완료를 확인한 김 부장이 곧장 안방으로 돌아가는 바로 그때 세계사격대회 한국 대표선수이기도 했던 안재송이 대기실에서 나와 복도를 건너 화장실로 들어가는 게 아닌가. 박선호가 질려서 마루에 서 있는데 안재송은 이내 화장실에서 나오더니 대기실로 다시 들어갔다. 박선호는 안재송을 따라 대기실로 들어가 입구 쪽에 있는 소파에 앉았다. 손은 허리에 가 있었다.

저녁 7시 40분쯤 김재규가 슬그머니 바깥으로 나간 사이에 차지철 경호실장의 지명으로 신재순이 노래를 부를 차례가 됐다. "사랑해 당신을 정말로 사랑해……"까지 부르는데 기타가 멎었다. 음치에 가까운 신 양의 노래를 심수봉의 기타 반주가 따라갈 수가 없었던 것이다. 심수봉이 신 양의 음정에 맞추려고 기타를 퉁겨 보고 있는 사이에 대통령이 말했다.

"이 노래는 나도 아는 노래인 것 같은데. 우리 아이들이 가끔씩 부르거든."

김재규가 안방으로 돌아오니 신재순이 노래를 부르고 있었다. 작곡을 할 정도로 노래에 소양이 있는 대통령은 나지막하게 따라 불렀다.

"각하도 그 노래 아십니까?" 차지철이 말했다. 신 양은 노래를 부르면서도 김재규가 소리 없이 들어와서 맞은편 자리에 앉는 것을 눈여겨볼 수 있었다.

"사랑해 당신을. 정말로 사랑해. 당신이 내 곁을 떠나간 뒤에 얼마나 눈물을 흘렸는지 모른다오……."

박정희가 신재순과 함께 이렇게 콧노래로 흥얼거리고 있을 때였다. 노래는 후렴으로 들어와서 "예이 예이 예이……"로 넘어가고 있었다.

김재규가 행동을 개시했다. 오른손으로 옆에 앉은 김계원의 허벅지를 툭 치고는 "각하를 똑바로 모십시오"라면서 권총을 오른쪽 바지 호주머니에서 뽑았다.

"각하, 이 따위 버러지 같은 자식을 데리고 정치를 하니 똑바로 되겠습니까?"

"탕!" 소리와 거의 동시에 "김 부장, 왜 이래" 하는 차지철. 그는 "피, 피, 피" 하면서 피가 솟는 오른 팔목을 붙잡고 일어나 실내 화장실로 뛰어갔다. 차 실장은 "경호원, 경호원 어디 있어"라고 소리쳤다. 제1탄은 차지철이 엉겁결에 내민 오른 손목을 관통했던 것이다.

이 순간 김계원은 일어서면서 "각하 앞에서 무슨 짓이야"라고 소리치고 바로 왼쪽에 있던 김재규를 밀었다고 주장한다.

"뭣들 하는 거야."

노래를 흥얼거리던 대통령은 이 한마디를 벽력같이 지른 뒤에는 정자세 그대로 가만히 있었다. 최후의 대통령을 옆자리에서 가장 냉정하게, 가장 정확하게 관찰한 신재순은 '대통령은 그 모양을 보지 않으려는 듯 눈을 감고 정좌를 하고 있었다. 위기일발의 상황에서도 미동도 하지 않았다'고 기억하고 있다.

김재규는 달아나는 차지철을 따라갈 듯 일어나서 다소 엉거주춤 한 자세에서 박정희를 내려다보면서 발사했다. 오른쪽 가슴 상부에서 들어간 총알은 허파를 지나 오른쪽 등 아래쪽을 관통하고 나왔다. 차지철을 쏜 제1탄과 박정희를 쏜 제2탄 사이에는 몇 초의 간극이 있었다. 김재규가 말했듯이 '야수의 마음으로 유신의 심장을 쏘기 위한' 결심에 필요한 시간이었는지, 자신을 친동생처럼 아껴 주면서 능력에 비해 과분한 배려를 해 주었던 동향의 선배에 대한 순간적인 주저였는지는 알 수가 없다.

김재규는 법정에서 "차 실장에게 꽝 하고 각하에게 꽝 했으니까 1초도 안 걸렸습니다"라고 진술했다. 여러 사람들의 증언을 종합하면 김재규의 이 주장은 사실과 다르다. 그는 차 실장을 쏜 뒤에 4, 5초 정도 머뭇거렸다.

김계원은 박정희가 총을 맞고 왼쪽으로 스르르 쓰러지는 것까지 보고 마루로 뛰어나갔다. 김계원은 "김재규와 차지철이 싸우는데 각하가 옆으로 피하는 줄 알았다"는 것이다(1심 법정 진술).

대통령 바로 오른쪽 옆자리에 있었던 신재순(현재 미국 로스앤젤레스 거주)은 "박 대통령은 총탄을 맞은 뒤 고개를 떨구고 기울어졌는데 이마가 식탁 위에 닿았다"고 기억한다.

"김계원 씨가 김재규를 말리는 행동을 본 적은 없고 일어서는 것을 본 적도 없습니다. 김 실장은 아마 전깃불이 나가 제가 볼 수 없었을 때 일어나 마루로 나간 것 같습니다. 거무튀튀한 권총을 손에 든 제 정면의 김재규 표정은 무서웠습니다. 저의 오른쪽에 앉아 있던 차지철은 어이없다는 표정이었습니다."

김재규는 박정희에게 한 발을 쏜 뒤에 다시 연발사격을 하려고 방아쇠를 당겼다. 방아쇠를 당겼는데 발사가 되지 않았다. 그는 차지철의 반격이 있을까 당황하여 연거푸 노리쇠를 후퇴시켜 보았지만 노리쇠가 움직이지 않자 마루로 뛰어나갔다. 김재규는 차지철이 권총을 차고 있다고 생각하고 있었다.

그 순간 전깃불이 일제히 나갔다. 옆방인 대기실과 주방에서는 탕, 탕, 탕하는 권총 소리와 "움직이지 마!" 하는 고함소리가 뒤범벅이 되어 아수라장을 연출하고 있었다. 안방에서 마루로 뛰어나간 김계원은 "불 켜, 불 켜"라고 소리쳤다.

10·26사건 수사에서 풀리지 않고 있는 부분이 김재규의 권총 고장이

다. 고장 이유에 대해서 조사가 이루어지지 않았기 때문이다. 사건 직후 합수부에서 김재규는 "박정희를 쏜 제2탄의 탄피가 방출되지 않아서 장전이 되지 않았다"고 주장했다. 그러나 기자가 이 독일제 월터PPK 권총을 작동시켜 보고 내린 결론은 김재규의 주장이 사실과 부합하지 않는다는 점이었다. 합수부의 현장검증조서를 보면 이 권총에서 발사된 두 발의 탄피가 다 발견되었으므로 김재규의 진술은 사실오인이다. 이 권총은 007영화에서 제임스 본드가 즐겨 쓰던 것이다. 32구경에 손잡이가 짧고 얇아 손아귀에 잡혔을 때 안정감이 크다. 이 권총은 손잡이를 잡은 오른손의 엄지손가락을 위로 펴서 안전장치, 즉 자물쇠를 올리고 사격을 하도록 되어 있다. 어떤 충격이나 손가락의 작용으로 해서 이 자물쇠가 내려오면 실탄장전이 되지 않는데 사격 중에 그런 고장이 잦다는 것이 이 권총의 약점이다. 김재규는 자물쇠가 내려와서 잠겨진 것을 모르고 노리쇠만 후퇴시키려다 실패했던 것으로 보인다.

결투

대통령 일행의 만찬장과 마루 하나를 사이에 두고 붙어 있는 경호원 대기실. 직선거리로는 박정희와 약 12m쯤 떨어진 곳에 정보부 의전과장이자 이날 밤의 암살작전 지휘자 朴善浩가 앉아 있었다. 박선호는 마루와 통하는 대기실 문을 들어가서 바로 오른쪽에 있는 응접 의자에 앉아 총성을 기다리고 있었다. 이 경호원 대기실은 여섯 평쯤 되는데 가운데엔 길쭉한 탁자가 있고 그 3면을 둘러서 의자 일곱 개가 놓여 있었다. 안쪽 벽에는 텔레비전이 붙어 있었다.

박선호와는 친형제보다도 더 가까운 해병간부후보 동기생 鄭仁炯 경호처장은 박선호와는 오른쪽 대각선 방향의 의자에 앉아 안주를 먹으면서 텔레비전을 보고 있었다. 국가대표 사격선수 安載松 부처장도 방금 전에 화장실에 갔다 와서는 박선호의 왼쪽편 맨 안쪽 의자에 앉아 무얼 먹으면서 텔레비전을 보고 있었다.

박선호는 손을 허리에 찬 권총에 대고 옆방인 만찬장에 신경을 집중시켜 놓고 있었다. 沈守峰의 기타 소리가 들려왔다. 박선호는 박정희의 콧노래 소리는 듣지 못했다. 기타 소리 속에서 총성 일발. 김재규가 차지철을 쏜 것이다. 박선호는 권총을 뽑아 들고 일어났다. 경호처장 정인형, 부처장 안재송 두 사람은 의자에 앉은 채 박선호의 얼굴을 쳐다보았다. 의아한 표정. 안재송이 허리에 찬 총을 뽑으려고 손을 가져갈 때 박선호가 소리쳤다.

"꼼짝 마!"

이어서 두 번째 총성. 김재규가 박정희의 가슴을 내려다보면서 쏜 것이다. 박선호는 제1발과 제2발 사이는 4~5초 간격이었을 것이라고 했다. 두 경호관의 손이 권총으로 향했다.

"총 뽑지 마! 움직이면 쏜다! 야, 우리 같이 살자!"

박선호는 둘도 없는 친구 정인형을 향해서 소리쳤다. 정 처장의 안색이 변하더니 포기하는 기색이었다. 옆방인 주방 쪽에서는 연발 총성과 고함이 잇따라 들려왔다. 안재송이 정인형의 얼굴을 보더니 결심한 듯 권총을 뽑으려고 앉은 자세에서 상체를 오른쪽으로 휙 돌렸다. 박선호의 권총이 불을 뿜었다. 안재송은 엎어지듯이 쓰러졌다.

檢屍(검시) 결과 왼쪽 어깨로 들어간 총탄은 등판의 오른쪽 아래를 향해서 진행하다가 살에 박혔다. 이 彈道(탄도)는 안재송이 일어서지도 못한 상태에서 피격되었음을 말해 준다. 육군과학수사연구소 법의과장 정상우 소령의 사체검안서에 따르면 안재송은 이 한 발에 허파나 심장이 손상되어 사망에 이르게 된 것으로 사료된다는 것이다.

이 순간 박선호의 맞은편 의자에 앉아 있던 정인형도 몸을 일으켜 권총을 뽑으면서 박선호를 향해서 덮쳐 오듯 다가왔다. 박선호는 문 쪽으로 2보가량 뒤로 물러서면서 절친한 친구를 향해서 방아쇠를 당겼다.

"탕!"

정인형은 앞으로 꼬꾸라졌다. 탄알은 왼쪽 목으로 들어가 오른쪽으로 직선관통을 했다. 육군과학수사연구소 법의과장 정상우 소령이 작성한 사체검안서에 따르면 목 관통상으로 목에 나 있는 氣道와 혈관이 파괴되어 질식사 또는 공기전색증으로 사망케 된 것으로 보인다는 것이다.

박선호는 "그때 두 사람이 동시에 달려들었으면 나는 당했을 것이다. 뒷걸음치다가 문지방에 걸려 넘어질 뻔했다"고 재판정에서 진술했다. "같이 살자"면서 그가 두 경호원을 붙들어 둔 시간은 약 15초. 박선호는 그 15초가 길게 느껴지더라고 했다. 박선호는 또 "안재송이가 총을 뽑지 않았더라면 정인형도 뽑지 않았을 것이고 그랬다면 본인도 그들을 죽이지는 않았을 것입니다"고 군검찰에서 진술했다. 안재송은 0.7초 안에 권총을 뽑아서 25m 떨어진 곳에 있는 박카스 병을 맞힐 정도의 실력을 갖고 있었지만 先手를 빼앗겼던 것이다.

박선호가 대기실에서 마루로 뛰어나가는 순간 전깃불이 나갔다. 이 전깃불이 조금 일찍 나갔더라면 박선호가 당했을지 모른다. 그랬다면 두 경호원이 안방으로 뛰어 들어가서 치명상을 입지 않은 박정희를 구출할 수 있었을 가능성도 있다. 마루로 나선 박선호는 주방을 향하여 플래시를 비추면서 "나 과장이다. 불 켜!"라고 고함을 질렀다.

나棟의 지하실에는 보일러와 냉동시설 및 배전시설을 통제하는 방이 있었다. 이곳을 관리하는 姜茂弘(강무홍) 기관공은 신문을 읽고 있다가 총성을 들었다. 그는 순간적으로 전기 합선이라고 생각했다. 냉동실 문 바깥에 있는 배전판을 열고 인입선 主 스위치를 내렸다. 나동 전체가 停電이 된 것이다. 강무홍이 지하실 계단을 통해서 지상으로 올라가는데 주방 쪽에서 "꼼짝 마! 움직이면 쏜다!"는 소리가 들렸다. 그는 합선은 아닌 것으로 판단했다. 급히 뛰어내려 와서는 라이터를 켜고는 배전판을 비추면서 스위치를 다시 올렸다. 겁이 난 그는 지하실 문을 안으로 걸어 잠그고 전등을 다 끄고는 숨을 죽이고 있었다.

불이 다시 켜지는 것과 동시에 박선호의 눈에는 안방 문 모퉁이를 도는 마루에 金桂元이 엉거주춤 서 있는 것이 보였다. 김계원은 金載圭가 안방에서 두 발을 쏘고 불이 꺼지자 자신은 마루로 나와서 "대기실, 주방, 안방 사이 중간 지점 벽에 (기대고) 있었다"고 진술했다. 그는 "한 20초 뒤에 다시 전깃불이 들어오고 김재규가 마루에서 박선호의 권총을 빼앗아 가는 것을 보지 못했다"고 진술했다. 이게 사실이라면 김계원은 공포와 酒氣로 해서 벽에 기대어 눈을 감고 있었다는 뜻이다.

승용차 제미니 안에서 朴興柱, 李基柱, 柳成玉 세 사람은 허리에 찬 권총에 손을 대고 총성이 나기만을 기다리고 있었다. 차의 앞뒤 문은 살짝 열려 있었다. 이 제미니는 주방 벽면과는 나란히 놓여 있었다. 유성옥과 이기주가 앉은 자리는 주방 쪽이었고 박흥주는 반대편이었다. 유성옥이 차 안에서 주방 쪽을 주시하고 있는데 청와대 경호원으로 보이는 세 사람은 주방 밖 정원에 모여 잡담을 하고 있었다. 식당차 운전기사 金勇南이 제미니 쪽으로 다가오더니 앞자리에 앉은 박흥주 대령을 힐끗 살펴보고는 주방 안으로 사라졌다. 조금 후에 두 경호관이 주방 안으로 들어가고 한 사람이 혼자 바깥에 남아 있었다. 차 안의 세 사람은 손을 권총에 갖다 대고 총성을 기다리고 있었다.

안방에서 첫 총성. 해병대 하사 출신 경비원 이기주는 딱총 소리 같다고 느꼈다. 박흥주와 이기주, 유성옥은 권총을 빼들고 미리 열어 둔 차 문을 밀고 나가 약 7m 떨어진 주방을 향해서 뛰었다. 박흥주 대령은 권총의 안전장치를 풀면서 뛰었다. 총성과 함께 주방 바깥에 남아 있던 사람(대통령 승용차 운전기사 金容太)이 안으로 뛰어 들어갔다. 그를 향해서 유성옥은 뛰었다. 그 사람(유성옥은 그를 경호원이라고 생각했다)은 오른쪽 출입문을 통해서 주방으로 들어서더니 뒤돌아보는 동작을 취했다. 유성옥은 그가 권총을 빼고 있다는 판단을 했다. 약 3m 앞에 있는 그를 조준하여 첫 총탄을 발사했다. 그는 푹 쓰러지더니 안쪽 바닥으로 기어가고 있었다.

"난 괜찮아"

정보부 운전사 柳成玉은 제1탄을 맞고 안쪽으로 기어가는 대통령 승용차 운전사 金容太를 향해서 세 발을 연속 사격했다. 김용태는 왼쪽 허리와 등에 두 발을 맞고 절명했다.

부장 수행비서관 朴興柱 대령은 제미니에서 뛰어나와 주방을 향하여 달리면서 권총의 안전장치를 푸느라고 사격개시가 약간 늦었다. 경비원

李基柱, 유성옥 두 사람이 먼저 달려가 벌써 탕탕 하는 소리가 들렸다. 박흥주 대령은 주방 벽면 밑으로 난 지하실 입구 계단으로 가서 창문을 통해서 주방 안을 들여다보니 아무도 안 보이고 벽만 시야에 들어왔다. 박흥주는 "꼼짝 마! 일어나면 죽어!" 하면서 갈겼다. 그는 다섯 발을 쏘았다. 다시 오른쪽으로 가서 출입문에 붙으면서 두 발을 더 쏘았다. 이기주는 차에서 튀어나와서 주방을 향해 뛰면서 보니 오른쪽 문으로는 박흥주, 유성옥 두 사람이 달려가고 있었다. 그 문에서 세 사람이 쏘기에는 너무 좁다는 생각이 들었다. 주방 안을 내려다보게 되어 있는 높이 70cm 블록난간 위로 뛰어올라 갔다. 방 안에 하얀 벽과 사람이 보였다. 5, 6명이 가운데에 식탁을 놓고 둥글게 앉아 있었다. 창문 안을 향해서 "꼼짝 마! 손 들어!" 하는데 벌써 총소리가 났다. 창에 쳐져 있는 방충망을 통해서 안으로 두 발을 발사했다.

이기주는 주방 안 경호원들이 자신을 향하여 쏜다고 생각하고 몸을 낮추면서 난간에서 내려왔다. 그는 오른쪽 문으로 이동하면서 두 발을 더 쏘았다. 이기주는 "총에 실탄이 남아 있으면 남들은 다 쐈는데 꾸지람 들을까 봐서 두 발을 더 쏘았다"는 것이다. 이 순간 전깃불이 꺼졌다. 마루로 통하는 주방 안쪽 문에서 플래시 불이 주방 천장을 비쳤다.

"나, 과장이다! 불 켜라!"

유성옥은 옆에 있는 박흥주와 이기주를 향해서 "과장님이다! 쏘지 마!"라고 외쳤다. 플래시 불빛, 고함소리. 다시 전깃불이 들어왔다. 경호원들에 대한 일제사격에 걸린 시간은 20초를 넘지 못할 것이다. 세 저격수가 쏜 권총 실탄은 모두 열다섯 발이었다. 열다섯 발이 집중사격이었기 때문에 '콩 볶듯 했다'느니 '기관총 사격 같았다'느니 하는 과장된 표현이 생기게 된 것이다.

不意의 기습을 당한 경호원 편에서 상황을 다시 보자. 저녁 7시 30분쯤 정보부 궁정동 시설의 대통령 만찬장 나동(棟) 식당차 운전사 김용남이 주방 바깥에서 잡담하고 있던 대통령 경호원 朴相範에게 다가왔다.

"주방에 저녁을 준비해 놓았으니 식사를 하시지요."

朴相範, 金鏞燮은 주방 안으로 들어가고 대통령 차 기사 金容太는 식사를 안 하겠다고 하여 바깥 의자에 앉아 있었다. 박, 김 두 사람은 주방 가운데에 있는 조리대에 국과 밥이 놓여 있는 것을 보고는 의자에 앉았다. 두 경호원에게 식사를 차려 주고 있던 김용남은 경비원 관리책임자 이기주한테서 걸려온 인터폰을 받았다. 이기주는 "과장님을 바꾸어 달라"고 했다가 김용남이 "지금 대기실에 계신다"고 하니까 "그러면 과장님께 말씀을 전해 달라"고 하면서 이렇게 말했다.

"손님이 왔다고만 전해 주세요.(이 말은 준비가 끝났다는 뜻인 듯)"

김용남은 경호원 대기실로 갔다. 朴善浩 과장에게 말을 전한 뒤에 주방으로 돌아와서 식사를 2인분 차려서 대기실로 가져갔다. 평소에는 형제처럼 친한 해병대 출신 세 사람이 함께 식사를 할 터인데 이날은 박 과장만이 문 쪽 의자에 멀리 떨어져 앉아 있었다. 김용남이 처장, 부처장 앞으로 찬을 놓고 있는데 鄭仁炯 처장이 박선호 과장을 향해서 말했다.

"식사 안 해?"

"바깥에서 먹었어."

김용남은 주방으로 돌아와서 매운 것을 싫어하는 안재송 부처장한테 줄 국을 따로 끓이고 있었다. 몇 숟갈을 떴을까 박상범은 안방 쪽에서 희미한 총성을 들었다. 일어서면서 총을 뽑아 안방으로 통하는 마루로 연결되는 문 쪽으로 향하면서 보니 왼쪽에 앉아 있던 김용섭이 자신과 같이 일어나 오른쪽 옆으로 돌아서면서 총을 빼어 드는 것이었다.

그 순간 오른쪽 창문에서 총알이 쏟아져 들어오기 시작했다. 박상범은 하체를 쇠막대기로 얻어맞는 것 같은 충격을 받고는 정신을 잃었다. 김용섭 경호원은 이때 다섯 발을 맞았다. 이는 몸집이 큰 그가 일어나 대응자세를 취하니까 주방 바깥에서 보기에는 좋은 표적이 되었기 때문이다.

그는 오른쪽 어깨, 오른쪽 가슴, 왼쪽 옆구리, 왼쪽 아랫가슴, 오른쪽 아랫배를 피격당했다. 주로 이기주 경비원이 주방 바깥의 낮은 담처럼 생긴 난간에 올라가서 창에 쳐진 방충망을 통하여 그를 내리쏠 때 맞았던 것으로 추정된다. 김용섭의 몸에 난 彈道(탄도)검사 결과 총알은 모두 위에서 아래쪽으로 향하고 있었다. 이날 대통령 경호원들은 항상 입게 되어 있었던 방탄조끼도 입고 있지 않았다. 김용섭 경호원의 경우 그 조끼를 입고 있었더라면 치명상을 면하고 반격도 할 수 있었을 것이다.

조리대에서 요리를 하고 있던 金日先은 총성이 나자 주방 한구석으로 가서 쪼그리고 앉았다. 한바탕 총격이 스쳐간 뒤에 주위를 살펴보았다. 몇 발자국 거리에 요리사 이정오가 누워서 왼쪽 옆구리에서 피를 흘리고 있었다. 그 바로 옆에는 박상범이 쓰러져 있었고 어느 곳에서는 "날 살려 줘…… 나 좀 살려 줘……"하며 애원하는 소리가 들렸다. 그는 정신을 못 차리고 그냥 쪼그리고 있었다. 그는 외부에서 테러분자들이 침입하여 각하 일행이 기습당했다고 생각했다. 식당차 기사 김용남은 엎드린 채 있었는데 "아이구, 아이구……" 하는 소리가 들려 돌아보니 김용섭 경호원이 바닥에 엎어져 지르는 비명이었다.

다시 안방. 박정희가 엉거주춤 일어선 김재규로부터 가슴에 최초의 한 발을 맞았을 때 대통령의 왼편에 앉아 있던 심수봉은 기타를 치우려 몸을 약간 빼려고 했다. 그때 대통령의 이마가 식탁에 닿을 정도로 스르르 상체가 숙여졌다.

심수봉이 기타를 왼쪽 벽에 세우고 돌아와 자신 쪽으로 쓰러진 박정희의 몸을 부축하여 앉히면서 비명을 질렀다. 신재순은 일어나 심수봉 쪽으로 가서 대통령의 등에 손을 댔다. 뜨거운 게 물컹 잡혔다. 피였다. 한 차례 총성이 멎자 실내 화장실로 피했던 車智澈이 문을 빼꼼히 열고 머리만 내밀고는 "각하, 괜찮습니까?"라고 물었다. 신재순이 보니 총 맞은 차지철의 오른 손목에서 피가 뚝뚝 떨어지고 있었다.

"난 괜찮아."

대통령은 나지막하게 말했다. 심수봉이 앉았던 방석이 대통령의 流血로 적셔졌다. 신 양은 손수건 같은 것을 찾았으나 보이지 않았다. 피가 솟고 있는 대통령의 등에 손을 꼭 댔다. 신재순의 손가락 사이로 선혈이 콸콸 쏟아지고 있었다. 박정희의 숨소리는 "크르렁, 크르렁" 하고 있었다.

"각하, 정말 괜찮습니까?"

신 양이 물었다.

"응, 나는 괜찮아……."

야수의 마음으로

신재순이 대통령의 등에서 솟고 있는 피를 손바닥으로 막으면서 "각하, 정말 괜찮습니까?"라고 물었을 때 박정희 대통령이 한 말—"응, 나는 괜찮아……"는 그가 이승에 남긴 마지막 육성이 됐다. 미국 로스앤젤레스에서 살고 있는 신재순은 이 말엔 '난 괜찮으니 너희들은 여기를 빨리 피하라'는 뜻이 담겨 있었다고 말하고 있다.

"그 말을 들으면서 그 자리에서 느꼈던 것이 아직도 생생합니다. 일국의 대통령이시니까 역시 절박한 순간에도 우리를 더 생각해 주시는구나 하는 느낌을 가졌습니다."

27일 새벽 金鍾泌이 연락을 받고 청와대에 갔을 때 金桂元은 간밤에 있었던 이야기를 실토하면서 "각하께서는 그 상황에서도 여자 아이들 걱정을 하십디다"라고 말하더란 것이다. 마루로 피해 나온 김 실장은 대통령이 "난 괜찮아"라고 말하는 것을 다 듣고 있었다는 의미이다.

"각하, 진짜 괜찮습니까?"

신재순, 심수봉 두 여자가 번갈아 물었다. 이제는 대답이 없었다. 대통령의 신음소리가 간헐적으로 들렸다.

정보부장 의전비서관 박흥주 대령은 이기주, 유성옥과 함께 대통령 경호원들을 죽이기 위해서 주방 안으로 집중사격을 가한 뒤 안이 조용해지자 나동 건물을 오른편으로 돌아서 현관 앞으로 뛰어갔다. 어두운 잔디밭에서 흰 와이셔츠 차림의 김재규가 황급하게 뭔가를 작동시키려고 하는 모습이 보였다. 구부린 자세로 양손을 비비는 것 같았다. 불발된 권총의 노리쇠를 앞뒤로 진퇴시키려 했으나 움직이지 않았다. 다가간 박흥주 대령은 "박 비서관입니다"라고 하면서 김재규의 두 팔을 잡으려고 했다. 김재규는 박 대령의 손부터 보았는데 총이 없었다. 그는 팔꿈치로 박 대령을 밀고는 다시 현관 안으로 뛰어들어 갔다. 현관에는 위에 달려 앞뒤로 흔들거리는 쪽문이 붙어 있었다. 박흥주가 그 쪽문 사이로 보니 안쪽 마루에서 양복 상의를 벗은 김계원 실장이 안방에서 나와 후다닥 뛰는 것이었다. 황급히 피하는 모습이었다.

이때 김재규는 차지철이 권총을 차고 있다고 생각하고 있었기 때문에 여간 마음이 급한 게 아니었다. 그는 고장난 권총을 고치지도 못하고 현관에서 마루로 다시 뛰어들어 가는데 플래시를 든 박선호 의전과장과 마주쳤다. 박 과장은 대기실에서 두 경호관을 사살하고 마루로 나와 있었다. 그의 오른손에는 권총이 들려 있었다. 김재규는 들고 있던 자신의 권총을 바닥에 던져 버리고는 박선호의 권총을 낚아채더니 안방으로 들어갔다.

그 직전 차 실장이 화장실에서 빠져나와 "경호원, 경호원" 하면서 문쪽으로 달려나가고 있었다. 차지철이 흘리는 피가 오른쪽 벽 아래를 따라서 선을 그렸다. 차지철이 문으로 뛰어나가려는 찰나에 권총을 들고 들어오는 김재규와 딱 맞서게 됐다. 김재규가 박선호로부터 받아든 38구경 리볼버 5연발 권총에는 세 발이 남아 있었다. 원래 다섯 발이 장전되어 있었는데 박선호가 두 발을 쏘았던 것이다. 차지철은 안쪽 병풍 옆에 있던 장식용 문갑을 방패처럼 치켜들었다.

"김 부장, 김 부장……"

차지철은 애원하고 있었다. 그는 문갑을 앞세우고 김재규를 향해 덤벼들었다. 김재규는 차 실장의 가슴을 향해서 한 발을 발사했다. 탄도검사 결과에 따르면 피격 당시 차지철은 문갑을 들고 자세를 낮추고 있었음이 밝혀졌다. 오른쪽 가슴 상부에서 들어간 총탄은 허파 부위를 지나 왼쪽 등 아래로 진행하다가 몸속에서 멈추었다. 육군과학수사연구소 법의과장 정상우 소령의 사체검안서에 따르면 이 제2탄이 치명상으로서

血胸(혈흉)에 의한 호흡부전과 심장부전을 일으켜 죽음에 이르게 한 것으로 추정된다는 것이다. 이게 사실이라면 한 20여 분 뒤에 일어난 김태원에 의한 두 발의 총격은 확인사살이 아니라 이미 죽었거나 죽을 사람에 대한 사격이란 뜻이 된다. 차 실장은 잡고 있던 문갑과 함께 뒤로 넘어졌다. 와장창하는 소리와 함께 문갑 속에 있던 물건들이 쏟아졌다. 이때 심수봉이 박정희 곁을 떠나 방 안을 뛰쳐나갔다.

김재규는 다음 순간에 벌어진 상황을 1979년 11월 8일에 작성한 제2차 자필진술조서에서 이렇게 묘사하고 있다.

"차 실장을 거꾸러뜨리고 앞을 보니 대통령은 여자의 무릎에 머리를 대고 있어 식탁을 왼쪽으로 돌아서 대통령이 있는 데로 가자 거기에 앉아 있던 여자가 본인의 얼굴을 쳐다보며 공포에 떠는 눈초리로 보고 있어 총을 대통령 머리에서 약 50센티미터까지 가까이 대고 1발을 발사하여 대통령을 즉사시키고 나온 것이 기억이 되며……."

제2탄은 박정희의 오른쪽 귀 위로 들어가 뇌수를 관통하고 콧잔등까지 나와서 살 속에서 멈추었다. 이것이 치명상이 되었지만 즉사는 아니고 아직 생명은 붙어 있었다. 끝까지 대통령 곁을 지킨 신재순은 김재규가 방에 들어올 때 발 밑으로 푹 파인 아래쪽으로 숨었다가 차지철을 쏘는 총성을 듣고 몸을 일으켰다. 그녀는 박정희를 안고 있다가 다가오는 김재규와 눈이 마주쳤다. 신재순은 지금도 "그것은 인간의 눈이 아니라 미친 동물의 눈이었다"고 기억한다. 그녀는 김재규가 박정희의 머리에 총을 갖다 대었을 때는 '이제는 나도 죽는구나' 하고 후다닥 일어났다. 실내 화장실을 향해서 뛰는 그녀의 등 뒤에서 총성. 귀가 멍멍하고 잠깐 정신이 나갔다가 깨어 보니 주위가 조용했다. 방 안은 화약 냄새로 자욱

했다. 신 양은 실내 화장실 안에서 문을 잠그고도 손잡이를 꼭 잡고 있었다. 김재규가 박정희의 머리를 향해 쏜 총탄은 이 5연발 리볼버의 네 번째 총탄이었다.

김계원은 김재규가 차 실장과 대통령에게 치명상을 입히고 나올 때까지 마루에 서 있었다. 이 마루와 만찬장은 붙어 있고 마루에서는 열려 있던 문을 통해서 방 안에서 김재규가 차 실장과 대통령을 쏘는 것을 볼 수 있는 위치였다. 김재규와 그 부하들이 총질을 해 대는 가운데서 무장하지 않은 김계원이 취한 피신행동을 어느 정도 비판할 수 있을지는 쟁점으로 남는다. 김계원은 "낭하에 나가서 불을 켜려고 했다. 대기실, 주방, 만찬장 사이의 중간지점에 있는 화장실 입구에 머리를 대고 멍하니 서 있었다"고 법정에서 진술했다. 김재규가 다시 방으로 들어가는 것은 못 보았고 전깃불이 다시 켜지고 방안에서 "총성과 싸우는 소리가 나고 쾅하고 넘어지는 소리가 나고, 내가 방 안으로 들어가려는데 나오는 김재규와 마주쳤다"는 것이다. 마루에서 두 사람이 스치면서 나눈 대화에 대해서 김재규는 합수부 조사에서 이렇게 진술했다(1979년 11월 8일 2차 자필진술조서).

본인: 나는 한다면 합니다. 이제 다 끝났습니다. 보안 유지를 철저히 하십시오.
김계원: 뭐라고 하지.
본인: 각하께서 과로로 졸도했다고 하든지 적당히 하십시오.
김계원: 알았어.

김계원은 법정에서 "그때 김재규가 총을 들고 살기가 등등하여 그 장소를 모면하기 위하여 '알았어' 라고 한 것뿐이다"라고 증언했다.

超人

총구 앞에서, 그리고 가슴을 관통당하고서, 또 꺼져 가는 의식 속에서 다가오는 제2탄을 기다리면서 박정희가 보여 준 행동은 세계 암살사에서 찾아보기 힘든 超人的인 모습이었다. 김재규의 벽력같은 고함과 차지철을 쏜 첫 총성, 그리고 한 4초간의 여유. 이때 박정희는 "뭣들 하는 거야!"란 한마디만 외친 뒤 그냥 눈을 감고 정좌한 채 가만히 있다가 김재규의 총탄을 가슴으로 받았다. 그리고 "난 괜찮아……"란 말을 두 번 남겼다. 우선 이런 행동의 목격자인 두 여인의 합수부 진술을 검토하고 미국 캘리포니아에 살고 있는 신재순의 기억을 되살려 이것이 사실인가를 알아보았다. 확인 결과 이것은 사실이었다. 그렇다면 박정희는 술을 너무 많이 마셔 이성을 잃었기 때문에 이런 무모하리만큼 태연한 행동이 가능했던가. 그날 밤 시바스 리갈 한 병 반을 주로 김계원, 박정희 두 사람이 1시간 40분 사이에 마셨으니 酒氣가 올라 있었던 것은 확실하다. 酒量이 엄청난 박정희는 총격 직전까지 자세를 흐트러뜨리지 않았고 그의 언동은 정상이었다.

거의 같은 양의 술을 마신 김계원은 총성이 나자 마루로 피신했고 그날 밤 정상적으로 행동했다. 따라서 술기운으로 해서 그런 '무모한' 행동이 가능했으리라고 보는 것은 무리이다.

박정희의 不可思議(불가사의)한 행동을 이해하기 위해서 기자는 총상을 경험한 사람들의 이야기를 들어 보고 포천의 실탄사격장에 가서 권총사격도 해 보았다. 6·25 때 허리에 총상을 당했던 孫章來(손장래·전 안기부 2차장) 장군은 "벌겋게 달군 쇠갈고리로 푹 쑤셨다가 빼내는 것 같았다"고 했다. 머리를 스치는 가벼운 파편상을 입고도 기절한 경험을 가진 李秉衡(전 2군 사령관) 장군은 "발뒤꿈치에 총상을 당했을 때도 쇠몽둥이로 뒤통수를 얻어맞는 듯한 충격을 받았다"고 했다. 그는 또 "박 대통령의 최후는 체험으로써 단련된 고귀한 정신력의 소유자였음을 보여 준다"고 말했다.

가슴을 관통당하는 총상을 입은 박정희가 어떻게 그 고통을 누르고 "난 괜찮아……"라고 할 수 있었을까는 여전히 불가사의로 남는다. 박정희는 시저가 암살단에 끼인 브루투스에게 말했던 원망 같은 것도 하지 않았다.

1995년 암살당한 이스라엘의 라빈 수상이 박정희와 비슷한 말을 남기고 운명한 사람이다. 그는 등과 배에 총을 맞고 병원으로 실려 가면서 "아프긴 한데 별것 아니야"라고 말한 뒤 혼수상태에 빠져 사망했다. 기자는 이 라빈 수상이 암살되기 하루 전에 마지막 인터뷰를 했었다. 라빈의 인상은 박정희와 흡사했다. 단아하고 소탈한 모습. 어렵게 태어난 국가의 짐을 고독하게 지고 걸어가다가 동족의 총탄에 맞아 죽어 간 모습까지도 두 사람은 비슷했다. 라빈 수상은 참모총장 시절이던 1966년에 한국을 방문하여 박 대통령을 만났었다. 그때의 추억을 이야기하면서 그는 박정희의 지도력을 높게 평가했다.

박정희는 설마 나를 쏘겠는가 하는 자신감 때문에 피신 동작을 하지 않았으리라고 말하는 사람도 있다. 바로 눈앞에서 총격이 이루어지고 피를 쏟으며 경호실장이 달아나고 하는 아수라장에서 평범한 사람들은 계산보다 본능적인, 조건반사적인 행동에 지배당한다. 박정희의 태연자약한 행동은 그의 본능으로 내면화된 死生觀과 지도자道의 자연스런 발로였다고 보아야 할 것이다.

그는 남 앞에서는 부끄럼 타고 누가 面前에서 칭찬을 하면 쑥스러워하고 육영수와 선을 보러 갈 때는 가슴이 떨려서 소주를 마시고 간 사람이었지만 죽음과 대면할 때는 항상 의연했다. 그는 여순반란사건 이후에 軍內 남로당 조직 수사에 연루되어 체포되고 전기고문을 당한 뒤에 수사책임자 白善燁 정보국장에게 구원을 요청한다.

박정희의 生殺여탈권을 쥐고 있었던 백선엽과 수사실무자 金安日은 지옥의 문턱에 서서 구원을 요청하던 박정희의 모습이 비굴하지가 않았고 의연했다고 전한다. 백선엽 장군은 "도와드리지요" 하는 말이 무심코 나오더라고 회고했다. 인격이 그를 살린 것이었다. 1961년 5월 16일 새벽 한강 다리 위에서 혁명군 선발대를 저지하는 헌병들의 사격이 쏟아질 때도 박정희는 태연했다. 1974년 8월 15일 국립극장에서 文世光의 총탄이 날아올 때, 육영수가 피격되어 실려 가고 나서 연설을 계속할 때 그는 비정하리만큼 냉정했다.

10월 26일 밤 나타난 박정희의 행동은 이런 과거 행태의 연장선에서 자연스럽게 표출된 것이지 그에게 있어서는 특별한 것이 아닐 수도 있다. 死線을 넘나들면서 죽음과 친해지고 그 죽음을 끊임없이 사색하여 드디어 죽음과 친구가 되어 버린 박정희. 그가 제1탄을 가슴에 맞고서 제2탄을 기다릴 때까지의 시간은 1분 내외였을 것이다. 이 시간에 그는 의식을 지니고 있었을 가능성이 매우 높다.

허파 관통상을 당하면 허파의 혈관이 터져 다량의 출혈이 생기고 호흡이 곤란하게 된다. 가래 끓는 소리를 내면서 숨이 찬다. 이 상태에서도 한 10분간은 의식을 유지할 수가 있다. 박정희의 사망진단서를 끊었던 국군서울지구병원 金秉洙 원장은 "김재규가 제2탄을 발사하려고 권총을 갖다 대었을 때 박정희는 의식은 하고 있었지만 거부할 힘은 없었을 것"이라고 말했다.

박정희는 죽음이 다가오는 것을 의식하면서 그 1분을 기다렸다는 얘기다. 죽었다가 깨어난 사람들의 거의 일치된 증언은 숨이 넘어가기 직전에는 자신의 생애, 그 중요한 장면들이 走馬燈처럼 눈앞을 스쳐 지나간다는 것이다. 이 1분 사이 박정희의 뇌리를 스쳐 지나갔던 장면들은 무엇이었을까.

어머니의 얼굴. 며느리를 둘이나 본 44세의 나이에 박정희를 임신한 것이 부끄러워 이 생명을 지우려고 간장을 두 사발이나 마시고 기절했던 어머니는 효과가 없자 언덕에서 뛰어내리고 디딜방아를 배에 올려놓고 뒤로 넘어지기도 했으나 뱃속의 생명은 죽어 주지 않았다. 그리하여 '태어나지 못할 뻔했던 생명'이 태어났고 그에 의하여 우리나라의 운명이 바뀌었다.

李現蘭(이현란)의 얼굴. 첫 부인과 별거한 뒤에 장교시절에 만나 동거했던 이현란은 박정희가 肅軍(숙군)수사에 걸려 사형선고까지 받았다가 생환하여 군복을 벗었을 때 문관신분으로 겨우 군에서 밥벌이를 하고 있던 이 조그만 장교를 버렸다. 집을 나간 이 여인을 찾아 헤매던 때 박정희의 어머니는 아들 때문에 병을 얻어 죽었다. 직장, 연인, 어머니를 동시에 잃었던 이 시기의 박정희를 구해 준 것은 金日成이었다. 그의 남침이 박정희를 군대에 복귀시켰고, 그 박정희에 의해서 김일성의 북한은 몰락의 길로 들어서게 된다. 역사의 오묘한 복수인가.

육영수의 얼굴. 맞선을 보는 날 육영수는 박정희의 뒷모습을 먼저 보았다고 한다.

"군화를 벗고 계시는 뒷모습이 말할 수 없이 든든해 보였어요. 사람은 얼굴로는 속일 수 있지만 뒷모습으로는 속이지 못하는 법이에요."

궁정동에서 박정희가 보여 준 최후의 모습이 바로 그의 뒷모습일 것이다. 박정희의 뇌리에 마지막으로 남은 영상은 아마도 소복 입고 손짓하는 육영수였을 것이다. 가난과 亡國과 전란의 시대를 살면서 마음속 깊이 뭉쳐 두었던 恨의 덩어리를 뇌관으로 삼아 잠자던 민족의 에너지를 폭발시켰던 사람. 쏟아지는 비난에 대해서는 "내가 죽거든 내 무덤에 침을 뱉어라"면서 일체의 변명을 생략한 채 가슴을 뚫리고도 '체념한 듯 담담하게(신재순 증언)' 최후를 맞은 이가 혁명가 박정희였다.

제51장

超人의 무덤

朴正熙

車中 운명

나棟 정문 경비를 서고 있던 徐永俊은 식당 안에서 난 두 발의 총성을 들었다. 주방 쪽에서도 약간의 소란과 함께 몇 발의 총소리가 나는 듯 싶더니 실내 전등이 꺼지는 것을 보았다. 다시 전깃불이 들어온 뒤에도 총성이 났다. 이때 어두컴컴한 현관 안에서 흰 와이셔츠를 입은 어떤 남자가 황급히 나와 구관으로 뛰어가는 것을 보았다. 몇 분 뒤에 金桂元이 현관문을 열고 서영준을 향하여 소리쳤다.

"빨리 들어와 각하를 병원으로 모셔라!"

급히 안방으로 뛰어들어 갔더니 오른쪽에 車 실장이 쓰러져 있고 식탁 뒤에서 대통령은 왼쪽으로 비스듬히 누워 있는데 머리 쪽에서 많은 피가 흐르고 있었다.

주방 안으로 권총을 난사하여 경호원들을 침묵시켰던 정보부의 두 저격수 柳成玉과 李基柱는 주방 안으로 들어갔다. 문 입구 쪽에 아까 유성옥이 쏴서 쓰러뜨렸던 사람이 있었다. 무기를 회수하려고 했는데 권총이 보이지 않았다. 경호원이 아니라 대통령 차 운전기사(金容太)였던 것이다. 가운데 조리대 밑에는 경호원 두 사람이 피를 흘리면서 엎어져 있었다. "아이고, 아이고……" 하는 신음소리를 내고 있었다.

이 신음소리는 다섯 발을 맞은 경호원 金鏞燮이 낸 것이었다. 朴相範 경호원은 총을 맞고 기절하는 바람에 옆에 있던 정보부 운전사 金勇南이 "박 형, 박 형" 하고 깨워도 죽은 듯이 있더라고 한다. 박상범은 하체를 맞고 넘어질 때 머리를 조리대에 부딪쳤다. 이 충격으로 기절했을 가능성이 있다. 김, 박 두 경호원은 총을 뽑아 들고 사격자세를 취하다가 피격되어 쓰러졌기 때문에 권총이 두 경호원의 손 바로 앞 시멘트 바닥에 떨어져 있었다. 유성옥은 이 두 자루 권총을 주웠다. 이때 현관 쪽에서 비서실장이 부르는 소리가 들려왔다.

"운전수 아무나 하나 빨리 와!"

유성옥은 운전사였다. 그는 주워 올린 권총 두 자루 중 하나를 지하실에서 올라온 보일러공 강무홍에게 맡겼다. 나머지 하나와 원래 갖고 있던 권총을 허리춤에 차고 현관으로 달려가니 김계원 실장이 "차 빨리 대라"고 소리쳤다. 마당에 있던 대통령 승용차를 몰아서 현관에 바짝 댔다.

정보부 경비원 관리책임자 이기주도 유성옥을 따라서 주방에 들어갔다가 안방 쪽에서 김계원 실장이 "얘들아 어서 들어와!"라고 소리치는 것을 들었다. 이기주는 안방으로 들어가려니 안이 컴컴하고 해서 겁이 났다. 주저하고 있는데 안방으로부터 사람의 두 다리가 시야에 들어왔다. 그 다리를 향하여 "꼼짝 마!"라고 하면서 권총을 겨누는데 다리의 주인공은 차지철 실장임을 알게 됐다. 뚱뚱한 차지철은 넘어진 상태에서 눈을 뜨고서 한 손을 저으며 무슨 말을 하려고 하는데 들리지는 않았다.

이때 김계원 실장이 오더니 "이리 줘, 각하 계신데 무슨 짓인가?" 하면서 이기주의 권총을 빼앗아 갔다. 이기주는 "차 실장이 아직 안 죽었습니다"라고 말하면서 쏘라는 시늉을 했다. 김계원은 이때까지도 대통령이 피격된 것을 몰랐다고 진술했다. "이기주로부터 권총을 빼앗아 호주머니에 집어넣고 보니 각하가 옆으로 쓰러져 있고 어깨 위 와이셔츠에 피가 벌겋게 물들어 있었다"는 것이다(1심 법정 진술).

"각하부터 모셔."

이기주는 남효주 사무관과 함께 대통령 쪽으로 다가갔다. 김계원은 경비초소에 있다가 불려 들어온 서영준에게 "빨리 각하를 업어라"고 소리쳤다. 서영준이 등을 갖다 대니 김 실장과 이기주, 남효주가 대통령을 들어서 업혀 주었다. 이기주가 대통령을 뒤에서 받쳐 들고 현관 앞으로 나왔다.

이미 현관 앞에서 유성옥이 슈퍼살롱의 시동을 걸어 놓고 운전대에 앉아 기다리고 있었다. 김계원이 먼저 뒷좌석의 왼쪽에 타고 서영준은 대통령을 뒷자리 오른쪽에 누이니 김 실장이 머리를 받아 안았다. 서영준은 운전사 옆자리에 탔다. 김 실장이 소리쳤다.

"빨리 분원으로 가자."

김계원 비서실장은 달리는 車中(차중)에서 피 흘리는 대통령을 받쳐 안고서 앞자리에 탄 정보부 경비원 서영준에게 지시했다.

"무선 전화로 11번을 돌려. 사람이 나오면 수술준비를 하라고 해."

서영준은 전화기를 여러 번 돌렸으나 응답이 없었다. 김 실장은 "계속 돌려보라"고 재촉했다. 그는 "급하다 빨리 가자"라고 독촉하기도 했다. 서영준이 11번을 돌리고 있는 가운데 경복궁 동쪽 국군보안사령부와 붙어 있는 국군서울지구병원 정문에 도착했다. 박정희는 車中에서 운명했다. 김계원은 그러나 차중에서 박정희가 숨을 거두는 순간을 의식하지 못했다.

김계원은 품에 안긴 상태의 대통령 얼굴을 보니 편안하고 상처도 없어 병원에 모시면 살릴 수가 있다고 생각했다. 그는 앞자리에 있는 정보부 경비원 서영준에게 계속해서 전화를 독촉하느라고 대통령의 生死를 확인할 경황이 없었다. 김계원의 표현을 빌리면 "마음에 여유가 없었고 일 분일초가 바빴다." 유성옥은 "차를 몬다고 신경 쓸 겨를이 없었습니다만 가느다란 신음소리는 들은 것 같습니다"라고 증언했다(1심 법정 진술).

유성옥은 "병원 정문에서 '나 비서실장이야' 하는 말을 듣고서야 뒤에 타신 분이 실장님인 줄 알았다"고 한다.

저녁 7시 55분쯤 서울지구병원 임상병리과장 宋啓用 소령은 병원 현관 쪽에서 자동차 경적 소리와 함께 사람들이 웅성거리는 소리를 듣고 달려갔다. 세 사람이 들어오는데 한 사람이 등에 환자를 업고 자신의 양복 외투로 머리를 덮었다. 그 뒤를 따라서 키가 작고 뚱뚱한 사람이 고함을 지르면서 들어왔다. 宋 소령은 곧 김계원 비서실장임을 알아보았다.

"군의관 있는 대로 다 나와! 수술 준비해……. 아직 수술할 준비가 안 됐나? 뭘 하고 있나?"

뛰어나온 송 소령은 외과 군의관 鄭圭亨 대위와 함께 영문을 몰라 "도대체 무슨 일입니까?"라고 물었다. 김 실장은 연거푸 "이 사람 살려야 돼!"라고만 소리쳤다. 송 소령과 정 대위는 환자를 응급실로 데리고 가서 응급대 위에 누이고 맥박을 재면서 시계를 보았다. 환자의 시계도 풀어 놓았다. 오후 7시 58분이었다. 혈압, 맥박, 호흡은 죽어 있었다. 동공의 반사도 없었다.

"돌아가셨지만 최선을 다해 보겠습니다."

정규형 대위가 말했다. 차를 주차시키고 들어온 유성옥은 의사들이 대통령을 인공호흡 시키고 있는 모습을 보고는 "저런 모습이면 각하로 보기는 어렵겠구나" 하고 생각했다. 눕혀 놓으니 얼굴이 퍼져서 다른 사람 같았다.

"보안을 유지하라. 이곳 출입을 금지시켜라."

김계원 실장은 사망이 선고된 박정희의 시체를 둘러싸고 있는 군의관들에게 말했다. 그는 군의관들이 이 병원에 자주 온 대통령의 얼굴을 알고 있어 죽은 사람이 박정희임을 당연히 알게 되었을 것이라 생각하고 그렇게 말했다고 한다.

해진 혁대

두 정보부 경비원 유성옥과 서영준은 허리에 권총을 차고 있었다. 그 권총을 일부러 보이면서 둘러선 군의관과 위생병들에게 "꼭 살려야 해요"라고 위협조로 말했다. 鄭圭亨 대위는 이우철 일병에게 심장마사지를 하라고 지시했다. 李 일병은 환자의 가슴 위로 올라가서 두 손을 포갠 뒤에 왼쪽 가슴을 몇 차례 강하게 눌렀다. 동시에 정 대위는 수동식 인공호흡기 '암부'를 환자의 입과 코에 덮어씌워 놓고 공기주머니를 눌러 공기를 허파로 밀어 보냈다. 정 대위는 심장을 자극하여 박동시키는 강심제 에피네프린 20cc를 가슴에 주사했다. 심장마사지도 다시 했다.

한 20분간 응급소생법을 실시했으나 결과는 회생불능이었다. 정 대위는 "도저히 안 되겠습니다"라고 했다. 곁에 버티고 있는 두 감시자에게 송계용 소령은 "돌아가셨습니다"라고 이야기했다.

"이 사람이 누구십니까?"

宋 소령의 물음에 두 감시자는 대답이 없었다. 며칠 뒤 군의관 정규형 대위는 合搜部에서 조사를 받을 때 "얼굴을 보고도 왜 각하인 줄 몰랐는가"란 질문에 대해서 이렇게 답했다.

"병원에 들어왔을 때는 얼굴에 피가 묻어 있었고 감시자들이 응급 처치 중에도 자꾸 수건으로 얼굴을 덮었습니다. 그리고 시계가 평범한 세이코였고 넥타이핀의 멕기가 벗겨져 있었으며 혁대도 해져 있었습니다. 머리에 흰 머리카락이 약간 있어 50여 세로 보았습니다. 이런 여러 가지 사실로 미루어 각하라고는 상상도 할 수가 없었던 것입니다."

宋 소령은 "피 닦고 사후조치를 취해"라고 지시했다. 위생병이 시체의 얼굴을 덮은 손수건을 치우려고 하니 두 감시자가 또 제지했다. 송 소령이 "사후조치를 하지 않으면 시체가 부패한다"고 달랬다. 두 감시자는 "누구도 바깥으로 나가선 안 된다"고 조건을 달고는 허락했다. 위생병 이우철과 이인섭 병장이 시체를 깨끗이 닦는 역할을 맡았다. 얼굴을 솜으로 닦는데 상처가 없었다. 그런데도 이상하게 손과 솜에 피가 묻어나곤 했다. 李 일병은 천천히 시체의 머리를 더듬어 보았다. 오른쪽 귀 뒷부분에서 새끼손가락 하나가 쑥 들어갔다. 머리카락으로 덮여 잘 보이지 않았던 그곳에서 피가 조금씩 흘러내리고 있었던 것이다. 李 일병은 이곳을 다시 닦아 내고 솜으로 틀어막았다. 시체의 와이셔츠를 벗겼다. 쇄골에서 약 15cm 아래 가슴에 총탄이 들어간 작은 상처가 나 있었다. 아래 등에 射出口(사출구)가 있었다. 그런데 이상하게도 사출구의 와이셔츠는 뚫어지지 않았고 탄알도 보이지 않았다.

저녁 8시, 국군서울지구병원장 金秉洙 공군준장은 병원당직사령으로부터 "응급환자가 왔으니 빨리 나와 달라"는 연락을 받았다. 용산구 이촌동의 자택에서 택시를 잡아타고 병원에 도착하여 당직실로 갔다. 군의관에게 "무슨 사고야?"라고 물었다.

"총기사고입니다. 브이아이피(VIP) 같습니다."

"어떻게 되었나."

"익스파이어(expire)했습니다. 디오에이(DOA. Death On Arrival)입

니다."

"뭘 이런 걸로 날 불렀나. 그런데 누군가?"

"모르겠습니다."

"누가 데려왔나."

"비서실장님이 데려왔습니다."

"응급실에 가 보자."

김병수 원장은 '공군준장 김병수'란 명찰이 달린 가운을 입고 응급실로 갔다. 침대 위에 있는 시체는 와이셔츠에 양복바지였다.

"이분들은 누구야?"

金 원장은 옆에 서 있던 유성옥과 서영준을 가리키며 물었다. 군의관이 대신 답했다.

"같이 온 분들입니다."

두 사람을 향하여 물었다.

"이 사람 누구요?"

"모릅니다."

"당신들은 누구요?"

"알 필요 없습니다."

"그럼 소속은 어디요?"

"비서실 직원입니다."

두 사람의 기세에 눌려 더 추궁을 못한 김 원장은 군의관들로부터 그동안의 처치과정을 듣고 직접 청진기를 가슴에 갖다 대어 사망을 확인했다. 이어서 시신의 주인공을 알아보려고 머리를 덮고 있는 수건을 벗기려 했다. 흰 수건은 피에 푹 젖어 있었다. 두 감시자는 얼굴의 한쪽씩만 보이도록 수건을 열어 보였다. 오래 관찰도 못하게 했다. 밤 8시 40분쯤 당번병이 "비서실장님 전화입니다"라고 알려 왔다. 원장실로 뛰어가는데 두 감시자가 붙었다.

"어떻게 되었나?"

김계원 실장의 목소리는 다급했다.

"죽었습니다. 실장님, 이미 실장님이 데려올 때 사망했습니다."

"그럼 정중히 모셔라."

"예."

"그런데 어디에 모시려나."

"글쎄요. 저희 병원에 영안실이 없으니 어떻게 하지요?"

"그럼 각하 방에 모셔."

"그건 절대 안 됩니다. 실장님. 아무리 그렇지만 각하 방에 어떻게 아무나 모십니까?"

"그럼 어떻게 하려나?"

"우리는 어쩔 수 없지요."

"그래 알았다. 하여튼 김 장군이 책임지고 정중히 모셔라."

확인

정보부 경비원 柳成玉은 金秉洙 원장과 金桂元 실장 사이의 통화를 엿듣기 위해 김병수 원장의 수화기에 자신의 귀도 갖다 대고 있었다. 유성옥은 원장실의 부속실 직원들에게도 "아무것도 적지 말고 외부와 전화를 일체 걸지 말라"고 엄포를 놓고 있었다.

유성옥은 1심 법정에서 "비서실장이 전화를 삼가도록 하라는 지시를 전화로 해 와서 그렇게 했다"고 증언했다. 김병수 원장은 김계원 실장이 자꾸만 "정중히 모셔라"고 강조하는 것이 아무래도 이상했다. 그럴수록 시신의 신원에 대해서 궁금증이 생겼다. 다시 응급실로 가서 응급대 위에 놓여 있는 시신의 머리끝부터 발끝까지를 손대중으로 대충 금을 그어 놓고 보니 매우 작은 키였다.

김 원장은 최근에 입원했다가 퇴원한 金永善 전 駐日대사를 떠올렸으나 키가 맞지 않았다. 김 원장은 다시 상상력을 동원해 보았다. 대통령의 政敵이 저격을 당했나? 金泳三, 李哲承…… 그러나 체구가 영 맞지 않았다.

혹시 이북에서 온 요인이 아닌가. 과격한 경호실장에게 총을 맞은 것인가? 그렇다면 전혀 알 수도 알 필요도 없고 또 비서실장까지 나서서 保安유지를 철저히 하는 판에 오히려 모르고 있는 것이 낫겠다고 생각했다. 그래서 직원들에게는 "일체 쓸데없는 소리 하지 말라"고 주의를 주었다. 김병수 원장은 두 감시자에게 "사망진단서를 끊을 때 필요하니 엑스레이는 찍어 두어야겠다"고 동의를 구했다. 두 사람은 거부하지 않았다. 군의관들로 하여금 엑스레이 촬영을 하고 오도록 했다. 宋啓用(송계용) 소령이 시신을 방사선과로 옮겨 촬영했다.

머리에 박혀 있는 총탄이 드러났고 가슴을 관통한 탄환이 등 뒤 와이셔츠에 잡혀 있는 것이 확인됐다. 송 소령은 김 원장에게 "엑스레이 촬영을 끝내고 보니 와이셔츠 뒤에 권총 탄환 하나가 흘려져 있었습니다"라고 보고했다. 탄알을 만져 보니 원형이 손상되지 않고 그대로였다. 이는 탄환이 뼈를 건드리지는 않고 근육질만 통과했다는 뜻이었다.

김병수 원장은 "잘 보관해 두라"고 지시한 뒤에 시신을 다시 응급실로 옮겨 오라고 했다. 김 원장은 "이분 유품은 없나?"라고 소리쳤다. 김 원장은 저고리를 찾고 싶었다. 저고리 속에는 분명히 신원을 알려 주는 수첩이나 명함이라도 있을 것 같아서였다. 한 군의관이 "여기 있습니다"라고 내어 놓은 것은 세이코 시계였다. 찬 지 오래 된 것 같은 평범한 시계였다.

김 원장은 어쨌든 비서실장이 데리고 온 사람이니 고관은 틀림없을 것이라고 판단했다. 그는 응급대의 시트커버를 깨끗한 것으로 바꾸라고 지시했다. 함부로 시신을 다루지 말도록 당부하기도 했다. 이때부터 전화가 잇달아 걸려 왔다. 국군 보안사 참모장 禹國一(우국일) 준장, 당직 사령, 그리고 全斗煥 사령관도 전화를 걸어 "누구냐"고 캐물었다.

"각하냐?"

"아닙니다."

"실장인가?"

"아닙니다. 아는 대로 연락드리겠습니다."

이런 대화가 오고 가는 옆에는 柳成玉이 수화기에 귀를 갖다 대며 버티고 있었다. 청와대 비서실장으로부터 연락이 왔다기에 원장실에서 전화기를 들었더니 끊어져 있었다. 청와대 비서실장실로 전화를 걸었더니 안 계신다는 것이었다. 전화를 받는 사람이 비상전화 번호를 가르쳐 주었다. 몇 사람을 거친 끝에 김계원 실장과 연락이 됐다. 이 시간에 김 실장은 육군본부 벙커 안에 있었다.

"어디다 모셨는가?"

"그냥 그대로입니다."

"꼭 좀 잘 모시게. 그리고 깨끗하고 정중하게……."

"예, 알아서 하겠습니다. 그런데 제가 판단하기로는 가장 이상적인 방법이 수도통합병원 영안실입니다. 거기가 아주 깨끗합니다."

"그건 안 돼!"

김 실장의 말은 단호했다. 이번에는 김 원장이 화가 났다.

"그럼 저는 어떻게 하란 말입니까?"

"좋아. 청와대 의무실로 모셔."

"그건 더욱 안 됩니다! 각하가 쓰시는 곳인데…… 그건 절대로 안됩니다! 하여튼 제가 정중히 모셔 보도록 하겠습니다."

김 원장은 한 해 전까지 청와대 의무실장으로서 대통령의 건강을 관리했었다. 실장과 통화하면서 이상한 생각이 들었는데 전화를 끊고 나니 어떤 불길한 상상으로 확대됐다. 아무리 병원 일을 모르는 비서실장이라고 해도 청와대 의무실로 시신을 옮기라니 그럴 수가 있을까 하는 의심이 뇌리에 박혔다. 아무래도 시신의 신원을 확인해야겠다고 결심했다.

김 원장은 명찰이 달린 하얀 가운을 벗고 양 어깨에 공군 준장 계급장이 달린 항공점퍼를 걸쳤다. 두 감시자를 계급으로 제압한 뒤 신원확인을 하기 위해서였다. 그는 박정희 대통령의 신체 특징을 떠올리면서 다시 응급실로 갔다. 대통령의 시신은 숨이 끊어진 지 거의 세 시간 동안 '이름 모를 변사체'로 거기에 누워 있었다.

김 원장은 두 감시자에게 "흉부의 상처 처리 상황을 확인해야겠다"고 말했다. 두 사내는 묵묵히 와이셔츠를 걷어 올린 뒤 그것으로 얼굴을 가렸다. 그 순간 김 원장의 눈에 그토록 익은 희끗희끗한 반점이 아랫배에 나타났다. "각하다!"란 생각과 동시에 김병수는 잠시 눈앞이 캄캄해지면서 무의식 상태가 됐다.

정신이 다시 돌아오자 먼저 시계를 보았다. 밤 10시를 조금 넘고 있었다. 아직 통행금지 시간까지는 많이 남아 있다는 계산을 했다. 비상 소집되어 병원으로 들어오는 군의관들이 많이 보였다. 우선 급한 것은 바로 옆 건물에 있는 국군보안사에 연락을 취하는 것이고 동시에 다른 병력에게는 눈치를 채지 않게 하는 것이었다. 김 원장은 다시 자신의 사무실로 돌아와서 담배를 한 대 피워 물었다. 몇 년 전 여름에 저도로 휴가를 갔을 때 대통령이 자신의 배를 보이면서 "김 박사, 이것 치료 좀 안 해 줄래"라고 하던 기억이 생생하게 떠올랐다. 유성옥이 그의 곁에 따라와 있었다. 전화벨이 울렸다. 보안사와 직통되는 인터폰이었다. 전화기를 드니 우국일 참모장이었다.

"여러 가지 어렵고 위협적인 상황에 있는 것 같은데, 답은 길게 하지 말고 듣기만 하되 가능하면 간단하게 '예스' 냐 '노' 냐로만 답해주시오."

"알겠습니다."

"운명하셨나?"

"예."

"실장이야?"

"아니, 그런 거 없습니다."

이 말은 유성옥을 의식해서 한 것이었다.

"그럼 코드 원(Code 1)인가?"

"예."

흉가

국군서울지구병원에서 박 대통령이 이미 숨을 거두었다는 것을 확인한 金桂元 비서실장은 정문을 나와서 택시를 잡았다. 주머니를 뒤지니 5천 원밖에 없었다. 金 실장은 청와대로 가자고 했다. 주인이 집을 비워 더욱 적막감이 감도는 청와대는 晚秋(만추)의 어둠 속에 잠겨 있었다. 저녁 7시 30분을 조금 넘어서 대통령의 집무실과 침실이 있는 본관 경호데스크의 전화벨이 울렸다. 본관 뒤 초소에서 온 보고였다.

"이상한 물체가 본관 청기와 위에 앉아 있습니다."

본관 경호책임자인 咸壽龍(함수용) 경호과장은 퍼뜩 1·21사태를 연상했다. 북한이 공수부대를 투입하여 청와대를 기습하고 있는 것이 아닌가? 그는 M16 소총으로 무장시킨 경호원들과 함께 뛰어나가 보았다. 작은 어린애만한 크기의 물체를 자세히 보니 그것은 새였다. 부엉이 같아 보였다. 어둠 속에 웅크리고 있으면서 몇 번 기분 나쁜 울음을 토하더니 날아가 버렸다. 함 과장은 오싹해졌다. 그가 본관으로 돌아오자마자 "드르륵 드르륵" 하는 총성. 함 과장은 "오발사고로는 심한데……"라고 생각했다. 연발로 나는 오발은 드물다. 잠시 후, 경호데스크의 전화가 빗발치기 시작했다. 청와대를 둘러싼 여러 초소에서 일제히 "총성이 났다"는 보고를 하는 것이었다. 총성은 인왕산 방향, 즉 서남쪽에서 났다는 보고가 많았다. 텅 빈 본관, 어둠 속의 새 울음, 연발총성. 함 과장은 불길한 느낌이 확 들었다. 갑자기 청와대가 凶家(흉가)처럼 느껴지는 것이었다. 조금 시간이 지났다. 청와대 정문을 지키는 제11초소에서 연락이 왔다.

"비서실장님이 택시를 타고 들어왔는데 이상합니다."

"틀림없나? 혼자인가 확인해!"

함 과장은 비서실장이 택시를 탔다면 납치되었을 가능성이 있다고 판단했다.

"실장님이 틀림없습니다. 혼자입니다. 그런데 와이셔츠 바람이고 신발은 짝짝이를 신었습니다."

"철저히 확인한 뒤에 통과시켜!"

함 과장은 이 순간 '변괴가 났다!'고 생각했다. 그는 경호원들을 본관 현관 앞에 배치시키고 김계원 실장을 기다렸다. 金 실장은 허둥지둥 걸어 올라오고 있었다. 마중 나간 함 과장에게 김 실장은 소리쳤다.

"李在田 차장을 빨리 찾아 들어오라고 해!"

본관으로 실장을 따라 들어간 함 과장은 "실장님, 지금 총성은 뭡니까?"라고 물었다. 김 실장은 그에 대해서는 대답하지 않고 "이재전 차장을 빨리 찾아!"라는 말만 되풀이했다. 김계원 실장은 2층 실장실로 따라온 경호원들에게 말했다.

"빨리 총리, 국방, 법무, 내무장관, 그리고 육군참모총장을 찾아서 청와대로 들어오라고 해!"

이때 건장한 한 경호원이 꾸벅 인사를 하면서 말했다.

"전두환 장군의 동생입니다. 전경환입니다."

김 실장은 "아, 그런가"라고 하더니 "자네 권총에서 실탄 좀 꺼내 줘"라고 했다. 김 실장은 자신의 권총을 찾아서 허리춤에 꽂으려고 했는데 실탄이 없었다. 全敬煥 경호계장은 권총에서 여섯 발을 꺼내서 실장에게 건네주었다. 전경환이 그 다음에 한 일은 국군보안사령부 비서실로 전화 다이얼을 돌리는 것이었다.

이날 일찍 퇴근한 李在田 경호실차장(육군중장)은 저녁식사를 끝낸 뒤 서재에서 독서를 하던 중 청와대 본관의 경호당직 함수용 과장으로부터 전화를 받았다. 李 차장이 청와대에 도착한 것은 밤 8시 30분쯤이었다. 본관 입구에서 함 과장이 대기하고 있었다.

"무슨 일인가?"

"모르겠습니다. 아까 인왕산 쪽에서 한 열 발의 총성이 있었습니다. 그것 때문이 아닌가 합니다."

李 차장은 본관 2층 비서실장실로 들어갔다. 김계원 비서실장의 입술이 말라 있었다. 김계원 실장은 "이 장군 잘 왔소!"라고 하면서 당황한 말투로 이렇게 말했다.

"각하께서 큰일을 당하셨소. 지금 내가 병원으로 모셔다 드리고 오는 길이오."

"도대체 어떻게 된 겁니까?"

김계원은 대답을 회피했다. 이재전 차장은 강하게 말했다.

"정확한 내용을 알아야 조치를 취할 수가 있지 않겠습니까. 우리 실장은 어디에 있습니까?"

"내용은 차차 알게 될 것이오. 경호실장하고는 연락이 안 될 테니까 이 장군이 실장대리로서 경호실을 장악하시오. 경계를 강화하고 각하의 有故 내용이 외부에 알려지면 군에 혼란이 생기고 적의 도발을 초래할 염려가 있으니 발설치 말고 경거망동하지 않도록 경호실을 장악하시오."

이재전 경호실 차장은 金桂元 실장이 "각하를 병원에 모시고 왔다"고

하는 말을 듣고도 "대통령이 돌아가셨다는 의미라고는 꿈에도 생각하지 못했다"고 한다. 다만 외부에 알려지면 불미스러운 일이 발생할 것으로만 알았다. 본관에서 경호실 건물로 내려온 이재전 차장은 자신의 집무실 바로 옆에 붙은 실장 부속실로 들어갔다. 李錫雨 부관이 권총을 넣은 작은 가방을 들고 있었다. 李 차장은 "실장을 찾으라"고 했다. 이 부관은 궁정동 정보부장 의전비서 尹炳書에게 전화를 걸었다. 윤 비서는 "각하와 실장이 다른 곳으로 이동하셨다"고만 하는 것이었다. 이 차장은 경호실 당직사령인 姜泰春 정보처장과 상의한 뒤 간부들만 비상소집하고 경계강화를 지시했다.

수도경비사령부 30경비단장 張世東 대령은 경복궁 內 단장실에서 총성을 들었다. 총성은 10시 방향이었다. 1968년 1월 21일 북한 124軍 부대의 청와대 기습 때 30경비단의 前身인 30경비대대의 작전장교로서 (당시 대대장은 全斗煥 중령) 초기대응을 지휘한 바 있는 張 대령의 대처는 빨랐다. 경비단에 출동대기명령을 내린 장 대령은 엔진이 걸린 지프에 몸을 던지듯 실었다. 잠시 후 그는 약 300m 떨어진 궁정동 安家 정문 앞에 도착했다. 그때 막 정문을 빠져나온 승용차의 꽁무니 신호등이 보였다(피 흘리는 박정희를 태우고 병원으로 가는 크라운 슈퍼살롱이었던 것으로 보인다).

장 대령이 궁정동 안가 앞 골목에 도착하여 지프에서 내려 문 쪽으로 걸어가는데 어둠 속에서 사복 차림의 中情경비원이 튀어나왔다. 그는 M16 소총을 장 대령의 가슴팍에 들이댔다. 장 대령의 가슴에는 레인저 휘장, 경호·공수 휘장, 여러 기장들이 주렁주렁 달려 있었다.

"무슨 총소립니까?"

"비상훈련연습……."

"비상연습하는데 무슨 총소리가……?"

경비원은 "안에 들어가서 확인해 보겠습니다"라고 하더니 철제문을 잠가 버리고는 어디론가 사라져 버렸다.

崔圭夏의 증언

首警司(수경사) 30단장 張世東 대령은 궁정동 안가 앞 골목에서 무전기로 경호실 상황실을 찾았다. 그는 총성이 궁정동 안가에서 난 것 같다는 보고를 했다. 단장실로 돌아와서는 全成珏 수경사령관에게도 보고했다. 장 대령은 청와대 바깥에 나가 있던 鄭東鎬(정동호) 경호실 상황실장에게도 알려 주었다. 박정희와 경호원들을 살해한 총성의 정보는 가장 먼저 하나회 소속 장교들 사이에 전파되기 시작했다.

김계원의 연락을 받고 가장 먼저 청와대로 나온 정부요인은 崔圭夏 총리였다. 그는 1979년 12월 1일 총리공관에서 金昌烈 검찰관에게 한 참고인 진술에서 다음과 같이 말했다. 그때 대통령 권한대행이던 최규하의 진술은 지금까지 공개된 적이 없으므로 원문 그대로 싣는다.

〈―청와대 비서실에 도착한 경위를 말씀해 주실 수 있습니까?

"사고 당일인 1979년 10월 26일 20시 15분경 김계원으로부터 전화가 와서 받아 보니 '청와대 제 방으로 좀 오십시오'라고 하므로 본인은 '왜 그러시오' 하고 반문하니 김계원은 '극히 중대한 일이 일어났습니다. 하여튼 빨리 오십시오'라고 하므로 본인은 혹시 전쟁이 일어난 것이 아닌가 하고 급히 서둘러 청와대에 도착하니 그때가 20시 30분경이었습니다."

—청와대 비서실장 방에서 김계원으로부터 처음에 어떤 말을 들으셨
습니까?

"김계원은 '각하께서 위독하십니다. 차지철과 김재규가 언쟁 끝에 총
격전을 하다가…… 그만' 이라고 하면서 말을 잇지 못하다가 울다가 계
속하여 '그때 불이 꺼졌습니다. 그래서 불 켜라고 소리를 지르니 불이
들어왔고 방안을 들여다보니 차지철이 쓰러져 있고 그 뒤에 각하께서
쓰러져 계셨습니다' 라고 했습니다."

—그 직후 어떤 조치를 취하셨습니까?

"계속하여 김계원이 '무슨 조치를 취해야 되지 않겠습니까?' 라고 하
기에 '당연히 취해야지요' 라고 하니 김계원은 '국무회의를 개최해야 하
지 않겠습니까' 해서 본인은 '국무회의를 개최해야지요. 합시다. 국무위
원들을 이리로 불러들이시오' 라고 하니 김계원은 어디로인지 여러 차례
전화를 거는 것 같았습니다. 곧 이어 김계원은 '국방장관 일행이 이리로
못 오겠다고 하니 총리께서 그쪽으로 가셔야 하겠습니다' 라고 하기에
본인은 '그럼 그쪽으로 갑시다' 하고 내무장관, 법무장관 등을 데리고
육본으로 출발했습니다."

—참고로 더 할 말 없으십니까?

"없습니다."〉

김계원의 진술(합수부 및 1심 법정)은 조금 다르다. 김계원은 최규하
총리가 실장실에 도착하자 "김재규와 차지철이 싸우다가 김재규가 잘못
쏜 총탄에 각하가 맞아 서거하셨습니다"라고 보고했다는 것이다. 최 총
리가 '서거' 가 아니고 '위독' 이라 들었다고 진술한 것은 전후 사정으로

보아 이상하다. 崔 총리는 울음을 터뜨리면서 "김일성이가 이 일을 알면 어떻게 하나"라고 말했다.

"이젠 총리께서 지휘를 하셔야겠습니다. 軍警이 충돌을 일으킬까 걱정이 됩니다. 아군 상호간의 충돌을 방지하기 위하여 경호실의 병력출동을 금지시켰습니다."

"충돌이 없도록 해야겠지요."

"군에 알려서 수습을 한 뒤에 각하의 서거를 발표해야 합니다."

이 당시 김계원이 총리에게 김재규가 대통령 살해 범인이란 것을 보고했다는 사실은 적어도 그가 김재규에게 적극적으로 동조하지 않았음을 말해 준다. 총리에 이어서 具滋春(구자춘) 내무장관과 金致烈(김치열) 법무장관이 비서실장실로 들어왔다. 김치열 장관은 부속실에서 대통령이 서거했다는 얘기를 들었기 때문에 울면서 들어왔다. 김계원 실장이 "각하께서 큰일을 당하셨다"고 하니까 김치열 장관은 탁자를 치면서 버럭 고함을 내질렀다.

"그놈의 새끼가 까불더니 결국은 일을 저질렀구나."

김계원이 들어 보니 차지철을 욕하는 말이었다. 이번에는 구자춘 장관이 물었다.

"어떻게 된 일입니까."

"각하가 유고이십니다."

"유고가 무슨 뜻입니까?"

"간신배를 제거한다는 것이 각하께서 다치셨습니다."

김 장관은 다시 "차지철 그 새끼는 뭘 해?"라고 했다.

"죽었는지 모르지요."

김계원의 이 말에 김치열 장관은 또 "정보부장은 뭘 하는 자식이야?" 라고 쏘아붙였다.

　김계원은 최 총리에게 "빨리 비상계엄을 선포해야 합니다"라고 했다.

　내무, 법무장관에 이어 도착한 사람은 朴東鎭 외무장관이었다. 비서 실장실로 들어간 朴 장관은 눈앞의 광경을 보고는 깜짝 놀랐다. 책상 앞 의자에 앉아 있는 김계원은 고개를 푹 숙인 채 눈을 감고 있었다. 박 장 관이 들어갔는데도 한마디 인사도 없었다. 긴 의자에 앉아 있는 최규하 총리, 김치열 법무장관도 고개를 숙이고 눈을 감고 있었다. 말을 붙일 분위기가 아니라 복도로 나왔다. 구자춘 내무장관이 답답한 표정으로 담배에 불을 붙이고 있었다. 具 장관에게 어떻게 된 일이냐고 물었다.

　"대통령께서 돌아가셨대요."

　여기서 박동진 장관은 대통령이 자결했으리라는 생각이 퍼뜩 났다. 釜馬사태로 해서 대통령은 국민들에게 배신을 당했다고 느꼈을 것이다. 자존심이 강한 그의 성격으로서는 정치를 그만두는 사변을 맞을 바에야 인생을 스스로의 손으로 마감하는 선택을 했을 것이다. 경호실이 그렇 게 튼튼한데 타살은 있을 수가 없다고 생각했다.

　柳赫仁 제1정무 수석비서관은 이날 밤 8시 30분쯤 종로구 인사동에 있는 친지의 집에서 식사를 하려다가 집으로 소재지를 알려야겠다고 생 각이 되어 전화를 했다. 부인이 전화를 받더니 "비서실장께서 급하게 찾 았다"고 말하는 것이었다. 실장실로 전화를 걸었다. 이우영 수행비서가 받았다.

　"빨리 들어오십시오."

　"뭣 때문에 소집하는가? 누구를 소집하는가?"

"전원 소집입니다. 장관님들도 불렀습니다."

柳 수석이 청와대에 도착한 것은 밤 8시 50분경. 본관 2층 비서실장실로 올라갔다. 高建 제2정무수석이 바깥에서 기다리고 있었다. 유 수석은 바로 실장실로 들어갔다. 국무총리가 상석에 앉아 있었다. 구자춘 내무, 김치열 법무장관이 앉아 있었고 김계원 실장은 서 있었다. 김계원 실장은 얼굴에 酒氣가 있었는데 멍하게 서 있었다. 최 총리도 멍한 표정이었다. 그도 한숨을 내쉬고 있었다. 유 수석은 그런 분위기에서 물어볼수도 없어서 방을 들락날락하면서 그들의 대화를 듣게 됐다.

맨발의 金載圭

역사의 무대를 다시 金載圭 정보부장 쪽으로 옮긴다. 1979년 10월 26일 저녁 6시 50분쯤 김재규가 궁정동 본관 1층에 다녀간 뒤 鄭昇和 육군참모 총장과 金正燮 정보부 제2차장보는 식사를 시작했다. 원탁에 앉은 정 총장은 차장보에게 이름을 다시 물어보기가 미안해서 "한자로 어떻게 쓰시는가"라고 했다. 김 차장보는 손가락으로 식탁 위에다가 바를 정, 불꽃 섭 자를 썼다. 김 차장보는 자신은 경북고등학교를 졸업했고 5·16혁명 뒤에 정보부에 들어갔다고 소개를 한 뒤에 "총장님은 김천에서 학교를 나오셨습니까" 하고 물었다.

"아니오. 서울에서 학교를 다녔소."

김정섭은 釜馬사태에 대해서 설명하기 시작했다.

"날씨가 추워지면 연말까지는 학생들의 집단사태가 없을 것 같습니다만 내년 해동기에는 사태가 심상치 않을 것 같습니다. 부산 마산 사태의

원인 중 하나는 세무 공무원과 경찰에 대한 시민들의 불만입니다. 학생들이 길에서 데모하는 것을 2층에서 보고 있던 시민들이 담배를 던져 주기도 하고 부인들은 맥주와 콜라를 사 주기도 했습니다."

"공직자들이 그러면 안 되지요."

"이 사태를 계기로 하여 원인을 파악하여 시정을 하면 전화위복이 될 수 있을 것입니다. 국민들의 불만에 대해서 돌파구를 만들어 주어 불평을 해소하여야 합니다. 연말에 정부요직 개편이 있을 텐데 그렇게 하면 전화위복이 될 겁니다. 각하께서도 보고를 들으시고 국무회의에도 상정하여 시정하라는 지시가 있었습니다. 시위사태도 걱정이지만 군인들의 사기 문제도 걱정입니다."

"앞으로 中·上士들에게 2,000여 동의 주택을 건립해 줄 계획을 세우고 있습니다. 정부에서 호당 300만 원을 융자해 주고 자기 부담은 200만 원 정도입니다. 군에서 모래, 자갈과 노력동원까지 고려하고 있기 때문에 매우 고무적입니다. 군은 당장 후대하는 정책을 쓰기보다는 장래에 대한 희망을 주어야 합니다. 연차적으로 해결될 것입니다."

식사가 나왔다. 한식이었다. 정승화 총장은 밥 한 공기와 된장국 두 그릇을 비웠다.

"포도주 한잔 하시겠습니까?"

김정섭의 권유에 정 총장은 처음에는 사양하다가 응했다. 포도주를 어디에서 가져오는지 시간이 걸렸다. 정 총장은 한 잔만 마셨다. 後食까지 끝냈을 때였다.

'따 다 다 탕탕' 하는 총성이 들려왔다. 정 총장은 6·25 때 전선을 누빈 경험으로 이 총성은 자하문 쪽이라고 생각했다. 그리고 엠16 총성이라고 생각했다(실제는 권총). 김정섭은 "약 500~1,000m 떨어진 곳에서 발사된 듯했고 4~5발로 들렸다"고 했다. 정승화 총장이 "여보, 총소리 인데?"라고 하니 김정섭도 "총장님, 총소리이지요?"라고 했다.

두 사람은 급히 문밖으로 나갔다. 정승화 총장은 청와대 외곽 경비원이 오인사격을 한 것이라고 짐작했다. 본관 1층 부속실에서 정 총장과 차장보의 식사에 신경 쓰고 있던 부장 의전비서 尹炳書는 총성이 나자 정문초소에 알아보려고 인터폰 수화기를 들었다.

그 순간 김 차장보가 "무슨 소리야?"라고 하면서 들어왔다. "제가 알아보는 중입니다."

윤 비서는 그 자리에서 본관 정문과 신관정문초소에 인터폰을 걸어 물어보았으나 경비원들은 모두가 "모르겠습니다. 알아보겠습니다"라고 했다.

"확인해서 연락해 줘"라는 말을 남기고 김 차장보는 정 총장과 함께 다시 식탁으로 돌아와서 과일을 먹고 있었다. 총성이 난 지 한 2, 3분이 지났을까 金載圭가 허겁지겁 윤 비서 방에 나타났다.

"물, 물, 물!"

양복 웃옷을 벗고 와이셔츠 차림인데 구두도 안 신은 채 양말만 신고 달려온 모습이었다. 이때 김재규가 입었던 와이셔츠는 프랑스製로서 상표는 체스트필드. 김재규는 주방으로 달려간 윤 비서가 가져온 물을 병째로 벌컥벌컥 들이켰다.

"총장 어디 계셔?"

윤 비서가 옆방 문을 가리키면서 "여기 계십니다"라고 대답하는 순간 총장과 차장보 두 사람이 문을 열고 나왔다. 정 총장은 윤 비서가 갑자기 주방으로 달려가더니 주전자를 갖고 달려나가는 모습이 이상해서 뒤돌아보았다. 바로 등 뒤에 김재규가 와 있었다. 와이셔츠 바람으로 숨을 헐떡거리면서 또 땀을 뻘뻘 흘리면서 무엇에 쫓기는 모습이었다. 김재규는 정 총장의 팔을 잡고 현관으로 끌면서 말했다.

"총장, 총장, 큰일 났습니다!"

김재규는 또 "차 대!"라고 소리쳤다.

"무슨 일입니까?"

총장의 물음에 金載圭는 "차 타고 이야기합시다"라고 했다. 윤 비서는 차고로 달려가 부장 승용차를 불렀다. 윤 비서가 보니 부장의 와이셔츠는 혁대를 빠져 나와 덜렁거리고 있었다. 순간적으로 윤 비서는 '부장이 차지철 실장과 총격전을 벌였다'고 생각했다.

부장이 청와대를 다녀와서는 자신과 朴興柱 대령을 앞에 놓아두고 "그게 뭘 안다고 참견이야. 지는 경호만 하면 되는 거지"라고 화를 내는 것을 자주 목격했기 때문이다.

차가 나오자 뒤쫓아 온 박흥주가 평소에 하던 대로 앞자리에 탔다. 정승화 총장이 뒷자리에 먼저 타고 김재규는 나중에 뒷자리 오른쪽에 탔다. 김정섭 차장보는 차 왼쪽에 서 있었다. 김 부장이 "차장보, 빨리 타소!"라고 했다. 김정섭이 뒷자리 왼쪽으로 타는 바람에 정 총장이 가운데에 앉게 됐다. 정 총장은 경호원도 없고 권총도 휴대하지 않아 불안해졌다.

"무슨 일입니까?"

김재규는 또 "큰일이 났습니다"란 말만 되풀이했다. 그러면서 "남산으로 가자"고 했다. 승용차는 광화문으로 나와서 동아일보사를 왼쪽으로 끼고 좌회전하여 삼일 고가도로 쪽으로 질주했다. 金載圭는 "경호차가 따라오는가" 하고 뒤를 돌아보더니 "빨리 빨리!"라고 운전사에게 소리쳤다. 정 총장도 뒤를 돌아보았으나 경호차는 보이지 않았다.

세종로는 퇴근 시간이 끝나 갈 무렵이었지만 상당히 밀리고 있었다. 박흥주는 운전사가 차량행렬 사이로 곡예운전을 하면서 무섭게 차를 몰아 앞만 주시하고 있었다. 김정섭 차장보는 운전사에게 "침착하게 운전해"라고 주의를 주었다. 운전사 柳錫文은 부마사태 같은 큰 시위가 서울에서 발생해 급하게 이동하는 모양이라고 생각했다.

陸本行

"무슨 일입니까?"

정보부장 승용차 안에서 鄭昇和 총장이 이번에는 추궁하듯 강하게 물었다. 승용차는 세종로에서 청계천路에 접어들어 삼일고가도로로 향하고 있었다. 金載圭 정보부장은 엄지손가락을 펴서 치켜세우더니 가위표를 했다.

"각하께서 돌아가셨습니까? 정말입니까?"

김재규는 정 총장의 이 물음에는 대답을 하지 않았다.

"보안유지를 해야 됩니다. 적이 알면 큰일입니다."

김 부장은 "경호차는 따라오는가?"라고 하면서 뒤돌아보았다. 정 총장이 다시 물었다.

"어떻게 돌아가셨지요?"

"저격당했습니다."

"외부의 침입입니까, 내부의 소행입니까?"

"저도 정신이 없어 모르겠습니다."

정 총장이 또 물었다.

"누구 소행입니까?"

김재규는 말이 없었다. 정승화 총장은 직감적으로 경호실을 의심했다.

〈나의 선입견이 있었다. 車智澈 경호실장이 정치, 경제 할 것 없이 모든 분야에 손을 뻗치고 있어서 저 사람이 왜 그러는가, 야심이 있어서 저러는 것이 아닌가, 뭔가 큰일을 저지를 것 같다는 생각을 한 일이 있기 때문이다. 만약 경호실이 반란을 일으켰다면 내가 정보부에 가서는 안 되고 全軍을 지휘하여 필요한 조치를 취하려면 육군 벙커로 가야 하겠다고 생각했다(11월 1일자 자필진술서).〉

정 총장은 자신의 회고록(《12·12사건, 정승화는 말한다》)에서는 더 구체적으로 차지철을 의심한 이유를 밝히고 있다.

〈그는 경호실 상황실에서 육군 예하 사단과 직통전화를 연결하여 지휘관들을 멋대로 불렀다. 자기가 육군참모총장이나 된 것처럼, 청와대 경비를 위해 나가 있는 수도경비사령부 부대에 들러 나팔을 불게 하고 하기식을 한 인간이었다. 그는 군에 뿌리를 박으려고 애를 썼다. 일부 장성들이 찾아가서 알랑거리기도 했다. 나는 그의 배후에 이런 지휘관들이 개입하지 않았나 의심하지 않을 수 없었다.〉

이날 밤 대통령이 사고를 당했다는 말을 들었던 많은 정부요인들은 즉각적으로 '차지철의 소행'이라고 생각했다. 정승화 총장은 그 중의 한 명일 뿐이다.

김재규 부장의 승용차는 삼일고가도로에 올라갔다. 고가도로가 남산 정보부로 가는 길과 용산으로 가는 길로 갈라지는 지점에 다가가자 아까 "남산으로 가자"고 했던 김재규 부장이 앞자리에 탄 朴興柱 대령을 향해서 말했다.

"어디로 갈까. 부, 육본, 어디가 좋겠어?"

당황스럽게 내뱉은 김재규의 이 말에 정 총장이 대답을 가로챘다.

"병력 배치를 하려면 육본으로 가야 하니 비투(B-2) 벙커로 갑시다."

이에 호응하듯 朴興柱도 앞자리에서 "그게 좋겠습니다"라고 했다.

다시 정승화 총장이 "육본 벙커로 가세"라고 못박았다.

이날 김재규의 머리에는 대통령 살해까지만 시간표가 입력되어 있었다. 그 이후에 대해서는 한 치의 행동 계획도 없었다. 쿠데타를 성공시키는 데 있어서 가장 중요한 지휘소의 위치까지도 생각해 두지 않았다는 것은 이날의 대통령 살해가 즉흥적 결심의 결과였음을 이야기해 준다. 김재규가 이날 밤 정보부로 가지 않고 육군본부로 가기로 결정한 것은 그로서는 중대 실수였다.

사태의 주도권을 장악하려면 자신의 명령이 통하는 정보부로 가서 정부요인들을 거기로 소집해야 하는데 그런 영향권에 속하지 않는 육군본부로 간다는 것은 쿠데타 사령부를 敵陣 속에 두는 것이나 마찬가지였다. 박정희와 차지철 그리고 네 경호원의 암살은 김재규가 불과 50분 전에 아무런 사전 예고 없이 측근에게 부여한 임무였는데도 電光石火(전광석화)처럼 정확무비하게 실천됐다. 암살작전 지휘자로서 김재규는 과감, 신속, 냉철했다. 그러나 朴 대통령을 사살한 뒤부터는 자신이 저지른 엄청난 상황의 무게에 눌려 지리멸렬한 행동을 보이게 된다. 대통령을 쓴 뒤 맨발로 뛴 것부터가 그의 실패를 예고하는 것이었다. 박정희를 죽이는 데는 성공했으나 그를 따라오는 죽은 박정희의 그림자로부터는 탈출할 수 없었던 것이다. 김재규가 이 시점에서 어떤 생각을 갖고 있었는지를 엿보게 해 주는 것은 그가 계엄사령부 합동수사본부에서 범행 이틀 뒤(10월 28일)에 작성한 자필진술조서이다.

"범행 후의 대책에 대하여 말씀드리겠습니다.

가. 살해현장에 육군 총장과 차장보가 와 있도록 하여 거사가담 의식을 주어 장악하게 한다.

나. 육군총장을 포용하고 불응時 협박한다.

다. 즉시 閣議(각의)를 소집하여 계엄령을 선포하여 각하유고사실을 3일간 保安(보안)유지한다.

라. 현장은 中情건물임을 주장하여 중정 직원으로 하여금 조사하도록 하여 의도대로 처리한 다음 국민의 여론을 봐 가면서 본인이 시해했다는 사실을 은닉하거나 노출시킬 것으로 생각했다.

마. 최종적으로는 군부는 국방을, 정보부는 政局을 맡도록 한다."

김재규가 자신의 이런 구상을 실천에 옮기려면 먼저 지휘소를 정보부 안에 설치하고 궁정동 현장을 봉쇄하며 시해상황에 대한 보안을 유지해야 했다. 김재규는 이날 밤 한 번도 朴善浩에게 현장을 봉쇄하라는 지시를 하지 않았다. 대통령의 시신 처리에 대해서도 아무 지침을 주지 않았다. 대통령을 살해한 직후 金載圭는, 金桂元에게는 보안을 유지하도록 하고 국무회의를 소집하여 계엄령을 펴게 한 뒤에 정승화 총장이 계엄 사령관으로서 실권을 잡게 되면 친분이 있는 정 총장을 통해서 자연스럽게 사태를 장악한다는 정도의 막연한 생각을 하고 있었던 것 같다.

김재규에 대한 軍內에서의 평가는 그리 높지 않았다. 김재규는 다만 정승화 장군이 육군참모총장으로 임명되는 데는 일조를 한 적이 있었다. 그는 박 대통령의 특명을 받아서 국군보안사 참모장 출신인 정보부 감찰실장 金學浩(김학호)에게 3군 참모총장 후보들에 대한 평가서를 만들게 하여 대통령에게 보고했다. 육군참모총장 후보로는 정승화 당시 1군사령관이 1위로 올라갔었다. 김재규는 그런 인연 때문인지 정 총장에 대한 자신의 영향력을 과대평가하고 있었던 것 같다. 정승화 총장이 차 중에서 김재규의 육본行을 유도하는 데 성공한 것도 유의해 볼 대목이다. 정승화 총장은 본인의 의사와 관계없이 金載圭에게 이용당한 면이 있긴 하지만(김재규가 박선호, 박흥주에게 군부와 손잡고 유혈쿠데타를 한다는 믿음을 주는 데 이용당했다), 사태수습의 사령부를 군부 안으로 끌고 감으로써 이날 밤의 주도권을 金 부장에게 주지 않았던 것이다.

육군본부 벙커

차가 남산 케이블카 터미널 아래에 이르자 金載圭 부장이 말했다.

"전방경계가 걱정이고 국내 유혈사태가 걱정입니다. 비밀을 지켜야 합니다. 비상계엄을 선포해야 되겠지요. 총장, 이럴 때는 어느 사단을 뽑아야 합니까?"

鄭昇和 총장은 "20사단…… 벙커에 가 봐야 알겠습니다"라고 했다.

김재규는 운전사 옆자리에 탄 朴興柱 대령한테서 사탕인지 껌인지를 받아서 자신이 하나 먹고 차장보와 총장에게 하나씩 주었다. 鄭 총장은 "이런 위급한 때에 남이 주는 것을 먹어서는 안 된다고 생각하면서 바닥에 버렸다"고 한다. 와이셔츠 바람의 金 부장이 앞을 향해서 "자네 옷이 나에게 맞을까?"라고 했다. 앞자리에 타고 있던 박흥주는 여벌로 갖고 다니던 부장의 상의를 뒤로 건네주었다. 승용차는 미8군 營內도로를 지나 밤 8시 5분쯤에 육군본부 벙커 앞에 도착했다. 보초병이 사복 차림인 육군참모총장을 알아보지 못했다.

"정지! 누구냐!"

"나, 총장이다!"

보초병은 막무가내였다. 정 총장은 그를 밀어붙이고 계속 걸어 들어 갔다.

벙커 입구 쪽에서 한 장교가 나오는 것이 보였다. 정 총장이 불러보니 대령이었다. "급한 일이 있어서 왔으니 문을 열라"고 했다. 벙커 內 총장실에 들어간 정 총장은 대령에게 "입구에 정보부장이 기다리고 있으니 안내하여 모셔 오라"고 지시했다. 주번사령을 불러서는 "경계를 강화하고 실탄을 지급하라. 지휘관 외에는 어떤 사람도 출입시키지 말라"고 명령했다. 김재규 부장은 차를 내리면서 "나, 신발이 없는데"라고 했다. 박흥주는 오후에 광화문 가게에서 새로 샀던 검은 색 구두를 벗어 주었다. 그 자신은 운전사의 구두를 빌려 신었다. 작아서 신의 뒤축을 꺾어 신고 다녔다.

상황실로 간 정승화 총장은 국방장관, 공군총장, 해군총장, 육군 제 1·제3군 사령관 등 주요 지휘관에게 전화를 걸라고 명령했다. 조금 뒤 상황실에서 나온 정 총장은 김재규와 김정섭 정보부 2차장보를 총장 집무실로 안내했다. 정 총장은 김정섭을 보고 "비상계엄군은 제일 먼저 어디를 경비해야 할까요" 하고 물었다.

"방송국, 변전소, 상수도, 은행……."

그가 상식적으로 알고 있는 대로 열거하니 정 총장은 이를 받아 메모했다.

벙커 상황실로 돌아온 鄭昇和 총장은 전화를 거느라고 바빴다. 가장 먼저 전화에 나온 것은 盧載鉉(노재현) 국방장관이었다.

"비투(B-2) 벙커로 나오십시오. 급한 일이 있습니다."

"알았습니다."

노재현 장관은 간단하게 답하더니 전화를 끊었다.

정 총장은 3군사령관 李建榮(이건영) 중장에게 "부엉이 둘(2)을 발령하고 제20, 30, 33사단은 출동준비를 시켜 두라"고 지시했다. 제9공수여단장에게는 "준비가 되는 대로 육군본부로 출동하라"고 명령했다. 제1군사령관에게도 '부엉이 둘'을 발령하라고 시켰다. '부엉이 둘'은 2급 비상사태에 대비하는 조치로서 명령만 떨어지면 정규전에 돌입할 수 있도록 하는 것이다. 정 총장은 車圭憲(차규헌) 수도군단장에게 전화를 걸 때는 취재하듯 했다. 혹시 수도권 부대가 대통령 저격에 가담했을지 모르겠다는 생각을 했기 때문이었다.

"부대 이상 없소?"

"아무 이상 없습니다."

"지금 뭘 하고 있소?"

"그냥 집에 있습니다."

"그래요?"

"왜 그러십니까?"

"예하 부대는 아무 이상 없소?"

"예, 아무 이상 없습니다."

전화에 全成珏(전성각) 수도경비사령관이 나왔다. 車智澈 경호실장은 수도경비사령부 설치령을 고쳐서 이 부대가 경호실장의 통제를 받도록 했었다. 그런 뒤에는 서울 지역에서는 크게 필요하지도 않은 야전포병단과 미사일부대를 창설한다고 전방에서 병력을 뽑아 軍內에서 怨聲을 샀다.

경호실 병력과 수경사를 일종의 근위부대로 만들려고 한 차지철의 행동이 많은 군 지휘관들로 하여금 그의 야심을 의심하게 했던 것이다. 정 총장은 만약 경호실이 반란을 일으켰다면 수도경비사령부가 가담했을 것이라고 판단했다. 이쪽의 조치 내용을 먼저 이야기하면 의도가 알려지게 되므로 먼저 "이상 없소?"라고 물었다.

"이상 없는데요."

정 총장은 일단 안심했다.

"지금부터 내 명령 이외는 절대로 들어서는 안 되오. 부대를 완전히 장악하시오. 출동준비를 시켜 놓고 나한테 오시오."

정승화 총장은 이어서 육군참모차장, 작전 및 정보참모부장을 불러들이라고 지시했다. 이때 盧載鉉 국방장관이 도착하여 총장실로 들어왔다. 밤 8시 30분쯤이었다. 노 장관은 들어오면서 "김계원 실장이 내 집으로 전화를 한 것 같은데 좀 연락해 주시오"라고 했다.

"총장 무슨 일이오?"

정 총장은 장관의 귀에다가 입을 대듯이 하여 "각하께서 피격당했습니다"라고 했다.

"어디서 당하셨습니까?"

"청와대 만찬장에서 당하셨습니다. 김재규 부장이 저기에 와 있으니 물어보시지요."

정 총장은 盧 장관을 김재규가 있는 총장실로 안내하려고 복도로 장관을 데리고 나갔다. 그러나 여러 사무실 문에 명패가 붙어 있지 않아서 분간을 할 수가 없었다. 다시 상황실로 와서 한 장교에게 장관의 안내를 지시했다.

전성각 수도경비사령관이 벙커에 도착했다. 정 총장은 "자네 부대는 이상이 없나?" 하고 다시 확인한 다음 "각하가 저격당하셨다"고 말한 뒤에 단호하게 명령했다.

"밤에 청와대를 포위했다가 날이 새면 범인을 색출하시오."

"수도경비사령관으로서 청와대 생리는 제가 좀 압니다. 경호실의 생리상 우리가 부대를 배치하면 총격전이 벌어집니다."

"그러면 직접적인 접촉을 하지 않도록 원거리에서 외곽을 포위, 차단하시오."

"형님이오"

鄭昇和 총장은 수도경비사령관에게 청와대를 외곽에서 포위하라고 지시한 뒤 李在田 경호실차장을 전화로 불렀다. 정 총장은 자신이 취한 조치를 李 차장에게 알려 주고는 육사 동기생 사이인 수도경비사령관과 잘 협조하여 충돌이 없도록 하라고 당부했다.

이재전 차장은 "무슨 일이 일어난 것 같기도 한데 청와대는 조용합니다"라고 했다. 정승화 총장은 이런 이야기를 듣고 경호실이 가담한 조직적인 음모는 아니라는 판단을 했다. 정 총장은 자신의 회고록('12·12사건, 정승화는 말한다')에서 이렇게 썼다.

〈이렇게 긴급한 조치를 끝내고 나서 나는 지하 벙커 내의 총장집무실 옆에 붙은 나의 거실로 들어서니 노재현 장관, 김재규 부장, 합참 의장, 연합사 부사령관, 공군참모총장, 해군참모차장 등이 걱정스러운 표정을 짓고 앉아 있었다. 나를 보자 다들 일어나 "수고합니다"며 주인 자리를 비켜 주었다. 나는 순간적으로 '박 대통령이 서거하여 권력의 공백이 생긴 시점에서 가장 확실한 물리력을 장악하고 있는 육군참모총장의 행동에 민감하게 반응하는구나' 하고 생각했다.〉

노재현 장관과 여러 사람들은 김재규 부장에게 "상황이 어떻게 된 거냐"고 묻고 있었다. 金 부장은 "상황은 어떻게 된 것인지 잘 몰라도 각하가 돌아가신 것은 확실하다. 빨리 계엄을 선포해야 한다. 그리고 보안을 유지해야 한다. 초비상 사태이다. 적이 알면 큰일 난다"라는 말만 되풀이했다. 이날 밤 김재규는 줄곧 '계엄령 선포'와 '보안'이란 두 단어를 반복한다.

자신의 대통령 살해 행위가 보안된 상태에서 계엄령만 선포되면 계엄사령관을 설득하거나 협박해서 사태를 장악한다는 막연한 쿠데타 구상을 갖고 있었기 때문이다. 이 구상은 보안에 실패하면 파국을 맞게 되어 있었다. 즉, 성패는 진실을 알고 있는 金桂元 실장의 입에 달려 있었다.

정보부장 수행비서관 朴興柱는 부장을 벙커 內 총장실로 안내하여 놓고 부속실에서 대기하고 있었다. 金正燮 제2차장보는 문간에서 왔다갔다 하고 있었다. 밤 8시 20분쯤 김 부장이 朴 대령을 부르더니 "청와대 비서실장 댁에 전화를 걸어 나오면 바꿔 주게"라고 했다. 상황실로 가서 전화를 걸었으나 실장은 댁에 없었다. 그대로 보고했더니 김 부장은 계속해서 전화해 보라고 하는 것이었다. 박 대령은 무선전화로 김계원 대통령 비서실장의 승용차를 찾았으나 응답이 없었다.

그는 상황실로 옮겨서 청와대 비서실장실로 전화를 걸었다. 김계원 실장이 전화에 나오더니 "이리로 오라고 해" 하고 그냥 전화기를 놓아 버리는 것이었다. 박흥주는 盧 장관과 함께 있던 김재규 부장에게 "김계원 실장님께서 그쪽으로 오시랍니다"라고 보고했다.

장관과 부장 총장, 그리고 다른 장성들도 "그쪽 상황도 모르는데 국방장관과 각군 총장이 청와대로 가는 것은 좋지 않으니 김 실장에게 다시 전화하여 이리로 오시도록 하라"고 김정섭 차장보에게 지시했다. 김 차장보가 전화를 걸어 그런 뜻을 김계원 실장에게 전했더니 "알았어. 내가 거기로 가지"라고 하는 것이었다. 이 통화내용을 김재규 부장과 노재현 장관에게 보고한 지 몇 분 되지 않아 상황실의 한 중령이 총장실로 뛰어왔다.

"合參(합참)의 상황실을 통해서 연락이 왔습니다. 김 실장님이 여기로 못 오시겠다고 합니다."

김재규 부장은 "그럼 내가 전화하지"라고 하면서 옆방인 상황실로 갔다. 따라간 金 차장보가 전화번호를 돌려 비서실장이 나오자 부장에게 바꾸어 주었다.

"형님이오……" 하는 김 부장의 말을 듣고 한 자리 물러나 있었다.

"형님 이리로 오시오. 다 끝났는데 거기는 뭣 하러 갑니까. 여기 다 모였으니 총리 모시고 오시오."

김재규 정보부장은 "그렇게 말하니까 김계원 실장은 약간 전화를 멈추었습니다. 본인이 육군총장을 인질로 확보하고 있는 것으로 생각하고 이를 응낙하는 것 같았습니다. 그리고 통화를 끝냈습니다(合搜部 1차 진술서).”

똑같은 전화에 대해서 김계원은 계엄사 합동수사본부에서 이런 진술을 했다.

“김재규의 전화를 받고 나서 본인은 육군참모총장도 감금된 것으로 생각하고 김재규가 각하를 시해하고 나서 군을 장악하여 혁명을 일으킨 것으로 생각했습니다.”

金桂元은 전화를 끊고서 “B-1벙커가 어디냐”고 물었다. 누군가가 “관악산에 있다”고 했다. 김 실장이 다시 “B-2는 어디냐”고 물었다.

“육군본부에 있습니다.”

“그러면 B-3는 어딥니까.”

“중앙청입니다.”

밤 9시 10분경 김계원 실장은 청와대 비서실장실에서 다시 김재규로부터 걸려 온 전화를 받는다.

“오늘 각하 가족 모임이 있다고 들었는데 근혜도 오늘 일을 알고 있습니까?”

“나한테 어디 계시냐고 묻지도 않았으니 알 턱이 없지.”

“국방장관도 여기 계십니다. 이리로 오시오.”

“국무총리도 여기 계시니 국방장관과 육군총장과 같이 이리로 오시오.”

“안 됩니다. 지금은 못 갑니다. 총리를 모시고 실장께서 이리로 오시오.”

김재규는 "김 실장에게 존칭을 생략하고 강경하게 명령조로 이야기했다(군검찰 신문조서)"고 했다. 그랬더니 김 실장은 잠깐 멈칫 하더니 이렇게 말하더란 것이다.

"알겠소."

몇 분 뒤 노재현 국방장관은 육본 벙커 內 총장실에서 김계원의 전화를 직접 받았다.

"장관이 우리를 거기로 오라고 했어요."

"그렇습니다. 이리로 오세요."

"알았소."

이 순간 노 국방장관은 청와대가 차지철에 의해서 장악돼 있다고 오해하고 있었고 김 실장은 육본이 김재규에 의해서 장악되어 있다고 오해하고 있었다. 육군본부 측과 통화를 끝낸 뒤에 김계원 실장은 최규하 총리에게 건의했다.

"김 부장이 경호실이 무서워서 못 오는 모양입니다. 총리께서 거기로 가시면 어떨까요?"

총리는 "갑시다" 하면서 일어났다. 金致烈, 具滋春, 朴東鎭 장관도 동의했다. 밤 9시 15분쯤 이들이 비서실장실을 나설 때 김계원 실장은 부속실에 있던 柳赫仁 수석을 보더니 "유 수석도 따라오시오"라고 했다. 총리 차에 김 실장과 유 수석, 다른 차에 내무·법무·외무 장관이 타고 육군본부로 향했다.

김계원 실장은 '김재규가 군을 장악하고 혁명을 일으킨 것으로 판단한 상태'에서 김재규 쪽으로 총리를 모시고 갔다. 최규하 총리는 김재규가 대통령을 죽인 범인이란 점을 알면서도 따라갔다. 더구나 이 순간 국군통수권자가 된 최 총리를 경호할 생각은 아무도 하지 않았다. 무장해제 상태에서 국가원수가 '쿠데타 본부'로 가는 격이었다. 이로 인해서 최규하, 김계원 두 사람은 김재규에 의한 유혈쿠데타가 성공하고 있다고 판단하여 이에 순응하는 태도를 취하고 있었다는 의심을 그 뒤에 받게 되는 것이다.

金致烈의 반격

밤 9시 30분 崔圭夏 총리, 金致烈 법무, 具滋春 내무, 朴東鎭 외무장관과 柳赫仁 정무수석이 金桂元 비서실장과 함께 육군본부 벙커 내 총장실에 도착했다. 김계원은 "많은 육군 장성급이 와 있어 김재규가 군을 장악하고 있는 것으로 생각했다"는 것이다(合搜部 1차 자필진술서). 육군본부 벙커에 김재규와 함께 도착해 있었던 金正燮 정보부 차장보는 군 검찰에서 한 참고인 진술에서 이렇게 말했다.

〈총장실에서 정보부장, 국방장관, 각 장관과 각 군 총장, 합참의장, 柳炳賢 연합사 부사령관도 합석한 자리에서 김계원 실장은 "대통령께서 유고이십니다. 총리 각하를 모시고 사태를 수습해야 되겠습니다"라고 말했습니다. 具 내무장관이 "유고라니 내용이 어떻게 되었습니까"라고 물었습니다. 김 실장은 "차지철 실장이 강경해서 문제가 일어났습니다"라고만 대답했습니다. 각부 장관들은 경호실 자체에서 일어난 사건인 줄 알고는 경호원들의 무장해제 문제를 거론하기 시작했습니다. 수도경비사령관이 책임지고 진입하고 경찰관들은 내무장관이 책임을 지고 잘 관장해야 한다는 이야기도 나왔습니다.〉

이 진술에 따르면 김계원 실장은 대통령 시해의 책임을 車智澈 경호 실장한테 뒤집어씌우는 언동을 보이고 있다. 김재규가 同席(동석)하고 있는 데다가 군 장성들이 김재규에 의하여 장악되어 있다는 선입견을 가지고 있었던 김계원으로서는 그렇게 말하지 않을 수 없었을지 모른다. 김치열 장관도 육군본부로 오는 차중에서는 '김재규가 쿠데타를 일으켜서 육본을 장악하고 있는 것이 아닌가' 하는 생각을 했었다. 김치열 씨에 따르면 청와대에서 김계원 비서실장은 자신을 따로 불러 "김재규가 잘못 쏜 총탄에 각하가 서거하셨다"고 알려 주었다고 한다(이런 사항은 수사, 재판 기록에선 나오지 않고 있다). 김계원이 정보부장으로 있을 때 김치열은 차장으로 있었기 때문에 이런 정보의 共有가 가능했던 것으로 보인다.

김치열 장관은 육군본부 벙커에 들어와서는 곧 '김재규가 군을 장악하지 못하고 있으며 장성들은 범인이 누구인지도 모르고 있다'는 판단을 하게 됐다. 벙커 內 총장실에서 앉다가 보니 김 장관은 김재규와 마주 보게 됐다. 김재규는 살기등등하면서도 초조하게 보였다. 그는 연신 물을 마셔 대고 있었다. 김재규는 말했다.

"지금 각하께서 돌아가셨습니다. 전방경계를 강화하고, 이 사실을 최소한 48시간 국내외에 비밀로 붙여야 합니다. 그리고 비상계엄령을 선포해야 합니다. 미국에도 비밀로 해야 합니다."

김치열 장관이 물고 들어갔다.

"어떤 이유에서 48시간이나 보안에 붙여야 합니까?"

"북괴의 남침 위협 때문입니다."

"내가 생각하기로는 그런 보안은 불가능할 뿐 아니라 사태수습의 방

안으로도 현명하지 못합니다. 미국에서는 이미 알고 있을지도 모르며 국민들에 대한 정치도의상 예의가 아닙니다. 북괴의 남침 위협이 있다고 하셨는데 그렇다면 출동준비가 있어야 하고 그러니까 오히려 미국에 알려야 효과적인 대비책을 세울 수가 있지 않겠습니까?"

김치열 장관의 이 반론에 박동진 외무장관이 편들고 나섰다.

"미국 측에 휴전선의 경계를 강화해 달라고 요청하기 위해서라도 조기에 사태를 통보해야 합니다. 우리가 미국 측에 보안을 요청하더라도 그 사회의 체질로 보아 당장 언론에 전달되어 사건발생 사실이 외국 언론을 통해서 국내로 들어오게 된다면 국민들이 정부를 어떻게 보겠습니까."

몰리는 입장이 된 김재규는 격앙된 목소리로 "난 김 법무의 의견과 생각이 달라요!"라면서 화를 냈다. 김치열 장관은 맞은편에 앉은 김재규가 권총을 뽑아 쏠 것 같은 기분이 들었다.

이 무렵 金聖鎭(김성진) 문공장관이 벙커로 들어왔다. 기자 출신인 김 장관은 이날 밤의 체험을 생생히 기억에 담았다. 총장실에 들어온 김 장관은 방안 공기가 너무나 긴장되어서 말을 붙일 수가 없었다. 尹子重(윤자중) 공군참모총장에게 "지금 무엇을 하고 있는 중이냐?"고 물어도 그는 대답을 하지 않고 "보고서도 모르느냐" 하는 눈치를 보냈다. 김치열, 구자춘 장관이 "상황을 자세히 설명하라" "범인이 누구냐" "무턱대고 계엄령을 선포해야 한다는 말만 하지 말고 그 자리의 상황을 자세히 얘기하라"고 덤벼들고 있었다.

김재규는 "우선 계엄령을 펴 놓고 보아야 한다"고 버티고 있었다. 김재규의 거무튀튀한 얼굴에는 기름기가 번드르르 배어 있었다. 한쪽 구석에는 김계원 실장이 조용히 숨을 죽인 채 몸을 쪼그리고 앉아 있었다.

　김성진 장관이 "계엄령을 편다면 그 사유를 무엇이라고 해야 합니까" 하고 김재규 부장에게 따졌다. 김 부장은 "소련이 브레즈네프의 사망 與否에 대해서 여러 날이 지나도록 비밀로 했습니다. 우리도 보안을 지켜서 비상계엄의 사유는 치안사태라고 하면 될 것입니다"라고 했다. 비로소 김성진 장관은 대통령의 신상에 중대한 사변이 생긴 모양이라고 생각했다.

　이때쯤 김계원도 상황을 달리 판단하게 됐다. 맨 처음 벙커에 들어왔을 때는 장성들이 모여 있는 것을 보고서 김재규가 군대를 장악했다고 생각했었다. 그런데 가만히 들어 보니 장성들은 주로 부대출동 관계로 이야기하고 있는데 대통령이 서거한 사실도 모르고 있는 것 같고 김재규가 범인이란 것도 모르고 있는 것 같았다. '김재규가 사전에 연락한 것이라고 생각했는데 움직이는 것을 보니 아니구나 하고 생각했다'는 것이다. 김계원 실장은 鄭昇和 총장에게 사실을 털어놓으려고 그를 옆방으로 데리고 갔더니 김재규가 따라 들어와 그만두었다.

　벙커에서 벌어진 지루한 말씨름 끝에 참석자들은 두 가지 점에서는 합의를 보았다. 계엄선포를 해야 한다는 것과 이를 위한 비상 국무회의의 소집, 그리고 미국 측에 대한 통보.

　최규하 국무총리가 이윽고 입을 뗐다.

　"밤 11시에 국무회의를 국방장관실에서 개최하기로 합시다. 한미연합사와 미국 대사관에는 어떻게 하시겠소?"

　柳炳賢 연합사 부사령관이 "위컴 사령관은 지금 미국에 가 있습니다. 제가 참모장에게 연락하도록 하겠습니다"라고 했다. 박동진 외무장관은

"내일 아침에 미국대사를 불러서 제가 통고하겠습니다"라고 했다. 柳赫仁 정무수석은 총무처차관 崔澤元에게 전화를 걸었다. 총무처장관 沈宜煥은 나흘 전에 타계하여 차관이 장관직을 대리하고 있었다.

"급한 일이 생겼습니다. 보안유지를 하시고 국방장관실에서 국무회의를 소집하도록 하였으니 준비하시고 오십시오."

유혁인 수석이 총무처차관에게 지시를 했다고 고하니 총리 이하 장관들이 일제히 일어나 지하도를 통해서 국방부장관실로 올라갔다.

申鉉碻의 호통

金載圭의 合搜部 진술에 따르면 "본인과 김정섭, 김계원 셋이 총장실에 남았을 때 김정섭을 바깥으로 나가게 한 뒤에 김계원을 이리로 오라고 하여 실내 화장실로 데리고 들어갔다"는 것이다.

"이 사람아! 각하를 어떻게 그렇게 했어?"

"보안이 급선무입니다. 최단시일 내에 계엄사령부의 간판을 혁명위원회 간판으로 바꿔 달아야 합니다."

"알았어."

김계원은 김재규를 밀면서 화장실 바깥으로 나와 국방부로 옮기는 행렬에 끼었다. 김계원은 "육군본부 벙커에서 김재규가 혁명 운운할 때까지는 오발로 각하를 죽인 줄 알았다"고 법정에서 진술했다. 밤 10시 30분 국방장관실에 올라가서 崔圭夏 총리는 장관자리에 앉았다. 그 옆에 김재규, 김의 맞은편에 金桂元, 그리고 내무, 법무, 국방 및 여타 장관들과 徐鐘喆 특보도 둘러앉았다. 柳赫仁 수석은 장관이 아니어서 앉아 있기가 뭣했다. 일어나 방을 들락날락했다.

이야기는 자연히 총리와 실장, 부장 사이에서 오갔다. 최 총리가 "계엄을 선포하자면 그 사유를 명확하게 해야 하는데 무엇이라 하지요. 有故로 하는가, 아니면 각하의 서거라고 하는가요"라고 의견을 구했다. 김계원은 유고라고 발표하자는 데 동의했고 김재규는 "부산, 마산 사태도 있고 하니 국내 치안문제로 하자"고 강경하게 주장했다. 김계원은 "대통령 각하의 유고로 인하여 27일 0시를 기해서 비상계엄을 선포한다고 하면 되지 않습니까"라고 했다.

최 총리는 "유고만 가지고는 국민들을 어떻게 납득시키지요? 무엇인가 국민들이 납득할 수 있는 이유를 말해야지요. 국무위원들도 내용을 좀 알아야 의견을 교환하지요"라고 했다. 김재규는 "유고도 안 됩니다. 국내치안이 좋지 않아서 계엄령을 선포하는 것으로 해야 합니다"라고 또 강경하게 말했다. 최 총리는 "국내에서 데모가 난 것도 아닌데 그리고 부산, 마산이 다 조용한데 국민에게 그렇게 해서야 되겠습니까. 대통령 서거를 어떻게 국민에게 알리지 않을 수 있습니까. 계속해서 보안 유지하는 것도 어려우며 우선 당장 국무위원들도 납득하지 못할 것입니다"라고 반박했다.

김재규는 "왜 안 됩니까! 소련은 1주일간도 발표하지 않고 모르게 할수가 있는데 우리는 2, 3일간만 보안유지를 하자는데 왜 안 됩니까!" 하고 격하게 이야기했다. 金聖鎭 문공부장관이 "계엄령의 사유를 명백히 밝히지 않은 채 그냥 계엄령을 선포하는 것은 절대로 있을 수 없다"고 대들었다. 김재규는 "알 만한 사람이 왜 이렇게 따지고 드느냐"라고 역정을 냈다.

이것이 나중에 과장이 되어 김 장관이 김 부장에게 맞았다는 소문이 퍼지기도 했었다. 이 무렵 연락을 받은 국무위원들이 속속 도착하고 있었다. 김성진 장관은 먼발치에서 申鉉碻(신현확) 경제기획원장관 겸 부총리가 복도로 들어오는 것을 보고 다가갔다.

"국무회의가 왜 소집됐는지 아십니까?"

"무슨 일입니까?"

"대통령께서 이상이 생긴 것 같은데 김재규 부장이 알고 있으면서도 도무지 자초지종을 이야기하지 않고 자꾸 계엄령을 펴야 한다고만 하니 부총리께서 달래서 이 사태를 처리하셔야겠습니다."

김 장관은 김재규가 동향의 선배인 申 부총리의 말은 들을 것이라고 생각했던 것이다. 신현확 부총리는 장관실에 들어가서 김재규와 마주 앉자마자 물었다.

"유고의 내용이 뭡니까?"

"그것은 밝힐 수 없습니다."

"다치셨습니까, 아니면 갑자기 병이 났습니까?"

"그건 밝힐 수 없습니다. 비밀에 붙여야 합니다."

"유고의 내용도 모르고 비상계엄령을 어떻게 선포할 수가 있습니까?"

신 부총리는 평소에는 예의바르던 김 부장이 딴판으로 변한 게 이상해서 방 한구석에 서 있던 김계원 실장을 불렀다. 등 뒤로 다가온 김 실장을 돌아보면서 "어떻게 된 거요? 김 실장은 각하와 늘 행동을 같이하는 분이니 알 것 아니오?"라고 다그쳤다.

"저도 잘 모르겠습니다."

"모른다니? 어째서 모른다는 겁니까?"

"제가 사실은 각하를 업고 병원에 갔었습니다."

"지금 수술 중입니까? 사고가 나서 다치셨단 말입니까?"

"아닙니다. 사실은 다 끝났습니다. 별실에 안치를 했습니다."

"어째서 그렇게 되었습니까?"

"사고인데 저도 정신이 없어서 잘 모르겠습니다."

장관들이 국방부장관실로 모여 들고 아무것도 모르고 나온 사람들이 "어떻게 된 일입니까"라고 따지자 김 실장은 "각하께서 운명하셨다"고만 말하고 구체적인 상황에 대해서는 또 한마디도 털어놓지 않았다. 김재규도 보안유지만 계속해서 강조하고 있었다. 장관들이 많이 모일수록 김재규와 김계원은 몰리는 입장이 됐다. 한 장관은 벌떡 일어나 화를 내면서 "돌아가셨으면 가 봅시다! 확인해야 합니다!"라고 했다. 어느 장관인지 "보안이 무슨 보안이냐. 경위를 말하라!"라고 하니 실내가 와글와글했다.

최규하 총리는 밤 11시 30분쯤 국방부회의실로 자리를 옮기면서 말했다.

"그러면 김 부장이나 김 실장이 국무회의에 참석하여 사유를 설명해 줄 수 있겠습니까."

"예, 하지요."

김재규가 대답했다. 김계원은 그러나 "우리는 국무위원이 아니니 들어갈 수가 없습니다"라고 말했다. 다른 장관들은 국무회의장에 들어가고 장관실에는 김계원, 김재규, 유혁인이 남게 됐다. 이때 김재규는 이런 생각을 하고 있었다고 군검찰에서 진술했다.

〈비상국무회의 결의 여하에 따라서 그날 밤으로 본인이 평소부터 신임하던 안전국장 金瑾洙 등 안전국 요원으로 하여금 궁정동 현장에 보내어 궁정동 소재 중정요원은 전부 연행해서 안전한 곳에 수용하여 보안을 유지시키고 사건현장은 안전국 요원이 조사 중이라는 이유로 일체 비밀에 부치고 본인이 의도하는 혁명이 성공단계로 접어든다고 판단될 때 국민 앞에 진상을 발표하려고 했습니다.〉

이때까지만 해도 김재규는 상황이 불리하게 돌아가지는 않고 있다고 생각하고 있었다. 일단 계엄령만 선포되면 실권을 쥔 정승화 장군을 설득하여 시해사건의 수사권을 독점함으로써 자신의 범행을 은폐한 다음 군부와 정보부를 연계시키는 쿠데타로 발전시킨다는 구상 아닌 공상을 하고 있었던 것이다. 이 구상(공상)이 성공하려면 비밀을 알고 있는 김계원 실장의 보안이 절대적으로 필요했다. 그런데 그 김계원의 마음이 흔들리고 있었다. 장관들이 김재규 부장에게 "서거 사유를 대라"고 거세게 반발하는 것을 보았기 때문이었다.

金載圭 체포 지시

국방부장관실. 밤 11시를 지나서 柳赫仁 제1정무수석이 집으로 전화를 걸었다. 기자들이 여러 차례 유 수석을 찾는 전화를 걸어 왔다는 것이었다. 유 수석의 이야기를 들은 金載圭는 옆에 있던 金正燮 차장보에게 조치를 취하라고 지시했다. 김 차장보는 정보부의 국내담당 차장인 全在德에게 전화를 걸었다.

"기자들이 움직이기 시작했습니다. 4국장(기자 注: 통신담당)을 나오게 하여 외신기자들이 송고하는 것을 체크해야 하겠습니다."

이때까지도 김재규는 자신의 의도대로 가고 있다고 생각한 것 같기도 하다. 체포된 다음 날 合搜部 진술에서 그는 "국방부 장관실에서 비상계 엄 선포에 대한 제안 설명에 대해서는 합의를 이루지 못했을 뿐 제주도 를 제외한 전국에 계엄령을 선포해야 한다는 데에 대해서는 이의가 없 었다"고 했다. 더구나 김재규는 합수부에서 한 이 최초의 진술(10월 28 일자 제1차 피의자 진술조서)에서 아주 민감한 증언을 했다.

〈거사도 본인이 구상한 대로 적은 인원으로 성공이 됐고 대기시켜 놓 고 있던 육군총장을 이용하여 군 수뇌부와 각료들을 국방부로 유인하는 등 계획대로 성공이 됐고 비밀을 지키고 있는 김계원에게는 계엄 사령 부를 혁명위원회로 유도하라는 방향을 제시하여 그대로 진행이 잘 되고 있다고 보고 있었는데 김계원의 배신으로……〉

이 진술이 이루어지고 있었던 당시는 아직 김계원이 연행되기 전이었 고 정승화 총장은 계엄사령관으로 취임한 다음 날이었다. 이 진술을 토 대로 합수부 수사관들은 정 총장을 연행하여 조사해야 한다고 全斗煥 합수본부장에게 건의하고 있었다. 대통령 시해 배후세력이 누구인가에 대해서 신경이 곤두서 있을 때 김재규가 정승화 총장을 연루시키는 진 술을 했고 많은 수사관들이 정 총장을 의심하게 됐다는 이 점은 12·12 사건으로 치닫는 길을 여는 일이기도 했다.

밤 11시 20분쯤 柳赫仁 정무수석이 金桂元 실장을 국방부장관실 옆방 인 대기실로 슬며시 불러내었다. 그러고는 김계원에게 따지듯 말했다.

"왜 말씀을 안 하십니까? 우리한테는 가르쳐 주시지 않아도 좋지만 이 야기를 하십시오. 이래서 되겠습니까? 실장님이 오해받으십니다."

金桂元 실장은 "어어, 알았어. 그렇겠구먼" 하고 들어갔다. 김계원의

합수부 1차 진술서는 그 뒤의 전개과정을 이렇게 적고 있다.

〈밤 11시 30분경 총리, 법무, 내무장관들이 김재규의 주장을 따르지 않고 있어 나는 국방장관 보좌관실로 가서 이름을 알 수 없는 사람에게 "국방장관과 육군참모총장을 이리로 불러 달라"고 부탁했습니다. 본인은 장관과 총장에게 "김재규가 각하 살해의 범인이다. 지금 권총을 갖고 있으니 조심해서 체포하라"고 일렀습니다.〉

정승화 당시 총장의 기억은 조금 다르다. 정 총장은 육군본부 벙커에서 국방부로 건너와서 장관실로 들어가는데 그 방을 나오는 김계원 실장과 마주쳤다는 것이다.

"어디 조용한 곳에 가서 이야기나 좀 합시다."

김 실장이 그를 끌었다. 장관 부속실에 있던 국방장관 보좌관 趙若來(조약래) 준장이 "제 방이 조용합니다"라면서 안내했다. 盧載鉉 국방장관은 맞은편에 앉아 있던 김 실장이 화장실에 가는지 슬며시 나간 뒤에 돌아오지 않고 있어 찾으러 나섰다가 정 총장, 김 실장과 만나 뒤따라 들어왔다. 김 실장이 상좌에, 총장과 장관이 맞은편에 앉았다.

"여보, 김 부장과 차 실장이 다투다가 김 부장의 총에 각하가 돌아 가셨어. 김 부장을 체포해야겠는데 저렇게 눈이 시퍼렇게 되어 나만 노려보고 있으니……."

이 말을 들은 노재현 장관은 "그놈을 당장 잡아야지요. 총장, 빨리 잡으시오"라고 했다. 정승화 총장도 "제가 곧 잡겠습니다"라고 하며 일어섰다.

"여보, 조심하시오. 김 부장이 아직 권총을 갖고 있어요."

정 총장은 방을 나와서 趙若來 국방장관 보좌관 책상 앞에서 전화로

金晉基 육군 헌병감을 찾았다. 연락이 닿지 않았다. 정승화 총장은 "벙커로 오라고 전하라"는 지시를 남긴 뒤 먼저 내려갔다. 육군본부 벙커로 내려가니 金晉基 헌병감이 와서 기다리고 있었다. 鄭 총장은 상당히 구체적으로 김재규 체포를 지시했다.

"김 장군이 직접 김 부장에게 가서 내가 좀 만나자고 한다고 전해 주시오. 미리 복도 커브 지점에 수사관을 대기시켜 두었다가 거기로 유인하여 감쪽같이 체포하시오. 김 실장 말로는 김 부장이 권총을 갖고 있다고 하니 조심하시오. 체포 과정에서 소란을 피우거나 상하게 하면 안 돼. 체포한 뒤에는 보안사령관에게 인계하시오."

정 총장은 이어서 전두환 보안사령관을 불렀다. 정 총장은 全 장군에게 헌병감이 김재규를 체포하면 그의 신병을 인수하여 수사할 것을 지시하면서 계엄령이 선포되면 합동수사본부장으로 全 장군을 임명하겠다고 말했다. 이때 鄭 총장은 "정중히 모셔라"는 문제의 발언을 했다는 것이 全斗煥 측의 주장이다(정 장군은 '수사관이 흥분하여 함부로 범인을 다루지 않도록 하라고 지시했다'고 주장). 鄭 총장이 헌병감에게 김재규 체포 지시를 한 뒤에 한 30분이 흘렀을까 김계원 실장이 벙커 內 총장실에 내려왔다.

"왜 이렇게 늦어요. 김 부장이 지금 장관실에 앉아 있어요. 金載圭 때문에 국무회의를 못하고 있어요."

총장에게 독촉을 한 그는 정보부 경비원 李基柱로부터 빼앗았던 리볼버 권총을 내놓았다.

김재규 체포작전은 金晉基(김진기) 헌병감의 지휘로 이루어졌다. 김진기 준장이 직접 보안사 吳一郞(오일랑) 중령과 국방부 헌병중대장 李

基德 대위를 데리고 국방장관실로 갔다.

정찰을 해 보았더니 정보부장 수행비서관 朴興柱(박흥주) 대령이 장관부속실에 앉아 있었다. 그래서 장관접견실로 빼기로 했다. 장관 보좌관 조약래에게 김재규 부장을 좀 불러내 달라고 부탁했다. 조 준장은 장관실로 들어갔다. 최규하 총리와 국무위원들이 몰려서 앉아 있고 김재규는 외따로 앉아 있었다. 이때 노재현은 장관실로 돌아와서 맞은편에 앉은 김재규를 주시하고 있었다. 김재규는 자리를 비운 김계원을 찾는지 두리번거리고 있었다. 노 장관은 왜 이렇게 체포준비가 오래 걸리나 하고 불안해하고 있는데 조약래 준장이 들어왔다. 그는 노 장관의 눈치를 보더니 김재규에게 다가가는 것이었다.

호송차 전복

"부장님, 육군총장 비서실장이 밖에 와서 기다리는데요. 정승화 총장이 총장실에서 조용히 뵙자는 연락이 왔습니다."

趙若來 국방장관 보좌관이 金載圭에게 다가가서 속삭이듯 말했다. 맞은편에 앉아 있는 盧載鉉 국방장관도 알아들을 수 있을 정도였다. 金 부장은 일어서면서 물었다.

"그래, 그런데 그 비서실장은 어디 있나."

趙 장군은 접견실 쪽을 가리키면서 "저기 있습니다"라고 했다. 盧 장관은 김재규가 부속실로 나갈까 봐 가슴이 조마조마했다. 부속실에는 김재규의 경호원이 있을 것이라고 생각했던 것이다. 김 부장이 장관실과 인접한 접견실을 통해서 복도로 나오자 김진기 헌병감이 정중하게

인사했다.

"총장 지금 어디 있지?"

체포 작전의 지휘자인 金晉基 헌병감이 "육본 총장실에 계십니다"라고 했다. 김재규는 별다른 의심 없이 따라나섰다. 김재규가 앞장서고 보안사 吳一郎 중령이 오른쪽, 헌병감이 왼쪽, 헌병대 李 대위가 뒤를 따랐다. 정보부장 경호원 두 명이 따라오는 것을 이 대위가 막았다.

"이쪽으로는 못 갑니다."

이 대위는 미리 배치해 둔 헌병들을 시켜서 두 경호원들의 접근을 차단했다. 2층에서 1층 後庭으로 내려가는 계단 입구에도 헌병이 배치되어 경호원들의 접근을 막도록 했다. 김재규가 말했다.

"왜 이 길로 가는 거야?"

"이 길은 국무위원들이 사용하는 통로입니다. 최규하 총리께서도 이 길을 이용하셨습니다."

오 중령의 말이었다. 후정으로 내려오자 外燈 하나 없는 어둠이었다. 이 대위와 오 중령은 김 부장을 미리 대기시켜 둔 레코드 승용차(보안사 참모장 차)로 안내했다. 승용차 안에는 헌병 두 사람이 미리 타고 있었다. 이걸 보고 김재규는 흠칫했다. 오 중령과 이기덕 대위는 김재규를 차 속으로 밀어 넣었다.

"무장을 해제하겠습니다! 순순히 응하십시오!"

"내가 주지."

김재규가 바지 호주머니를 뒤지려는 것을 오 중령과 이 대위가 낚아채 보니 권총이었다. 이 대위가 리볼버를 받아서 열어 보니 실탄은 한 발이 남은 채였고 화약 냄새가 풍겼다. 김 부장을 태운 차와 두 대의 예비차가 국방부 후문을 나와서 삼각지 로터리를 회전하는데 김재규가 긴장된 목소리로 오일랑 중령을 향해서 말했다.

"나를 어디로 데려가는 거야?"

"저는 말할 수 없습니다."

"말해 주시오. 나 순순히 따라가겠소."

"부장님이 지금 매우 위험한 처지에 있기 때문에 정 총장님의 지시로 안전한 곳으로 모시고 있는 중입니다."

"날 어디로 데려가는 거야? 세상은 달라졌어. 각하는 돌아가셨어. 지금 수도통합병원에 계셔."

"아 그렇습니까!"

金載圭를 태운 레코드 승용차 운전병은 行先地인 貞洞 보안사 분실의 위치를 모르고 있었다. 운전병은 그 옆에 있는 정보부 정동 분실 건물 앞에 차를 세웠다. 김재규를 붙들고 있던 보안사 吳一郎 중령이 보니 예비군 복장을 한 경비병이 나오고 있었다. 김재규는 반가운 듯이 "아, 우리 분실인데……"라고 했다. 吳 중령은 기겁을 하고 차를 돌리게 했다.

보안사 정동 공작분실에서는 보안사령관 비서실장 許和平(허화평) 대령이 기다리고 있었다. 김재규를 정중하게 2층으로 안내하여 연금시켰다. 이 방에서 김재규를 맡은 사람은 보안사 수사과 소속 申東基였다. 申 수사관은 김재규의 몸과 입에서 나오는 악취에 속이 뒤집힐 듯했다. 술냄새, 향수냄새, 만성 간질환자의 뱃속 냄새가 뒤섞여 있었다. 김재규의 얼굴은 검은색과 붉은색 물감을 섞어 놓은 듯 했다. 김재규는 물부터 찾더니 여러 컵을 들이켰다. 신동기는 김재규를 왜 연금하는지에 대해서 전혀 사전에 설명을 듣지 못했다. '정중히 모셔라'는 정도로만 알고 있었다. 그래서 김재규를 편하게 해 드리려고 "옷을 벗고 침대에 좀 누우시지요"라고 하면서 옷을 벗기는데 와이셔츠 앞가슴 부분에 피가 많이 묻어 있었다. 신동기는 김재규가 술을 마시다가 全斗煥 사령관과 싸웠나 하는 생각을 했다.

"아니, 부장님 누구하고 싸웠습니까?"

그런데 김재규가 엄지손가락을 펴든 뒤 아래로 거꾸로 돌리면서 "각하가 돌아가셨어. 세상이 바뀌었어"라고 하는 게 아닌가. 직감적으로 김재규가 시해범이란 느낌이 왔다. 신동기는 우선 김재규의 옷을 벗겨서 도망을 치지 못하게 해야 한다는 계산을 했다. 바지를 벗기니 파자마 차림이 드러났다. 허리띠도 뺐다. 그러고는 침대에 눕혀놓고서 안마를 해주니 김재규는 엉뚱한 부탁을 하는 것이었다.

"나를 육군교도소나 서울구치소로 좀 보내 주게. 자네도 위험하네."

"왜 그렇습니까?"

"내가 여기 잡혀 와 있다는 것을 알면 정보부 부하들이 경거망동하여 쳐들어올 거야."

신동기는 물을 가져오겠다며 1층으로 내려와 허화평 대령에게 이 충격적인 사실을 보고했다.

허화평 대령은 어디로 전화를 걸더니 자신의 권총을 빼서 申 수사관에게 건네주고는 "잘 지키고 있어"라는 말을 남기고 급히 뛰어나갔다. 신동기는 담 하나 사이인 정보부 정동 분실에서 쳐들어올까 싶어 전전긍긍했다. 허화평 대령으로부터 "김재규가 각하 시해범임이 확실하다"는 보고를 받은 전두환 보안사령관은 서빙고 분실로 데리고 가서 조사를 하도록 지시했다.

무장한 호송 병력을 태운 미니버스가 정동 분실에 도착했다. 신동기 수사관은 김재규에게 바지를 입힌 뒤 바지 허리춤을 잡고 버스에 탔다. 수송 도중 이 버스는 잠수교 쪽으로 방향을 잘못 트는 바람에 급히 차를 돌리다 옆으로 쓰러지는 사고가 났다. 차 안에서 잠시 정신을 잃은 신동기가 눈을 떠 보니 김재규는 신 수사관의 얼굴을 깔고 앉은 채 그 역시 정신을 제대로 가누지 못하고 있었다. 그는 김재규의 바지춤을 꼭 잡고 있는 자신을 발견했다.

"아이구, 내가 신 선생을 깔고 앉았네."

"부장님, 괜찮아요?"

차 바깥으로 기어 나온 신동기는 계속 허리띠 없는 바지를 잡고 있기도 뭣했다. 손을 놓으면서 말했다.

"부장님 도망가지 마십시오."

"도망은 무슨 도망, 차나 빨리 세우시오."

거칠게 다루다

金載圭를 태운 버스가 전복사고를 수습하고 보안사 서빙고 수사분실에 도착한 것은 새벽 2시 30분쯤. 김재규는 피의자 복장으로 갈아입었다. 그는 이렇게 말했다고 전해진다.

"내가 각하를 살해했다. 이제 세상은 다 끝났다. 수사관 자네들도 살 궁리를 찾아야 돼."

김재규는 또 정승화 총장도 사건현장에 있었고 같이 차를 타고 육군본부로 왔다고 말했다. 이렇게 되니 수사관들이 동요하는 것이었다. 쿠데타가 진행되고 있다, 내일 아침이면 우리가 反혁명분자로 몰릴지도 모른다는 공포감에 휩싸이는 분위기였다. 이때 李鶴捧(이학봉) 수사과장이 나서서 수사관회의를 소집했다. 李 중령은 이렇게 말했다.

"우리 손에 지금 국가의 흥망이 달려 있다. 목숨을 걸고 수사를 철저히 하여 빨리 김재규의 공모자를 색출해야 한다."

보안사령관 출신이기도 한 김재규를 제대로 조사하려고 하는 수사관이 없었다. 취조실로 들어와서는 "부장님, 부장님"이라고 하면서 말도 제대로 못 붙이는 수사관도 있었다. 이학봉 중령은 김재규를 정동 분실에서 서빙고로 호송해 온 申東基 수사관을 불렀다.

"당신이 데리고 왔으니 책임지고 조사하시오."

키는 작지만 갖가지 무술에 능하고 간이 큰 신동기는 "이왕 어느 쪽으로든 결정을 보아야 할 상황이라서 무식하게 밀어붙였다"는 것이다. 그는 한 달 전 중앙정보부 부설 정보학교에서 여섯 달 과정의 정보교육을 마칠 때 성적이 우수하여 김재규 부장으로부터 상을 받은 적도 있고 호송하는 과정에서 다소 정이 들기도 했었다. 그러나 지금은 안면을 몰수할 때라고 판단했다. 김재규와 공모한 반란부대를 알아내 조치를 취해야 한다는 강박관념이 수사관들을 지배하고 있었다. 이런 긴급한 상황에서 자백을 빨리 받아 내는 방법은 물리력에 호소하는 것이다.

"어이, 김재규! 솔직히 이야기하자. 어느 군부대를 몰고 올 거야? 우리도 알아야 손들고 항복할 것 아닌가."

申 수사관은 이때부터 한 30분간 김재규를 '거칠게' 다루었다. 정보부장 김재규는 살인범으로 전락하고 있었다.

"어느 군단과 결탁했어?"

"없습니다. 단독으로 시해했습니다."

"미국과 손잡았나?"

"아닙니다."

김재규는 철제 의자에 앉았다가 나뒹굴어질 때마다 스스로 의자를 바로 세운 뒤에 자세를 딱 바로잡고 앉아서 다음의 타격을 기다리는 것이었다. 꼭 일본무사 같았다. 비굴한 모습을 보이지 않으려고 애썼다. 모니터 화면을 통해서 그 장면을 지켜보고 있던 이학봉 중령은 김재규가 동원한 부대가 없다고 판단했던지 신 수사관에게 "그만하고 나오라"고 했다. 그 뒤로는 정식 신문이 시작됐다.

육군본부 벙커. 27일 새벽 1시 직전에 헌병감 金晉基(김진기) 준장이 총장실로 오더니 김재규 체포완료 보고를 했다. 鄭 총장은 초조하게 소식을 기다리던 金桂元 실장에게 이 사실을 알려 주었다. 정 총장은 한참 있다가 국무회의 상황을 알아보려고 국방부로 갔다. 복도에서 全斗煥 보안사령관을 만났다. 全 소장은 쪽지에 쓴 메모를 보여 주면서 "김재규가 압송차 안에서 횡설수설한 걸로 보아서 범인이 틀림이 없습니다"라고 말하는 것이었다.

전두환 소장은 "세상에 중정부장이 각하를 시해했다니……"라고 말하면서 어이없어 했다. 정승화 총장은 全 소장으로부터 수사계획을 보고받은 뒤에 노재현 국방장관에게 갔다. "김계원 실장이 각하 시해장소에 김재규와 같이 있었다고 하니 아무래도 연행을 해서 조사를 해야겠습니다"라고 하니 장관도 동의했다. 정 총장은 전두환 소장에게 연행지시를 했다. 그 직후에 김계원 실장이 장관실로 들어왔다. 정 총장은 그의 모습을 보니 도망할 사람은 아니라는 생각이 들었다. 그래서 다시 전 소장에게 "연행하지 말라"고 지시했다는 것이다(정승화 총장의 1979년 11월 1일자 참고인 진술서. 김계원은 이틀 뒤인 29일에 연행되어 구속된다).

이학봉 중령은 이날 아침 김재규에 대한 1차 신문 결과를 수사관들로부터 보고받는다. 수사관들은 시해현장에는 김계원 실장뿐 아니라 정승화 총장도 있었다고 보고하면서 두 사람을 연행 조사해야 한다는 의견을 내놓았다. 이날 오전 11시 이학봉 수사과장은 오희명 과장과 함께 합동수사본부장이 된 전두환 소장에게 수사보고를 한다. 이학봉 중령은 김계원, 정승화 두 사람을 구속하여 수사해야겠다고 건의했다.

"처음엔 (전두환 사령관이) 그렇게 하라고 해서 막 문 쪽으로 걸어가는데 다시 부르더니 '김계원 실장은 구속 수사하라, 그러나 정승화는 어제 계엄사령관이 됐다, 그러니까 함부로 할 수 없다. 지금서부터 극비리에 내사를 더 해 봐라'는 취지로 지시했지요(5·18사건 공판기록)."

李 중령이 전두환 소장에게 정승화 총장에 대한 수사 필요성의 이유로 摘示(적시)한 내용은 이러했다.

"육군총장이 대통령이 돌아갔다는데 아무런 조치를 하지 않았다. 대통령의 시신수습과 범인색출을 한 흔적이 없다. 청와대를 포위시켰는데 그 이유를 알 수가 없다(5·18사건 공판기록)."

이 보고를 받은 전두환 소장은 이렇게 생각했다.

"정보부장, 대통령비서실장, 육군참모총장이 공모한 조직적인 내란이다. 완전한 혁명이 아닌가 생각했습니다. 이런 상태에서 정 총장을 구속하면 배후세력에 의해서 또 다른 내란행위가 일어날 가능성이 있다고 판단하였습니다(5·18사건 공판기록)."

이때 전두환 소장은 정승화 총장이 시해사건 현장 부근에 김재규의 초대로 와 있었다는 이야기를 처음 들은 것이었다. 김재규가 단독범인지 여부가 불투명한 시점에서 전두환 소장과 合搜部 수사관들은 일단 鄭 총장을 공범 용의자로 의심하고 있었다.

정승화 총장이 계엄사령관으로 임명된 지 불과 일곱 시간이 흐른 시점에서 그가 이런 의심을 받고 있었다는 것은 중대한 의미를 지닌다. 전두환 소장이 정권탈취에 대한 야심을 가졌다고 보기 힘든 시점에서 그가 박 대통령 서거 직후 强者로 등장한 계엄사령관을 구속 조사대상자로 보고 있었다는 점은 이미 12·12사건으로 가는 문이 열리고 있었음을 말해 주는 것이다.

崔圭夏 총리의 고민

한편 金載圭를 국방장관실에서 유인하여 체포하도록 했던 趙若來 보좌관은 김재규가 차에 실려 가는 것을 확인한 다음 장관실로 돌아와서 盧載鉉 국방장관에게 보고했다. 盧 장관은 약간의 부연설명을 덧붙여 장관실에 앉아 있던 崔圭夏 총리 등 몇몇 장관들에게 알렸다. 노 장관은 자신의 회고록 초고에서 그 보고를 들은 사람들이 "모두들 놀라는 듯했지만 대충 짐작하고 있었는지 큰 동요는 없었다"고 썼다. 이때가 밤 12시 30분쯤이었다. 이 무렵에는 국방부장관실에 있던 상당수의 장관들이 김재규가 수상하다는 추정에 도달해 있었다는 의미이다.

갑자기 연락을 받고 나온 국무위원들은 국방부 회의실로 모여 들었다. 대통령 서거를 알고 있었던 총리, 국방, 내무, 정보부장, 비서실장은 장관실에 있었다. 회의실에 따로 모여 있었던 국무위원들은 무엇 때문에 국무회의가 소집되었는지조차 모르고 있는 이들이 대부분이었다. 이 날 국방부에 모인 정부요인들 중에는 대통령이 김재규의 총탄에 맞아 죽었다는 사실을 알고 있던 이들과 '대통령이 죽기는 죽었는데' 라고 생각하면서도 그 원인을 모르는 이들, 그리고 '대통령이 입원한 정도의 유고일 것' 이라고 생각하고 있던 이들이 섞여 있었다. 지금 쿠데타가 진행 중이라고 속으로 추측하면서 숨을 죽이고 사태의 趨移(추이)를 지켜보는 이들도 많았다. 시해범인이 김재규라는 보고를 받아 알고 있었던 최규하 총리는 초조하고 침울한 표정이었다. 그 김재규와 계엄령 선포문제를 의논하면서 그의 생각이 어디로 향하고 있었는지, 金聖鎭 문공장관은 이렇게 평했다.

〈최 총리는 매사 신중하고 조심스럽고 책임감이 있는 공직자로서 정평이 나 있었다. 최 총리는 김재규가 대통령을 어딘가에 감금해 놓고 계엄령을 선포하여 자기의 직위를 방패삼아 정권을 탈취하려고 하지 않는가 내심 의심하고 있었다. 다행히도 국무위원들이 김재규에게 따지고 있는 것을 목격하고 최후의 결정을 내려야 할 자신의 입장을 생각하며 신중하게 귀추를 지켜보고 있었다.(〈月刊朝鮮〉 1994년 10월호)〉

군대의 생리를 잘 알고 있었던 지도자였다면 이날의 대처는 달랐을 것이다. 대통령이 서거했다는 보고를 받은 즉시 최규하 총리는 자신이 대통령권한대행으로서 국군통수권자가 됐다는 사실을 자각해야 했었다. 경호실을 비상소집하여 자신의 경호를 강화하는 것이 급선무였다. 이날 최규하 총리와 김계원 실장은 범인인 김재규가 장악하고 있다고 판단되는 육군본부 벙커로 가면서도 경호팀을 부르지 않았다. 무방비 상태로 국가원수가 敵地로 간 셈이었다. 이는 김계원 실장이 李在田 경호실차장에게 '대통령의 서거'를 비밀에 부치고 경호실 병력의 동원을 금지시켰기 때문이었다. 국가원수를 그 중요한 시기에 경호 없이 8시간이나 방치한 것은 우리나라 경호실 역사에 남을 수치라고 말하는 이들도 있다. 반면에 육군본부 벙커와 국방부에서 정보부장 수행비서관 朴興柱 대령은 권총을 차고서, 또 金正燮 차장보는 그림자처럼 김재규를 따라붙어 다니고 있었다. 그래서 김재규를 두려워한 사람들도 많았다.

노재현 국방장관조차 '김재규가 그들에게 눈짓만 해도 지하실에서 무슨 일이 벌어질지 모르는 불안감'을 느꼈다는 것이다. 이날 밤 최 총리 옆에 막강한 경호 병력이 에워싸고 있었다면 그의 태도는 보다 단호해졌을 것이다. 최 총리로서는 국방장관과 내무장관을 불러 범인체포를 명령하는 것이 계엄령을 선포하는 것보다, 또 계엄선포 사유를 유고로 하느냐, 치안사태로 하느냐, 서거로 하느냐로 지루한 말씨름을 전개하는 것보다 더 중요했다.

이날 밤의 혼란상황에서 그래도 중심을 잡아 가면서 대통령 유고 時의 권력승계를 주도했던 이로서는 申鉉碻 부총리, 金致烈 법무장관, 具滋春 내무장관, 金聖鎭 문공장관이 꼽히고 있다. 특히 申 부총리가 중심적 역할을 했다. 국방장관실에서 신 부총리는 유고의 사유를 밝히라고 김재규 부장을 몰아세웠더니 김재규는 "선배님……"이라 부르며 기가 꺾였던 것이다. 최규하 총리에게도 신 부총리는 "우리가 무엇을 근거로 대통령이 유고라고 인정할 수가 있겠습니까?"라고 했다.

"아무도 본 사람이 없지 않습니까. 그래 가지고 어떻게 계엄령을 선포하자는 말입니까?"

이윽고 최규하 총리는 김계원 비서실장에게 말했다.

"김 실장이 각하가 안치된 곳을 알 터이니 거기로 안내하시오."

崔 총리, 신현확 부총리, 노재현 국방장관, 구자춘 내무장관, 김성진 문공장관은 김계원 실장을 앞세우고 국군서울지구병원으로 향했다. 이들을 태운 승용차가 중앙청 앞에 도착하니 야간통행금지 때 쳐 놓는 바리케이드를 군경 합동 근무자들이 치워 주었다. 시계는 27일로 넘어와서 오전 1시를 넘고 있었다.

병원에 도착한 총리 일행은 작은 방으로 안내됐다. 김성진 장관은 치료용 침대 위에 누워 있는 사람이 대통령이 아니기를 바랐다. 머리부터 발끝까지 하얀 천으로 덮어씌워져 있었다. 모두들 그 앞에서 얼어붙은 사람들처럼 不動자세로 숨을 죽인 채 서 있었다. 한참 그렇게 서 있다가 누가 시킨 것도 아닌데 서로 약속이나 한 듯 고개를 다 같이 숙였다. 김병수 원장이 머리를 덮은 하얀 시트를 걷었다. 대통령의 얼굴은 깨끗이 씻었기 때문인 듯 상처가 보이지 않고 잠든 듯했다. 얼굴은 약간 부어 있을 뿐이었다. 최 총리 일행은 김 병원장의 안내로 옆방으로 옮겼다. 김 원장은 엑스레이 사진 필름을 갖고 와서 총상과 彈道(탄도)를 설명했다. 노재현 국방장관은 병원을 나서면서 보안사 李相淵(이상연) 대령에게 박 대통령의 시신을 감시하고 있던 柳成玉(유성옥), 徐永俊(서영준) 두 사람을 연행하라고 지시했다.

총리 일행이 국방부로 돌아와서 국무회의를 열기 전에 장관실에 들렀다. 장관실에는 軍 장성들이 많이 모여 있었다. 먼저 金鍾煥(김종환) 합참의장, 柳炳賢 연합사 부사령관이 물었다.

"박 대통령이 돌아가셨으니 지금 우리 국군의 통수권자는 누구입니까?"

잠시 침묵이 흘렀다. 김성진 장관이 나서서 단호하게 말했다.

"헌법에 의하면 대통령 유고시는 국무총리가 대통령의 권한을 대행하게 되어 있습니다. 그러니까 앞으로 국군통수권자는 국무총리이십니다."

누군가가 헌법을 찾아서 확인해 보자고 제의했다. 책장에서 헌법을 찾으려고 해도 보이지가 않았다. 모두가 긴장하고 있어서 제목에 '육법전서'가 아닌 '헌법'이란 단어가 있는 책을 뒤졌기 때문이었다.

대통령 有故!

새벽 2시 국방부회의실. 국무회의가 정식으로 열렸다. 崔圭夏 총리가 몇 마디를 꺼내는데 申鉉碻 부총리가 나섰다.

"조금만 계십시오. 제가 이야기하겠습니다."

신 부총리는 목을 가다듬더니 다음과 같이 말을 이어 갔다.

"박 대통령께서 서거하셨습니다. 우리가 직접 병원에 가서 확인하고 왔습니다. 그 사고의 내용은 앞으로 상세하게 밝혀지겠지만 이 사실을 전제로 하고 국가위기의 수습방안을 의논해야겠습니다. 우리 헌법은 통치권자의 공석이 있을 때의 승계 순위를 명문으로 규정하고 있습니다. 그 규정에 의하면 국무총리가 승계하도록 되어 있습니다. 따라서 崔圭夏 국무총리께서 지금부터 대통령 권한대행이 되셨으니 이 점을 국무회의에서 확인하고 넘어가야겠습니다."

신현확 부총리의 사회로 국무회의는 27일 새벽 4시를 기해서 제주도를 제외한 전국에 비상계엄령을 선포하기로 의결하고 계엄사령관에는

鄭昇和 육군참모총장을 임명했다.

제주도를 제외하기로 한 것은 盧載鉉 국방장관의 제안에 따른 것이었다. 전국계엄이 되어 버리면 정부의 모든 행정기관이 계엄사령관의 지시를 받고 계엄사령관은 대통령의 명령만 받게 된다. 자칫 軍政이 되기 쉽다. 제주도를 제외한 부분계엄이 되면 계엄사령관은 국방장관의 통제를 받도록 되어 있다. 정승화 총장은 자신의 회고록《12·12사건, 정승화는 말한다》에서 이렇게 쓰고 있다.

〈나는 '국방장관이 계엄에 간여하고 싶은가 보다' 라고 생각했다. 나는 盧 국방과는 허물이 없는 데다가 가급적 법적 테두리 내에서 질서를 찾고 국가를 안정시켜야겠다는 생각이 앞서서 부분비상계엄을 순순히 받아들였다. 그때 내가 전국일원의 비상계엄을 요구했더라도 반대할 사람은 아무도 없을 분위기였다.〉

이에 대해 노재현은 "제주도를 제외하고 계엄령을 선포키로 한 것은 최규하 총리의 생각을 따른 것이었다"고 말한다. 최 총리는 군을 잘 모르기 때문에 노재현 장관을 통해서 계엄사령부를 지휘하고 싶어했다는 것이다. 육군본부는 비상계엄을 선포할 경우에 취할 조치에 대해서 세부 계획서를 작성하여 오래전부터 갖고 있었다. 정승화 총장은 그것을 갖고 와서 우선 포고문 1호를 낭독하고 의견을 구했다. 朴瓚鉉(박찬현) 문교부장관이 말했다.

"고등학교까지는 휴교시킬 필요가 없지 않습니까?"

정 총장도 동의하여 대학교만 휴교하기로 했다. 金致烈 법무장관이 질문을 던졌다.

"일체의 정치활동을 정지시킨다면 국회활동도 포함됩니까?"

鄭 총장은 계엄령에 대한 인준을 국회로부터 받아야 한다는 생각이 들어서 "국회활동은 보장하되 옥외 집회를 비롯한 모든 정치활동은 허가하지 않겠습니다"라고 했다.

김치열 장관은 거듭 국회의 활동이 보장되어야 계엄령에 대한 사후 인준이 이루어질 수 있다는 점을 강조했다. 정승화 총장은 金 장관이 '혁명적 성격의 계엄이 아님'을 강조하고 싶어하는 것으로 이해했다. 정승화 총장은 유신체제의 심장이 멈춘 지 불과 8시간이 흐른 시점에서 이미 권력의 중심이 자신을 포함한 군부로 옮겨 오고 있음을 느끼고 있었다.

그는 회고록에서 "나는 일체 더 이상의 발언을 하지 않고 묵묵히 국무위원들의 뒤에 앉아 그들의 이야기에 귀를 기울여 듣고만 있었다. 내가 나서면 장관들이 군을 의식하고 발언을 제대로 못하는 등 위축될 염려가 있었기 때문이다"라고 썼다. 全斗煥 장군의 신군부가 政權을 잡을 수 있었던 것은 이 10·27 비상계엄조치에 의해서 권력의 축이 이미 군부로 이동해 있었기 때문이다. 이는 강력한 지도자가 사라진 진공 상태에서 계엄령이 펴지면 비록 그것이 합헌적 계엄이라 하더라도 자연스럽게 군부가 권력의 중심부에 들어앉게 된다는 교훈과 경고를 주고 있다.

국무회의는 새벽 3시가 넘어서 끝이 났다. 장관들은 뿔뿔이 흩어지기 시작했다. 발표를 책임진 김성진 문공부장관은 차를 타고도 가만히 있었다. 운전기사가 "어디로 갈까요?"라고 물을 때까지. 허무와 긴장······ 김 장관 스스로도 어디로 가야 할지 모르는 것처럼 느껴졌다.

"중앙청으로 가자."

중앙청 앞에서 내리니 새벽 공기가 유달리 썰렁하게 감촉됐다. 그 길로 기자실로 갔다. 아무도 없었다. 그 위층에 있는 국무회의실로 걸어 올라가 아무 의자에나 털썩 주저앉았다. 어떤 생각도 들지 않았다. 그런데 얼굴에서는 눈물줄기가 흘러내리고 있었다. 朴 대통령이란 사람이 참으로 가엾게 느껴졌다.

'한평생을 궂은일로 勞心焦思(노심초사)만 하고 보답은커녕 비판과 비난만 받았던 인생이 아닌가. 시골 뼈대 있는 집안의 엄한 가부장처럼 국민을 대했건만 아비의 속마음을 모르는 자식들에게 背恩忘德(배은망덕)한 꼴을 당하고 말았구나.'

김 장관은 청와대 대변인 시절 언젠가 대통령의 致辭(치사)를 초잡을 때 '나는 이미 이 나라 민주제단에 나의 몸과 마음을 바친 지 오래다' 라고 썼다가 표현이 좀 지나치다고 생각되어 빼 버린 일이 있었다. 그 생각과 함께 전날 당진 송신소 중계소 준공식장에서 보았던 대통령의 불길한 모습이 떠올랐다. 이런저런 想念에 잠겨 있는데 통행금지 해제시간이 가까워 오고 있었다. 그는 급히 기자실로 내려갔다. 아무도 없었다. 벽에 걸린 흑판 위에 발표내용을 쓰기 시작했다.

'임시국무회의 발표. 79년 10월 26일 23시에 긴급히 소집된 임시국무회의는 대통령의 유고……'

이렇게 써 내려가는 金 장관의 등 뒤에서 인기척이 났다. 돌아보니 〈조선일보〉 정치부 金明珪(김명규) 기자가 뛰어 들어오고 있었다. 이때가 새벽 4시 10분. 몇 마디 이야기하고 있는데 기자들이 순식간에 모여 들었다. 김 장관은 흑판에 써 내려가던 발표문을 기자들 앞에서 읽어 내려갔다. 발표 도중에 눈물을 보인 김 장관은 부끄러운 생각이 들어 발표를 끝내자 곧장 기자실을 빠져나와서 승용차에 올랐다. 갑자기 집안 식구들이 보고 싶어졌다.

집에서 찬물을 한 잔 들이킨 김 장관은 총리공관으로 달려갔다. 최규하 대통령권한대행이 丁一權(정일권), 白斗鎭(백두진), 白南檍(백남억), 金鍾泌, 朴浚圭 등 여당 원로들에게 대통령의 서거를 알리고 있었다. 자세한 설명은 金桂元 실장더러 하도록 했다. 김 실장은 아직 마음의 안정을 찾지 못한 듯 앞뒤가 가끔 어긋나는 말을 했다.

"김재규가 차지철을 겨누고 쏘았는데 그것이……."

정일권 前 국회의장이 "그러면 각하께서 유탄에 맞았단 뜻인가?" 하고 묻기도 했다. 설명이 끝나자 그들은 모두 고개를 떨구고 총총히 공관을 떠났다. 그 모습을 바라보면서 김성진은 이런 생각에 빠졌다.

'혁명정치가 박정희의 시대는 이미 끝났구나. 그의 정치적 遺志(유지)를 이어갈 사람은 저 속에는 없다. 먼 훗날에 소박했으나마 그가 가졌던 민족주의 정신을 이어받을 사람들은 반드시 나올 것이다.'

美8군의 벙커

10월 26일 밤 주한미군과 주한 미국대사관의 동향을 살펴본다. 당시 주한 미8군 사령관이자 유엔군사령관이며 韓美聯合司(한미연합사)사령관이기도 했던 위컴 대장은 지휘관회의에 참석차 미국에 가 있었다. 연합사사령관을 대리하고 있었던 이는 柳炳賢 연합사부사령관이었다. 유 대장은 美8군 식당에서 저녁식사를 하고 있다가 정승화 총장의 연락을 받고 육군본부 벙커로 갔다.

여기서 金載圭가 미국에 대한 보안을 강조하기에 유병현 대장은 이렇게 말했다.

"서울의 특성상 내일 아침에는 시민들이 대통령서거를 알게 될 것입니다. 이렇게 되면 김일성이도 알게 되는데 우리가 미국보다 먼저 김일성이에게 알려 주는 꼴이 되지 않습니까?"

김재규는 말이 없었다. 유병현 대장은 연합사 사령관을 대리하는 입장에서 우선 전화로 참모장 에반 W. 로젠크렌스 공군중장을 불렀다. 柳 대장은 연합사 주요 참모들의 비상소집을 지시했다. 그리고는 연합사작전차장 李敏永 소장에게 근무체제를 작전상황실 체제로 변경하고 비상대기하도록 지시했다. 유병현 대장은 이날 여러 번 연합사 벙커와 육본 벙커 및 국방부 사이를 오고 갔다. 밤 10시 30분을 넘어서 정부요인들이 국방부장관실로 옮겼을 때 유병현 대장은 최규하 총리에게 이렇게 보고했다.

"우선 미 본국과 협조하여 데프콘(방위태세) 쓰리(3)를 발령하도록 하겠습니다. 그 발령의 근거로서 대통령의 유고사실을 알려 주겠습니다. 미7함대를 한국작전수역으로 끌어오도록 요청하겠습니다. 조기경보기와 오키나와에 있는 미군병력의 한국증파를 요청하겠습니다. 기타 사항은 조치를 취하면서 보완하겠습니다. 이의가 있으십니까?"

최규하 총리와 함께 있던 徐鐘喆(서종철) 안보특보가 "유 장군, 빨리 내려가서 조치해 주시오"라고 했다. 유병현 대장은 최규하 총리에게 경례를 붙이고 연합사로 향했다. 연합사 벙커에는 로젠크렌스 참모장, 미8군사령관 정치담당보좌관 제임스 H. 하우스먼, 미 CIA 서울지부장 로버트 G. 브루스터가 나와 있었다. 유병현 대장은 "대통령이 군통수권을 행사할 수 없게 됐다"고 참모장에게 말했다.

"지금 대한민국의 국무회의가 소집되어 대책을 논의하고 있다. 군은 내각의 결정을 지지하고 있다."

참모장은 "한시적인 유고인가?"라고 물었다. 유병현 대장은 "나는 그렇게 생각하지 않는다"고 했다. 유고의 내용은 사망이란 사실을 간접화법으로 인정한 것이었다. 유병현 대장이 주재한 회의는 銅板(동판)으로 밀폐된 방에서 진행됐다. 미군은 1급 비밀을 의논하고 통화할 때는 도청방지를 위해서 이런 방 안에서 하도록 규정하고 있었다. 유병현 장군과 미군 측은 대통령 유고의 '有故'를 영어로 어떻게 표현하느냐를 가지고 고민하다가 'Incapacitated(기능정지)'라고 하기로 했다.

유병현 대장은 미국 측에게 우선 사태진전을 보고하기로 했다. 동판실에서 미국합참 상황실(일명 미군사령본부=National Military Command Center)을 불렀다. 이 상황실은 미국 국방부건물, 즉 펜타곤의 지하실에 있었다. 유병현 연합사부사령관은 미 합참 작전국장을 전화에 나오게 했다. 이 전화는 미8군사령관을 지냈고 그때는 육군참모차장으로 가 있던 베시 대장과 태평양지구사령관에게도 연결되어 일종의 전화 회담같이 됐다. 柳 대장은 미리 초안을 잡아 둔 대로 미국정부가 취해 주었으면 하는 요점들을 유창한 영어로 불러 주었다.

베시 대장은 유병현 대장과는 함께 한미연합사 창설 공동위원장으로 일한 적이 있었다. 베시 대장은 "유 장군이 이때 거기에 있어 안심이 됩니다"라고 말했다. 유 대장은 한국 측에서 공식발표가 있고 나서 한 시간 뒤에 미국의 조치사항을 발표해 달라고 요청했다. 이것은 외국에서 정변이 일어났을 때 미국정부가 너무 일찍 태도를 밝혀 미국정보기관이 개입됐다는 오해를 산 적이 있었기 때문이다.

미 합참상황실은 朴正熙 유고라는 이 특급정보를 즉시 백악관 지하실에 있는 상황실에 보고했다. 상황실에서는 이 정보를 카터 대통령에게 전화로 통보했다. 그때 카터는 오하이오주의 우주비행사출신 상원의원 글렌과 요담하고 있었다. 카터는 '박정희 유고'를 글렌 의원에게 알렸다. 글렌은 요담이 끝나고 나와서는 기자들에게 이 정보를 전했다. '박정희 유고' 기사가 우리 정부의 공식발표 이전에 미국에서 먼저 보도되어 국내로 들어온 이유가 이것이다.

유병현 대장은 미 국무부의 협조를 받으려면 주한 미국대사를 통해서 사태를 보고할 필요가 있다는 판단을 했다. 이에 따라서 우선 참모장 로젠크렌스 중장에게 국무부가 발표해 줄 성명서 요지를 구술시켰다. 이런 종류의 문서는 글라이스틴 대사를 통해서 보고하여야 한다. 유 대장은 참모장을 시켜서 글라이스틴 대사 집으로 전화를 하게 했다. 이때가 자정 무렵. 그때까지도 대사는 아무것도 모르고 있었다. 글라이스틴 대사는 자신이 직접 승용차를 몰고 대사실로 나와서 도청방지장치가 되어 있는 통신실에서 국무부로 긴급전문을 쳤다. 최근 비밀이 해제된 미국 측 문서를 읽어 보아도 미군과 미 대사관이 이날 유 장군이 전해 준 정보에 거의 전적으로 의존하고 있었음을 알 수 있다.

미 국무부가 한국사태에 대한 성명을 발표한 것은 미국언론이 글렌 의원의 말을 인용하여 '박정희 유고'를 보도하기 시작한 직후인 한국시각 27일 새벽 4시 30분이었다. 金聖鎭 문공부장관이 대통령 유고를 발표하고 이것이 새벽 5시부터 국내방송을 통해서 전해지기 30분 전이었다. 이 성명에서 미국정부는 '우리는 이 사태를 한국 국내문제로 간주한다'면서 '관련 당사자들의 신중한 태도를 희망한다'고 했다. 이 성명서는 또 '한국사태를 이용하려고 드는 외부세력의 기도에 대해서는 한국과의 조약상 의무에 따라 강력하게 대처할 것이다' 라고 천명했다.

27일 새벽 6시 글라이스틴 대사는 국무부에 보낸 긴급전문에서 '유병현 연합사부사령관은 최규하 대통령권한대행이 내각과 군부의 지지를 받고 있음을 통보해 왔다. 유 장군은 문관에 의한 군부통제를 보장하기 위하여 제주도를 제외하고 계엄령을 편 것이라고 설명했다' 고 보고했다. 이날 오전 9시에 글라이스틴이 미 국무부에 보낸 電文도 '유병현 장군이 알려 준 대통령의 죽음에 대한 설명' 으로 채워졌다. 유병현 장군은 '이것은 군사쿠데타가 아니며 군부는 내키지 않으면서도 사태를 장악해야 하는 입장에 서게 됐다' 는 점을 강조했다는 것이다. 글라이스틴은 "유병현 장군은 우리와 상대하는 데 있어서 매우 협조적이고 솔직했다"고 보고하면서 "유 장군은 문민통치의 지속을 특별히 강조했다"고 알렸다.

글라이스틴 대사는 27일 아침 8시에는 총리공관으로 찾아가서 최규하 대통령권한대행을 만났다. 대사는 그 대화 내용을 국무부로 보고했다. 대사는 이 전문에서 "최규하 권한대행은 갑자기 자신에게 부과된 짐의 무게 때문에 걱정을 많이 하고 있었다"면서 "지금까지 만났거나 만날 한국의 고관들에 대해서는 이번 기회를 이용하여 지난 수개월 동안 이 나라에서 가해졌던 정치적 상처를 치유하도록 권고할 계획이다"고 보고했다. 최규하 대통령은 글라이스틴 대사에게 "국방장관과 3군 참모총장들을 포함한 군부 전체가 단합되어 있고 정부를 지지하고 있다"고 말했다고 한다. 글라이스틴 대사는 또 "나는 자정에 모종의 사건이 일어났다는 통보를 받았고 새벽 2시 무렵에는 사건의 내용을 알게 됐다"면서 "사태 진전 상황을 우리에게 알려준 데 대하여 감사를 표시했다"고 전문에서 밝혔다.

글라이스틴의 '올 것이 왔구나'

글라이스틴 駐韓 미국대사는 박 대통령의 죽음 소식을 처음 들었을 때 "군사쿠데타에 의해서 살해되었으리라는 판단을 했다"고 국무부에 보고했다(10월 28일자 전문).

〈나는 본국에서 귀임한 날로부터 박정희의 죽음에 이르는 며칠간 한국정부 내의 여러 요인들로부터 대통령이 잘못된 결정을 하고 있으며, 듣기 좋은 말만 하는 참모들에게만 귀를 기울이고 있다는 비판을 많이 듣게 됐다. 그래서 이 사건소식을 접하자 즉각적으로 군사쿠데타라고 생각했었는데 공모자의 흔적이 보이지 않아 이 판단을 바꾸게 됐다. 나는 대통령 주변에 있는 사람들이 김재규의 지도에 따라서 대통령을 제거하고 권력구조는 그대로 유지하면서 고분고분한 후계자를 선정하려는 계획을 세웠을 가능성이 더 높다고 생각한다. 김재규는 박 대통령의 강경책이 공화국을 위기에 빠뜨리고 있다고 판단한 여러 사람들 중의 한 사람일지도 모른다.〉

이 전문을 읽고 있으면 글라이스틴 대사가 이런 종류의 사태를 예상하고 있었다는 느낌을 받는다. 27일 아침 글라이스틴이 요청하여 대사관에서 맨 처음 만난 한국 측 장성은 합참전략기획국장 孫章來(손장래)(그 뒤 안기부 해외담당차장) 소장이었다. 손 소장은 자주국방건설사업의 군내 실무책임자였다. 거의 매월 한두 번꼴로 대통령에게 사업진도를 보고하던 그는 글라이스틴 대사도 만나고 있었다. 글라이스틴 대사는 孫 장군을 통해서 자주국방에 대한 미국 측의 우려를 대통령에게 전달하려는 목적이 있었다. 이날 孫 장군은 글라이스틴 대사가 '올 것이 왔다'는 자세로 담담하게 상황을 받아들이고 있다는 인상을 받았다. 대사는 이 사태를 혁명적 상황(Revolution), 또는 민주화를 위한 발전적 상황(Evolution)으로 해석하고 있었다. 손 장군은 박정희의 서거에는 미국의 정치적 작용이 영향을 주었으리라는 생각을 지금도 갖고 있는 사람이다. 1977년 청와대에서 열린 주한미군 철수에 대비한 여당 · 정부 합동연석회의에서 대비책을 보고했던 손 장군에 따르면, 철군반대시위를 조직하자는 말이 나오자 박 대통령은 이렇게 말했다.

"우리는 이번 기회를 전화위복의 계기로 삼아 자주국방을 건설하고 한미관계를 근본적으로 재정립해야 한다. 국가의 체통에 맞지 않는 일을 해선 안 된다."

박정희가 말한 '한미관계의 재정립'은 미국과의 대등한, 자주적인 국가관계를 의미한다. 이는 우리 민족사에서 金庾信(김유신)이 對唐결전으로써 통일신라의 자주와 독립을 지킨 이후 한 번도 시도해 본 적이 없는 강대국에 대한 도전이었다. 李承晩의 對美 자주노선은 외교력을 바탕으로 한 것이지만 박정희의 자주노선은 국방력 건설을 근거로 시도된 것이라는 근본적인 차이점이 있다.

카터가 하려는 대로 주한미군이 빠지고 한국이 자주국방을 기반으로 한 독자노선을 추구한다는 것은 미국의 國益에 엄청난 타격을 주는 것이었다. 미국은 주한미군 4만 명을 주둔시킴으로써 예비군을 포함하면 300만이 넘는, 잘 훈련된 한국군에 대한 작전 지휘권을 갖고 있었다. 이 막강한 군사력은 미국이 소련과 대결하는 세계전략에 있어서 유럽의 나토(NATO=북대서양조약기구) 군사력과 쌍벽을 이루는 중요한 수단이었다. 카터의 주한미군철수 정책에 의하여 가속도가 붙게 된 박정희의 자주국방 정책은 미국의 세계전략에 있어서 중대한 수단 하나를 없애는 일이었다. 미국 군부는 카터의 주한미군철수 정책을 취소시키기 위해서 약 3년간 끈질긴 노력을 한다. 미국정보기관은 그동안의 북한 戰力이 엄청 과소평가됐다는 보고서를 냈다.

베시 미8군사령관은 김재규 부장에게 주한미군철수에 따른 방위력 보완협상을 할 때 이런저런 것을 요구하라고 가르쳐 주기도 했다. 한국 측이 요구하는 보완예산이 너무 많아 차라리 주한미군을 그대로 두는 것이 경제적으로는 유리하다는 판단을 카터가 내리도록 하기 위해서 한국 측을 이용한 것이다. 주한미군철수 정책을 카터가 포기한 것은 박정희의 반대 때문이라기보다는 미국 군부, 정보기관, 재향군인회, 군수 산업체, 공화당의 반대 때문이었다.

1979년 6월 말에 있었던 카터와 박정희의 만남은 '박정희의 정치적 약화 또는 권력으로부터의 배제'를 미국정부의 의지로써 굳히는 계기가 됐다는 해석도 있다. 미국 측이, 박정희의 당돌한 인물됨과 그의 자주국방 의지가 견고한 것임을 확인하게 되었기 때문이다. 그 직후 포항에 내려온 박정희는 포철회장 朴泰俊에게 말했다.

"내가 카터에게 자주국방 정책을 양해해 달라고 말했더니 화를 내고 나가 버렸는데 아무래도 심상치 않아. 나도 각오해야겠어."

미국은 박정희를 막다른 골목으로 몰기 위해 동원할 수 있는 수단을 국내에 많이 갖고 있었다. 야당, 학생 등 민주화세력에 대한 지원과 비호, 김재규 등 박정희 측근에 대한 설득 작업, 주한미군을 이용한 한국군 수뇌부 설득, 미국언론을 활용한 인권문제 거론. '박정희가 저런 식으로 자주국방 정책을 추진하면 위험해질 것이다'고 하는 암시를 여러 번 받았다는 한국군의 한 핵심인사는 "특히 김재규는 글라이스틴 대사, 브루스터 CIA지부장, 위컴 사령관의 집중적인 공략대상이었다"고 말했다.

"글라이스틴 대사는 나에게 박정희의 후계자 문제를 거론하기도 했고, 지나가는 말처럼 '김재규는 우리 말을 잘 알아듣는다' 고 말하기도 했습니다. 그들은 김재규에게 구체적으로 대통령을 암살하라는 사주를 할 만큼 순진하지 않습니다. 김재규가 대통령을 제거하고 집권을 하면 적어도 미국이 반대는 하지 않을 것이라는 심증 정도는 갖도록 만들었을 수도 있습니다."

박 대통령이 사망하자마자 崔圭夏 정부는 유신헌법 개정을 선언하고 정승화 계엄사령관은 유신을 비판하게 된다. 이것은 박정희 주변부터가 이미 한국적 민주주의가 아닌 미국적 자유민주주의 논리에 설득되어 있었다는 점을 암시하는 것이다.

여기서 문제는 김재규에 대한 글라이스틴, 브루스터(CIA 서울지부장)의 설득 작전이 '박정희 거세' 라는 목적을 가지고 추진되었느냐 하는 점이다. 글라이스틴 대사가 김재규의 범행소식을 접하고는 즉각적으로 '군사쿠데타' 라고 생각했고, '김재규가 대통령 주변 인물들을 이끌고 쿠데타를 일으킨 뒤 기존의 권력구조는 유지한 채 후계자를 고른다는 계획을 추진했을 것이다' 라고 서둘러 짐작하고 있는 것은 무엇을 뜻하는가. 김재규가 1979년 11월 8일 合搜部에서 진술한 집권구상은 이러했다.

"육군총장을 설득 또는 협박하여 혁명위원회를 발족시키고 의장에는 본인이, 부의장에는 국무총리를 임명한 뒤 현 정부의 기존조직을 최대로 활용하고 본인은 대통령에 출마하여……."

김재규 구상과 글라이스틴의 선입견, 그 사이의 類似性(유사성)은 단순히 우연의 일치인가. 혹은 김재규가 쿠데타를 한다면 이런 식으로 할 것이라는 정도의 개략적인 파악이 이미 되어 있었다는 이야기인가.

全斗煥의 등장

글라이스틴 대사는 국무부로 보낸 10월 28일자 電文에서 또 이런 요지로 언급했다.

〈지난 18일 박 대통령을 마지막으로 만났을 때 그 자신도 강경책의 효용성을 의심하고 있는 것 같았다. 한국 국민들의 대다수는 지금 다소 완화된 유신체제를 원하고 있는데 이것이 파당적이고 무모하며 공격적인 정치인들 속에서 실현될지는 의문이다. 몇 사람들을 박정희의 후계자로 상정할 수 있다. 김종필이 집권하면 그는 상황을 확실하게 장악할 수 있겠고 정일권은 분권화된 권력구조를 조정하는 역할을 할 것이다. 이후 락도 지지 세력을 모으는 노력을 해 보겠지만 그는 너무 많은 미움을 받고 있다. 김대중, 김영삼도 참여할 수 있는 직접선거가 이루어질 가능성은 거의 없다.

야당은 곧 도저히 성취할 수도 없는 수준의 민주화를 요구하고 나올 것이다. 그들이 너무 빨리 또 너무 세게 민주화를 요구하고 나오면 상황이 극한적인 대결과 혼란, 그리고 불가측성으로 회귀할 가능성이 높다. 지금 군대는 오래간만에 좋은 일을 하고 있는 것 같지만 불투명한 상황에서 경쟁이 격화되면 고전적인 형태의 쿠데타가 일어날 가능성도 있다. 새로운 권력의 균형이 언제 이루어질지를 예상하기는 힘들다.

군부는 임시적으로 崔圭夏가 계속해서 대통령직을 수행하기를 바라고 있으며 집단지도체제로 권력을 유지하기를 원하고 있는 것 같다. 벌써 나를 찾아오는 장군들, 반체제 인사들, 정치적 기회주의자들이 많은데 이들은 미국의 도움을 빌려 자신들의 私益을 추구하려고 할 것이다. 1979년의 한국은 우리가 협박하여 민정이양으로 유도할 수 있었던 1960년대의 박 정권이 아니다. 우리가 권력구조의 개혁을 너무 서둘러 한국정부에 압력을 넣다가는 反美감정의 폭발을 부를 것이다.〉

10·26사건 이후의 한국정세를 분석한 글라이스틴 대사의 이 보고전문을 읽고 있으면 대사는 한국 야당의 수권 능력을 아주 낮추어보고 있음을 알 수 있다. 다수 국민들의 요구는 '유신체제의 부정'이 아닌 '유신체제의 완화' 정도인데 강경 야당이 성취도 할 수 없는 수준의 민주화를 요구하고 나서서 파국을 부를 가능성이 있다는 대사의 예상을 그 뒤의 전개과정과 비교하여 보면 매우 흥미롭다. 순진한 한국인들은 미국이 민주화세력을 지원하여 박정희를 몰아세우는 것을 보고는 미국이 야당의 집권을 바란다고 생각했을 것이다. 미국이 한국의 민주화를 지원한 것은 한국에 대한 慈善이 아니라 자신들의 國益에 맞기 때문이었다. 박정희가 죽은 것을 계기로 삼아 미국은 한국의 자주노선을 저지할 수 있게 됐다. 그들은 미국에 대들지 않는 안정되고 온순한 정권이 나타나도록 공작할 때이지 국정 능력이 검증되지 않은 민주화세력을 집권시킬 때가 아니라고 판단하고 있었다. 미국이 한국에 대해서 갖고 있던 국익의 우선순위표에서 민주화는 한참 아래쪽에 있었다. 미국이 당시에는 권력기반이 전혀 없었던 丁一權, 李厚洛을 후계자 그룹에 포함시킨 것은 親美的 성향이 강한 두 사람이 집권했으면 좋겠다는 희망 섞인 관측이었을 것이다.

글라이스틴 대사는 조문특사로 한국을 방문할 사이러스 밴스 국무장관에게 보고한 전문에서 박정희를 냉철하게 평가했다.

〈한국 역사에서 박 대통령이 차지할 위치는 확고하다. 최근에 와서 정권의 정통성이 약화되긴 했지만 대부분의 한국인들은 그를 한국 근대화의 아버지로 추앙하고 있으며, 분단과 전란과 빈곤으로 신음하던 사람들에게 눈부신 경제 발전과 자부심을 가져다 준 지도자로 보고 있다. 농촌 출신인 그는 농민들을 위한 애정을 한시도 잊지 않았다. 물론 그는 사교성 있는 성격의 소유자는 아니었다. 국민들에게 무엇이 최선인지는 내가 가장 잘 안다는 식의 자신만만함은 그의 모델이었던 일본 명치유신 시절의 영향이었다. 지금은 그의 위대한 성취에 대해서 경의를 표하면서 다른 해결책을 요구하는 미래에 대비할 때이다.〉

祖國인 미국의 강대한 힘을 배경으로 삼아 그렇게도 朴正熙를 몰아세우면서 민주화세력을 비호해 왔던 글라이스틴 대사가 죽은 박정희에게 바친 이 최고의 찬사와 한국의 민주 투사들에 대한 경멸 섞인 의구심은 무엇을 말하는가.

미국정부는 민주화세력의 反박정희 투쟁을 지원하고 이용하면서도 속으로는 '완화된 유신체제 정도의 통치'가 한국사회 수준에 적합하다는 판단을 하고 있다. 결과적으로 미국은 全斗煥 정권을 그런 '완화된 유신체제'로 보게 된다. 미국은 전두환의 집권과정에서는 견제를 하는 체함으로써 애를 태우게 한 뒤에 자주국방 정책의 포기 같은 여러 가지 국익을 챙기는 것이다.

10월 26일 밤 궁정동의 총성은 이 나라를 지탱하고 있는 것같이 보였던 한 巨木을 쓰러뜨렸다. 약 8시간 계속된 권력의 공백을 메우고 들어

간 것은 최규하의 대통령직 승계, 그리고 鄭昇和 계엄사령관의 등장이
었다. 이 두 사람은 법에 정해진 대로 권한을 잡은 것이지 권력 그 자체
를 장악한 것은 아니었다. 난세에 법은 권력 앞에서 고개를 숙인다. 崔,
鄭 두 사람은 이날 밤 각자의 권위에 큰 손상을 받았다.

대통령권한대행이 된 최규하는 김재규가 시해범이란 사실을 알고도
애매하게 행동했다는 비판을 받게 되며, 계엄사령관이 된 정승화는 시해
사건 현장 가까이에 김재규의 초대로 가 있었다는 사실로 인해 숱한 음
모설과 의구심의 대상이 된다. '권력=권한+권위' 란 공식을 적용한다면
두 사람은 권위는 없고 권한만 있는 반쪽의 권력을 가진 데 불과했다.

곧 나머지 반쪽을 쥐게 될 전두환 보안사령관이 10월 26일 저녁 7시
30분쯤 서울 연희동 집을 나섰을 때 그는 이 나라의 권력서열에서는 아
마도 50위 안에도 들기 어려운 형편에 있었을 것이다. 김재규의 정보부
는 보안사의 對民정보수집업무를 폐지시켰고 車智澈의 경호실은 전두
환 사령관이 대통령에 접근하는 길을 거의 봉쇄하고 있었다. 1979년 3
월 노재현 국방장관은 1사단장으로 나간 지 1년 남짓한 전두환 소장을 2
군사령관으로 승진해 나가는 陳鍾珠(진종채) 장군의 후임으로 보안사령
관직에 천거했다. 그 이유는 5·16 때부터 박 대통령의 신임이 두터운
全 장군이 차지철의 군에 대한 개입을 견제해 줄 것이라 기대했기 때문
이었다. 전두환의 보안사를 격동기의 무대로 불러낸 최초의 사건은 부
마사태였다. 10월 18일 0시를 기해서 부산에 계엄령이 펴지자 부산지역
계엄사 산하에 부산지구 보안부대를 중심으로 한 합동수사단이 설치되
었으나 정보부 부산 분실의 위세에 눌려서 주도적 역할을 하지는 못했
다. 전두환 보안사령관은 부산에 계엄령이 펴진 10월 18일 새벽에 부

산지역을 시찰하러 내려갔다. 부산 지구 보안부대장은 權正達(권정달) 대령. 全 소장은 權 대령을 만난 뒤 崔錫元(최석원) 부산시장을 찾아갔다. 마침 그때 김재규 부장이 시장실에 들어가 있었다. 전두환 소장은 시장을 만나지도 못하고 서울로 돌아갔다. 전두환 사령관은 許和平(허화평) 비서실장을 책임자로 지정하여 시국수습방안을 담은 중요보고서를 작성하도록 했다. 이 보고서를 청와대로 올리면 차지철 경호실장을 거칠 게 뻔한 일이었다. 이 보고서에는 경호실장의 군에 대한 개입에 문제를 제기하는 것을 포함하여 혁신적인 시국수습 건의가 들어 있었다. 全 소장은 대통령 친척을 통해서 10월 29일로 대통령 단독면담 일정을 받아 놓았다. 10월 26일 저녁 연희동을 떠난 피아트132형 승용차에는 앞자리에 전속부관 孫杉秀(손삼수) 중위, 뒷자리에는 전두환 부부가 타고 있었다. 사과 두 궤짝을 싣고 서빙고 수사분실로 위문을 가는 중이었다. 全 소장이 불쑥 "손 중위, 권총 차고 왔나"라고 했다. 손 중위는 "예"라고 하면서 허리에 차고 있던 무전기를 켰다.

정보부 기능 정지

1979년 10월 26일 저녁 8시를 조금 넘어 全斗煥 보안사령관을 태운 피아트132가 육군본부 정문 앞을 지나 크라운 호텔 건너편에 이르러 우회전으로 들어가는데 무전기에서 육성이 나왔다.

"사령부로 전화하라. 사령부로 전화하라."

보안사령관 비서실 당번이었다. 조심하는 듯한 목소리였다. 全 소장은 차를 타이어 부품상 앞에 멈추게 했다. 전속부관 孫杉秀 중위가 급히 뛰어내려 전화를 좀 쓰자고 했더니 주인은 "안 된다"고 했다. 호주머니를 뒤져 2,000원을 던져 주고 전화번호를 돌렸다.

"청와대 전경환 씨가 사령관님을 찾아서 급히 전화해 달라는 부탁을 했습니다."

손 중위는 사령관의 동생이자 청와대 경호계장인 全敬煥(전경환) 앞으로 전화를 했다. 전화를 받은 사람이 허둥대는 분위기가 감지됐다. 全 계장은 전화에 나오지 않았다. 全 사령관은 서빙고 분실에 도착하자마자 "상황실로 전화해서 전방 상황을 물어보라"고 했다. 보안사 상황장교는 아무 이상이 없다고 했다. 이때 보안사 비서실에서 전화가 걸려 왔다. 盧載鉉 국방장관이 "전 장군을 찾아 빨리 육군본부 벙커로 나오도록 하라"고 했다는 전갈이었다. 전두환은 움직이지 않았다. 孫 부관이 보기에는 군의 保安 관련 정보책임자로서 상황을 파악한 뒤에 상관을 만나야 한다는 생각을 하는 것 같았다.

"경호실장에게 전화 대라!"

孫 부관은 경호실장 부관에게 전화를 걸었다. 실장 부관은 전화를 받더니 기다리라고 한 뒤 수화기를 놓고는 그만이었다. 몇 분을 기다려도 응답이 없었다.

"그만 전화 끊고 경호실 상황실장 대라!"

鄭東鎬(정동호) 상황실장은 하나회 회원이었다. 그도 사무실에 없었다. 전화를 받은 사람은 굉장히 당황하고 있었다. 孫 부관이 물었다.

"그 안이 지금 바쁘지요?"

"예, 바쁩니다."

"안의 일입니까. 바깥일입니까?"

"안의 일입니다."

이 통화내용을 전두환 사령관에게 보고했다. 全 사령관은 아내 李順子(이순자)를 피아트에 태워 집으로 보낸 뒤였으므로 자신의 승용차를 부르게 했다. 그러고는 노재현 장관에게 전화를 걸었다. "지금 사복차림인데 괜찮겠습니까"라고 물었다. 노 국방은 "옷차림 신경 쓰지 말고 바로 육군본부 벙커로 오라"고 했다. 全 사령관이 도요타 크라운을 타고 육본 벙커에 도착한 것은 저녁 9시쯤이었다. 그는 육군보안부대장 卞奎秀(변규수) 준장의 안내를 받아 벙커 안으로 들어갔다. 총장실에 金載圭가 李熺性(이희성) 육군참모차장, 尹子重(윤자중) 공군참모총장, 노재현 장관들과 함께 앉아 있는 것이 보였다. 손삼수 부관은 하얀 형광등 불빛 아래 앉아 있는 김재규가 살벌하게도, 고독하게도 느껴졌다. 손 부관은 수행원들이 모여 있는 옆방에서 육사 선배인 정보부장 수행비서관 朴興柱 대령을 만났다. 손 중위가 "무슨 일이 있습니까?"라고 물었다.

"나도 모르겠어."

"청와대 내부에서 이상이 생긴 것 아닙니까?"

"모르겠어."

朴 대령은 긴장된 표정에 말하기 귀찮다는 투였다. 이때 全 사령관이 복도로 나왔다. 따라오는 변규수 육본 보안부대장에게 말했다.

"내 차에 지금 경호차 붙일 수 있나?"

"지금은 곤란합니다."

"알았어. 지금 내가 나갔다는 사실을 보안에 붙여."

보안사로 달리는 차중에서 전두환 사령관은 "비서실장, 보안처장, 대공처장을 대기시켜라"고 손 중위에게 지시했다. 보안사에 도착한 전두환에게 禹國一 참모장이 와서 "코드 원이 서거하셨고 시신은 지금 국군 서울지구병원에 있다"고 보고했다. 禹 참모장은 "전경환 계장이 여러 번 전화를 했다"고 말한 뒤에 이렇게 덧붙였다.

"경호실로 가시지 말고 육군본부로 가시는 게 좋겠습니다."

우 참모장도 당시의 많은 고관들처럼 車智澈이 쿠데타를 일으켰다는 판단을 했다. 그는 "전 사령관이 차지철과 통화를 하면 인간관계 때문에 영향을 받을까 해서 전화를 걸지 않도록 건의했다. 전 장군도 그때는 차지철을 의심했을 것이다"고 회고했다. 전두환은 군복으로 갈아입고 다시 육본으로 출발했다. 승용차가 경복궁 앞 동십자각 앞을 지날 때 전 사령관은 백미러를 보더니 "야, 경호병이 안 탔잖아!"라고 했다. 경호차가 서둘러 사령관 차를 뒤쫓는다고 경호병들을 태우지 않고 출발한 것이었다. 손 중위는 사령관 차에서 내려 뒤로 뛰어가 경호차 운전병에게 "빨리 경호병을 태우고 오라"고 소리쳤다. 자정 직전에 전 사령관은 金晉基 육군 헌병감과 함께 鄭昇和 총장에게 불려 가서 김재규를 체포하라는 지시를 받는다. 鄭 총장은 김재규가 대통령 시해범이란 말은 하지 않았다. 이때 全 사령관은 이미 대통령의 시신이 보안사 옆 軍병원에 안치되어 있다는 것을 알고 있었으므로 정 총장의 지시는 김재규를 시해범으로 체포하라는 뜻이라고 이해하고 있었다.

전두환은 이날 밤 직속상관인 노재현 장관에게는 대통령의 시신이 안치된 장소에 대해서 보고를 하지 않았다. 노재현 장관은 27일 새벽 1시 직전에 김계원 실장과 함께 병원으로 출발할 때 비로소 대통령의 시신 안치장소를 알았다고 한다. 전두환은 이날 국방부 보안부대장실과 육본 보안부대장실을 지휘소로 삼고 긴급상황에 대처했다. 국방부에서 열린 비상국무회의가 비상계엄령을 선포하기로 의결한 뒤에 전두환 사령관은 보안사로 돌아왔다. 全 사령관은 우국일 참모장에게 중요한 지시를 내린다.

"정보부, 검찰, 치안책임자를 아침에 소집하시오. 중앙정보부 국장급 이상 간부들을 전원 연행 조사하시오. 그리고 포고령을 통해서 중앙정보부의 기능을 정지시키시오."

계엄사 합동수사본부장 전두환 소장은 이 나라의 權府(권부)를 지켜온 정보수사기관을 보안사가 완전히 장악하는 것을 신호로 하여 역사의 무대에 轟音(굉음)을 내면서 등장하게 된 것이다.

괴물의 탄생

역사에는 가끔 사소하게 보여서 아무도 눈치 채지 못했던 일이 지나고 보면 역사의 물줄기를 바꾸는 결정적인 轉機(전기)였음을 알게 되는 경우가 있다. 27일 오전 계엄사령부가 발표한 계엄공고 제5호는 합동수사본부의 설치를 알렸다. 이 설치의 법적인 근거는 계엄법 제11조였다.

"비상계엄의 선포와 동시에 계엄사령관은 계엄지역 내의 모든 행정사무와 사법사무를 관장한다."

비상계엄은 사실상 계엄사령관에게 비상대권을 주는 것이므로 '전쟁 또는 전쟁에 준하는 사변에 있어서의 적의 포위공격으로 인하여 사회질서가 극도로 교란된 지역'에 선포하도록 그 요건을 엄격하게 규정하고 있다. 10·26사건은 이 요건에 해당하지 않는다. 군 병력의 도움을 빌리지 않고서 검찰이나 경찰력으로 충분히 수사할 수 있었던 살인사건에 불과했다. 그런데도 이날 밤 아무도 비상계엄령 선포의 부당성을 제기하지 않았다. 계엄선포 요건을 엄격하게 지키지 않고 계엄령을 펴게 되면 군부가 합법적으로 정권을 잡게 된다는 중대한 교훈을 주는 것이 10 · 26사건이다.

이 계엄은 1964년 6 · 3사태(한일회담 반대시위) 때, 그리고 1972년 10월 17일 유신선포 때 폈던 계엄과는 성격이 완전히 달랐다. 앞의 두 계엄은 朴 대통령이 정권을 철통같이 장악하고 있을 때였고 더구나 정보부의 권력이 막강하여 효과적으로 계엄사령부를 견제하고 있었다. 10 · 26계엄은 대통령, 경호실, 정보부가 무력화된 상황에서 선포된 계엄이었기 때문에 계엄사가 유일한 권력의 중심이 되게끔 되어 있었다.

보안사 법무관 朴俊洸(박준광) 소령은 26일 밤 11시쯤 집에서 텔레비전을 보고 있다가 비상소집 연락을 받았다. 군복으로 갈아입을 시간도 없어 사복 그대로 보안사로 달렸다. 대공처장 南雄鍾(남웅종) 준장이 "법전을 가지고 육군본부로 가자"고 했다. 육본 입구에서 국방부에서 나오던 전두환 사령관과 만났다. 그들은 함께 육군본부 별관 1층에 있는 보안부대 사무실로 들어갔다. 전 사령관은 부대장 방에 들어가더니 박 소령에게 지시했다. 그 요지는 이러했다.

"비상계엄령을 선포하는데 합동수사본부를 설치한다. 그 기능과 조직을 만들라. 먼저 정보부 기능을 정지시켜라. 모든 정보수사기관에 대한 조정 감독 업무를 합수본부가 가지도록 하라. 특히 정보부가 예산을 마음대로 못 쓰도록 통제하라."

이때 박 소령의 머리에는 미리 들어 있는 게 있었다. 그해 여름 을지연습을 할 때 느닷없이 全 사령관이 그를 부르더니 "계엄 관련법에 대해서 한번 브리핑을 해 봐"라고 했다.

박 소령이 조사를 해 보니 합동수사본부에 대해서는 어느 법에도 규정이 없고 국방부에 계엄 시행계획으로서 2급 비밀로 분류된 '충무계획 1200'이 유지되고 있는 것을 알게 됐다. 이 계획에 '합동수사본부를 설치할 수 있다'는 단 한 줄의 규정이 있을 뿐이었다. 全 사령관은 그 보고를 받더니 "충무계획의 규정을 근거로 하여 보안사의 의견을 종합하여 보라"고 했다. 박 소령은 합동수사본부의 구성이나 기능 등에 대한 보안사의 의견을 모아서 계획서를 만들어 갖고 있었다. 10월 18일 부산에 비상계엄령이 터졌을 때 박 소령은 전두환 사령관을 수행하여 현지에 내려갔는데 이때 그 계획서를 가지고 갔다. 부산에서 합동수사단을 만들어 한번 연습을 해 본 셈이었다. 박 소령은 이런 경험만 참고하여 이날 밤 육본 보안부대에서 합동수사본부의 기능과 조직에 대한 起案(기안)을 했다. 그 핵심은 합동수사본부를 계엄사령관 직속으로 두고 정보부, 검찰, 경찰, 헌병, 군검찰 등 모든 수사정보기관을 조정, 감독케 한다는 것이었다. 이 조정 감독 권한은 원래 정보부가 가지고 있으면서 다른 기관을 통제하는 데 이용했다. 전두환 사령관은 이 조항에 따른 통제를 정보부로부터 받아본 경험을 잊지 않고 있다가 정보부가 무력화된 틈을 타서 기민하게 이 핵심적 권한을 잡아채 간 것이었다. 박 소령은 이 기안을 작은 보고용 책자로 만들어서 새벽에 전두환 사령관에게 올렸다. 전두환은 鄭昇和 계엄사령관에게 이 자료를 가지고 가서 결재를 맡고 27일 오전에 계엄공고 5호를 통해서 발표했다. 이 공고는 서울에는 합동수사본부를 두고 지방의 계엄사무소에는 합동수사단을 두도록 했다. 합동수사단장에는 그 지역의 보안부대장이 자동적으로 취임하게 됐다.

대령인 보안부대장이 그 지방의 검사장까지 지휘하에 놓게 됐다.

이날부터 전국이 前代未聞(전대미문)의 권력을 가진 합수본부 치하에 들어간 셈이었다. 정승화 총장은 자신의 결심으로 탄생한 합동수사본부가 결국은 자신을 무력화시키는 괴물로 변하게 될 것이라는 점을 그날 밤에는 인식하지 못했을 것이다. 우선 합수본부가 총장 직속으로 되어 버렸으므로 누구도 헌병감이나 군 검찰을 이용하여 이 괴물을 견제할 수가 없게 됐다. 예컨대 치안처장은 육군헌병감이 맡게 되었는데 헌병이 합동수사본부의 영향권 안에 들어가 버렸으므로 실질적인 견제수단이 약화됐다. 12·12사건 때 정승화 총장 연행에 동원되었던 합수본부측 요원 중에는 헌병감의 두 직속부하가 포함되어 있었다. 정 총장이 합수본부를 견제하려면 정보부를 통하는 수밖에 없었는데, 포고령 5호가 발표되자마자 보안사 崔禮燮(최예섭) 기획처장이 정보부 감독관으로 부임하여 사실상 이 기구를 접수해 버렸다. 며칠 뒤에 李熺性(이희성) 육군참모차장이 정보부장 서리로 임명되었으나 그는 보안사의 개입을 차단하지 못했다. 보안사에서 정보부에 보존되어 있던 정보자료들을 가져가고 정보부 간부들을 연행하여 조사하는 것도 막지 못했다.

10·26사건은 내란사태도 아니고 시위사태도 아니었다. 군대가 진압작전에 동원되는 계엄이었다면 실권은 실병부대장을 지휘하는 계엄사령관에게 있었을 것이다. 10·26사건은 본질적으로 살인사건이었다. 계엄업무의 핵심도 모두 이 수사와 관련이 있었다. 자연히 실권은 수사권을 쥔 전두환의 합수본부로 쏠리게 되어 있었다. 더구나 그 합수본부장이 계엄사령관을 구속수사 대상자로 보고 있는 상황이었다. 전두환 사령관이 막강한 합수본부 설치 기안을 명령한 것은 아직도 김재규가 체포되기

전이었다. 전두환은 정부기관에서는 가장 먼저인 초저녁에 벌써 대통령이 시해되어 병원에 안치되어 있다는 정보를 확인한 사람이었다. 全 장군은 혼미한 상황에서 정확한 정보수집을 통해서 신속한 판단을 내리고 주인을 잃은 권력을 낚아챌 수 있는 고삐를 바로 잡아 버린 것이었다. 그는 권력의 본질을 본능적으로 파악하고 있는 이였다.

27일 오전 8시 30분 전두환 합수본부장은 尹鎰均(윤일균) 정보부 해외담당차장, 全在德 국내담당차장, 吳鐸根(오탁근) 검찰총장, 孫達用(손달용) 치안본부장을 보안사 2층 사령관 접견실로 불렀다. 상석에 앉은 전두환은 입을 열었다.

"대통령 각하께서 서거하셨습니다. 범인은 중앙정보붑니다."

全 장군은 박준광 소령을 통해서 각 기관의 업무지침을 일방적으로 통보했다. 특히 중앙정보부는 "앞으로 일체의 예산을 집행해서는 안 된다. 다만 합수본부의 허가를 받으면 집행할 수 있다"고 못을 박았다. 전 본부장은 또 "앞으로 모든 정보 보고는 오후 5시, 오전 8시에 합수부에 제출하라"고 지시했다. "정보부는 전재덕 차장이 당분간 장악하라"고 지시했다가 선임자가 해외담당차장임을 알고는 수정했다. 박준광 소령(현재 변호사)은 全 장군이 과거의 실력자들을 앞에 두고 좌중을 제압하면서 상황을 간단하게 장악하는 것을 보고 깜짝 놀랐다. 사람이 갑자기 커 보이는 것이었다.

申才順

巨木이 예고 없이 쓰러질 때는 땅이 흔들리고 먼지가 자욱하게 솟아난다. 그 근처에 있다가 먼지를 뒤집어쓰기도 하고 나무둥지에 깔려 죽기도 한다. 巨艦(거함)이 침몰할 때 함께 深淵(심연)으로 빨려 들어가는 사람들처럼 역사의 소용돌이는 우연히 거기에 있었다는 이유만으로 '작은 사람들'의 운명을 바꾸어 놓는다. 그들의 모습을 들여다볼 때이다.

1979년 10월 26일 저녁 7시 45분쯤 궁정동 정보부 安家의 안방. 申才順(신재순)은 가슴관통상을 당해 등으로 피를 쏟아내고 있던 박정희를 안고 앉아 있었다. 한 손으로는 대통령의 등에서 나오는 피를 막고 있었고 다른 손으로는 가슴을 받치고 있었다.

이 자세에서 신 양은 김재규가 권총을 대통령의 머리에 갖다 대는 것까지 보았다. 그 순간 '대통령을 쏜 다음에는 나를 쏘겠구나' 하는 생각이 들었다. 대통령으로부터 몸을 뺀 신재순은 실내 화장실로 뛰었다. 등 뒤로 총성을 들으면서 화장실로 뛰어들어 간 신재순은 문을 잠그고도 문 손잡이를 꼭 쥐고 있었다. 대통령은 심수봉이 앉았던 방석 위로 쓰러져 머리가 방석에 닿았다. 이 때문에 이 방석은 피로 범벅이 됐다. 화장실에서 신재순은 어디 도망갈 데가 없는가 하고 두리번거렸다. 창문이 하나 높게 나 있긴 했으나 쇠창살이 붙어 있었다. 신재순은 혹시나 해서 거기까지 손을 뻗쳐 보았다. 그때 신재순의 손에는 대통령의 피가 흠뻑 묻어 있었다. 신재순이 만지는 대로 이 피가 창가와 벽에 칠해졌다. 어차피 탈출이 불가능하다는 것을 확인하니 다소 마음이 편해졌다. 주위도 조용해졌다. 이때다 싶어 문을 살그머니 열고 나오니 김계원 비서실장의 목소리부터 들렸다.

"업어. 조심하고, 잘 모셔."

어둠침침한 불빛 아래서 김 실장은 대통령을 들쳐 멘 사람을 따라 나가고 있었다. 방문 쪽에 차지철이 하늘을 보고 쓰러져 있었다. 문갑은 모로 넘어져 있었다. 차지철은 "남 군, 남 군"이라고 불렀다. 방을 나가고 있던 식당관리인 남효주를 부른 것이었다. 차지철은 손을 움직이면서 말했다. 남효주와 신재순이 차지철의 손을 잡고 부축하여 일으키려고 했다.

"일어나세요."

신재순이 재촉했다. 차지철은 힘을 써 보다가 포기하는 눈빛으로 말했다.

"난 못 일어날 것 같애……."

그러고는 다시 쓰러져 신음을 내고 있었다.

신재순은 "지금도 그 마지막 눈빛을 잊을 수가 없다"고 했다. 신재순이 보기에는 그날 밤 차지철은 김재규를 일부러 자극하여 약을 올리는 듯했다. 그래도 신 양은 차 실장을 고맙게 생각했을 때가 있었다. 대기실에서 면접을 할 때 신 양이 "술을 못한다"고 하니까 차지철은 "옆에 깡통을 갖다 놓을 테니까 거기에 부어 버려라"고 했던 것이다.

남효주는 신재순을 끌다시피하여 데리고 나가서 안방과 마루 하나를 사이에 둔 부속실로 들여 보냈다.

"문을 꼭 잠그고 있어!"

그 길로 남효주는 지하실로 피신했다. 군검찰의 참고인 신문에서 남효주는 "그때는 도대체 어떻게 돌아가는 상황인지를 몰랐고 본인도 저격당하지 않을까 하여 피신하였습니다"라고 말했다.

신재순이 부속실로 들어가니 먼저 온 심수봉이 오들오들 떨고 있었다. 입술이 창백했다. 이 방에 숨어 있으면서 신, 심 두 사람은 "안방에서 신음하는 소리를 들었다"고 법정에서 진술했다. 두 사람은 그 뒤 6, 7발의 총성을 들었다. 이는 경비원 김태원의 소위 확인사살 때 난 것이었다.

바로 옆에 붙어 있는 경비원 대기실에서 "다 죽었어?" "예, 다 확인했습니다"라고 하는 소리도 들렸다. 심수봉은 법정에서 "이 총성 후에도 안방에서 신음이 들렸다"고 말했다. 신재순은 겁을 집어먹고 있는 沈守峰에게 "야, 지네들끼리 짜고 저러는 것 아니야?"라고 했다. 현장에서 받은 느낌이 꼭 김계원과 김재규가 짜고 그러는 것 같았기 때문에 그 말을 했다는 것이다. 신재순은 "간첩들이 아닌가"하는 엉뚱한 생각도 했다. 그녀는 경호원대기실에 두고 온 핸드백이 걱정이 됐다. 그 안에는 주민등록증이 있기 때문에 범인이 주소를 알아내 집에까지 쫓아와서 죽이면 어쩌나 하는 걱정이 생겼다. 핸드백을 가져 오려고 문을 빠끔히 여는데 밖에서 누군가가 소리쳤다. "야! 들어가, 들어가! 문 닫고 가만히 있어!"

간이 큰 신재순은 한참 있다가 다시 문을 열고 대기실로 들어갔다. 화약 냄새가 진동하고 있었다. 대기실 문을 들어서니 시체 하나가 가로질러 쓰러져 있었다. 정인형 경호처장이었다. 징검다리를 건너듯이 뛰어넘어 안쪽으로 들어가니 또 시체가 머리를 안쪽으로 두고 넘어져 있었다. 안재송 부처장이었다.

의자 위에 놓아 두었던 자신의 핸드백과 심수봉의 핸드백까지를 집어서 나오는데 켜져 있는 컬러 텔레비전에 눈이 갔다. AFKN 미군방송이었다. 흑백방송만 보았던 신재순은 신기해서 다시 한 번 눈길을 주고는 사잇방으로 돌아왔다. 그때 검은 전화기가 울렸다. 다이얼은 없는 받기만 하는 전화였다. 신재순은 저걸 받아야 하나 말아야 하나 망설이다 수화기를 들었다.

"여기 청와대 경호실인데요, 그쪽에서 총성이 났는데 무슨 일인지 확인해 줄 수 있습니까?"

신재순은 심수봉을 향해서 "야, 뭐라 그럴까. 무조건 모른다고 그러자"고 속삭이더니 "몰라요"라고 하면서 끊었다. 여러 번 전화가 걸려 왔으나 "모른다"란 대답만 했다. 한두 시간쯤 지났을까 박선호 과장이 구세주처럼 들어오더니 "나오라"고 했다. 두 사람은 나동을 나와서 길을 건너 경비원 대기실이 있는 가동으로 따라갔다. 신재순은 시원한 가을 밤공기를 마시니 '아! 이 자유, 지옥이 따로 없구나' 하는 생각이 절로 났다. 박 과장은 두 여인을 대기실에서 기다리게 했다. 여기서 신재순은 손에 묻은 박정희의 피를 씻어 냈다. 30분쯤 뒤 박 과장은 상의 안 호주머니에서 봉투 두 개를 꺼내더니 신, 심 두 사람에게 하나씩 주었다. 20만 원씩 수표가 들어 있었다. 그러고는 "오늘 있었던 일은 일절 발설하지 말라"면서 집에 가라고 하는 게 아닌가. 이 순간 국방부 장관실에 있던 김재규의 구상에 따르면 두 여인은 감금해 두어야 하는 것으로 되어 있었다. 그러나 김재규는 그런 지시를 박선호에게 내리지 않고 있었다. 박선호는 식당차 운전사 김용남에게 두 여자를 내자호텔까지 데려다 주라고 지시했다. 김용남은 주방에서 어깨에 총상을 당한 뒤 응급처치를 하고 들어온 직후였다. 그가 도저히 운전을 못하겠다고 했더니 朴 과장은 남효주를 불렀다. 남효주가 코티나 승용차를 운전하여 5분도 걸리지 않는 내자호텔까지 태워다 주었다. 거기에 심수봉은 차를 세워 두었던 것이다. 심수봉은 차에 오르자마자 우황청심환 하나를 꺼내더니 반쪽을 떼 내어 신재순에게 건네주었다. 그러고는 나이를 따져 언니·동생 관계를 맺었다. 신재순은 진짜 언니가 살고 있는 반포 주공아파트로 갔다.

"너 그거, 피 아니야?!"

문을 열고 나온 언니가 소리쳤다. 원피스의 아랫부분이 주홍색으로 염색된 듯했다. 동생을 끌어들인 언니는 겁에 질린 목소리로 말했다.

"너 지금 제 정신이니? 가서 거울을 좀 봐라. 공동묘지에서 나온 귀신 같다."

金泰元

악몽에 시달린 申才順은 아침에 일어나 박정희 등판에서 쏟아진 피가 묻은 원피스를 빨았다. 선혈은 시커멓게 변해 있었고, 잘 지워지지 않았다. 내다 버릴까 하다가 朴鍾和의 소설 《금삼의 피》가 생각났다. 옷을 베란다에 널고 소파에 앉아 박선호의 마지막 말을 떠올렸다.

"오늘 일은 우리가 찾을 때까지 아무한테도 발설하지 마시오!"

라디오를 켰다. 신재순은 뉴스를 듣고는 더 큰 고민에 빠졌다. 정부 발표라는 게 '김재규 부장이 차지철 실장과 싸우다가 잘못 쏜 총탄에 각하가 서거했다'는 게 아닌가. 김재규가 거짓말을 하고 있다고 판단한 신재순은 그렇지 않아도 활달한 성격에 혼자서만 진실을 간직하고 있자니 답답하기만 했다. 성당에 가서 고해성사나 할까 망설이면서 그날을 보내고 나니 다음 날부터 제대로 발표가 이루어지고 있었다. 그 사이 합수본부 수사관들은 신재순을 찾아서 서울을 뒤지고 있었다.

박정희는 그의 죽음을 정확히 기억할 수 있는 최후의 목격자를 가졌다는 점에서는 행운이었다. 이 신재순 씨가 미국 로스앤젤레스에서 살다가 일시 귀국하였을 때 그녀를 만나 박정희의 마지막 모습을 다시 한 번 들어 보았다.

"그날 밤 대통령께서는 좀 취하셨던 것 같아요. 하지만 몸을 가누지 못한다든지 말이 헛나온다든지 하는 정도는 아니었습니다. 인자한 아버지 같았어요. 처음에는 긴장했는데 식탁에 놓인 반찬을 보니 마음이 놓였어요. 대통령이면 굉장할 줄 알았는데 너무 평범해서……. 특별한 반찬이라면 꿀에 재운 인삼 한 가지였습니다. 대통령은 조용하면서도 씩씩하고 절도가 있는 분이란 느낌이었습니다. 피를 쏟으시면서도 '난 괜찮아'란 말을 또박또박 했으니까요. 그분의 마지막은 체념한 모습이었는데 허무적이라기보다는 해탈한 모습 같았다 할까요. 총을 맞기 전에는 '뭣들 하는 거야!' 하고 화를 내셨지만 총을 맞고서는 그 현실을 받아들이겠다는 자세였어요. 어차피 일은 벌어졌으니까요."

1979년 10월 26일 저녁 7시 50분쯤 정보부장 의전과장이자 궁정동 시설 관리책임자인 朴善浩는 金載圭가 鄭昇和 육군참모총장과 함께 차를 타고 떠나는 것을 확인한 다음 길을 건너 경비원 대기실이 있는 가棟으로 갔다. 김재규가 버린 것을 주워 바지 호주머니에 넣어 두었던 32구경 권총을 대기실 책상 위에 올려놓았다. 경비원들이 숨을 죽이고 그를 주시하고 있었다. 박선호는 그때까지 신고 있던 슬리퍼를 구두로 갈아 신으면서 경비원들에게 "무장들 다 했나?"라고 했다. 10여 명의 경비원들은 일제히 "예! 다 했습니다!"라고 복창했다.

"음, 됐어!"

박선호는 2층에 있는 자신의 사무실로 올라갔다. 한 3분 있다가 내려온 朴 과장은 경비원들에게 말했다.

"청와대에서 경호원들이 몰려오면 쏴 버려."

말은 강하게 했지만 박선호는 "떨리는 가슴에 경호원이 필요하여 동작이 빠르고 믿음직한 김태원이를 불러 무장하고 따라오게 했다(합수부 1차 자필진술서)"는 것이다. 경비원 金泰元(당시 32세)은 그때 가棟의 출입문에서 경비를 서고 있었다. 그는 박 과장이 바깥으로 나설 때 문을 열어 주었다. 과장은 몇 걸음 나섰다가 되돌아서면서 "자네 따라와"라고 했다. 이 한마디로 아내, 네 살바기 아들, 한 살짜리 딸을 두고 있었던 김태원의 운명이 결정되어 버린다. 나棟 정문까지 갈 동안 朴 과장은 아무 말도 하지 않았다. 정문에 도착하니 李基柱가 김태원에게 "정문경비를 좀 서고 있으라"고 하더니 박 과장을 따라가는 것이었다. 이기주는 과장에게 金桂元 실장이 부상당한 대통령을 차에 싣고 병원으로 갔다고 보고했다. 쿠데타를 하는 데 있어서 절대적인 保安 대상인 대통령이 현장을 떠났는데도 박선호는 아무런 조치를 취하지 않았다. 김재규로부터 일언반구 지시나 지침을 받아 놓지 않았기 때문이었다.

"안은 어때?"

박 과장은 경호실장과 네 명의 경호원이 피격되어 쓰러져 있는 건물 안을 가리키면서 물었다.

"부상당한 것 같습니다."

"안에 들어가 꿈틀거리는 놈이 있으면 깨끗이 정리해."

위의 대화는 박선호의 진술에 기초한 것인데 이기주는 과장이 김태원에게 '정리'를 지시했다는 것이다.

〈박 과장은 혼잣말로 중얼거리더니 '김태원이한테 안에 들어가 전부 깨끗하게 쏴 죽여 버리라고 해'라고 하기에 그 즉시 부근에 있던 김태원

이에게 과장의 지시를 그대로 전달했습니다.〉(군검찰 1차 진술서)

이기주가 정문으로 달려와서 과장의 지시를 전달하는 것을 들은 김태원은 겁에 질린 말투로 이렇게 이야기했다.

"저 안에 무서워서 어떻게 들어갑니까?"

"무섭기는 무엇이 무서워요."

"할아버지와 부장님은 어떻게 되었습니까?"

"피신하셨어요."

"그래도 무서워서 혼자서는 못 들어가겠어요."

"나도 한 번도 들어가 본 적이 없는데 같이 갑시다."

이후의 전개에 대해서 김태원은 이틀 뒤(28일)에 합수부에서 작성한 자필진술서에서 이렇게 적고 있다.

"이기주가 앞서서 경호원 대기실로 들어가기에 따라 들어갔습니다. 문 입구에서 텔레비전 앞에 엎어져 있는 사람(기자 注: 안재송)에게 한 발을 쏘았습니다. 그리고 탁자 앞에 엎어져 있는 사람(정인형)에게 한 발을 쏜 후 명중되지 않은 것 같아 다시 한 발을 쏘았습니다. 이기주가 마루 쪽을 가리키면서 '저쪽에도 있다'고 해서 인공연못 쪽으로 가다가 안방 미닫이 문 앞쪽에서 '음……' 하는 신음소리가 들려 마루 중앙에서 돌아서서 하늘을 보고 누워 있는 뚱뚱한 사람(차지철)의 복부를 향하여 한 발을 쏘았습니다. 한 발을 쏘고 나니 왼쪽 팔이 움직이는 것 같아서 다시 한 발을 쏘았습니다. 주방으로 들어가면서 먼저 조리대 앞에 엎어져 있는 사람(김용섭, 경호원)의 등판을 향해서 한 발을 쏘았습니다. 그러고 나서 옆을 보니 식당차 운전사 김용남, 조리사 김일선, 이정오가 엎드려 있었습니다."

金勇南은 조금 전 朴興柱, 李基柱, 柳成玉이 주방 안을 향해서 일제 사격을 할 때 오른쪽 어깨에 관통상을 입고 그 자리에 엎드렸다. 옆에 쓰러져 있던 김용섭 경호원은 "살려줘, 살려줘" 하면서 신음하고 있었다. 김용남은 쓰러진 상태에서 총성이 가깝게 들려오는 것을 감지하고 있었다. 바로 옆에서 "꽝" 하는 총성이 나더니 귀가 멍멍해졌다. 김용남은 '이제는 내 차례구나' 하는 생각이 들었다.

확인사살의 의문

주방에서 엎어져 있는 金鏞燮 경호원의 등판을 향해서 한 발을 쏜 정보부 경비원 金泰元은 앞을 보니 "경호원(기자 注: 朴相範)이 쓰러져 있는 옆에 중정직원인 金勇南 씨가 쪼그리고 있었다(상고이유서)." 金泰元은 "경호원을 잘못 쏘면 김용남 씨가 맞을 것 같아서" 쏘지 않고 "김 형 일어나시오"라고 했다. 식당차 운전사 金勇南은 오른쪽 어깨에 관통상을 당했는데 일어서면서 "태원이구나. 이제야 살았다"고 했다. 金泰元이 물었다.

"도대체 어떻게 된 일입니까?"

"나도 모르겠어."

"그러면 김 형, 여기 잠깐만 엎드려 있으시오."

金泰元은 나棟 정문으로 가서 경비원관리책임자 李基柱에게 물었다.

"저 안에 우리 직원들이 있는데 데리고 나와야겠지요?"

"그래야지요."

주방으로 돌아온 김태원은 김용남과 요리사 金日先을 데리고 나왔다.

이때 한구석에서 쓰러져 있던 요리사 李正五가 소리쳤다.

"나 좀 부축해 주시오. 총 맞았어요."

허리를 스치는 총상을 당한 이정오는 제미니 승용차로 옮겨져 한 시간 남짓 뒷자리에 누웠다가 이화여대 부속병원으로 실려 갔다.

정보부 소속 직원들과 뒤섞여 쓰러져 있었던 것이 朴相範 경호원을 살린 한 要因이었다. 그는 오른쪽 허리띠로 들어가 엉덩이로 관통한 총상을 입고는 기절한 상태였다. 총상은 관통상이었는데도 자연적으로 止血이 됐다. 박상범은 27일 새벽에 현장을 장악하러 온 合搜部 수사관들이 시체들 사이를 뒤지는 도중에 발견되어 국군서울지구병원으로 실려 갔다. 그는 이 병원에서 정신이 깨어났다. 대통령의 사망에 대해서는 全斗煥 합수본부장이 문병을 와서 알려 주었다.

박상범의 옷을 조사해 보니 暗殺組(암살조)에서 쏜 총알이 한 발은 웃옷 왼쪽 호주머니를 뚫고 지나갔다. 다른 한 발은 바지의 오른쪽 호주머니를 스치고 지나갔다.

이 박상범 경호원은 1974년 8월 15일 국립극장 陸英修 여사 저격사건 때도 현장에 있었다. 무대 뒤의 비상통로를 지키고 있었는데 관객석에서 탕하는 소리가 났다. 커튼을 젖히고 내다보니 관객석의 통로로 한 사나이가 달려 나오는 것이 보였다. 그는 연설대 뒤로 몸을 낮춘 朴 대통령 곁으로 달려갔다. 대통령은 "박 군, 우리 내자 어떻게 됐나"라고 했다. 박 경호원은 머리만 옆으로 기운 陸 여사가 무사하다고 판단하여 "별일 없으신 것 같습니다"라고 답했다.

박상범은 육영수 여사 암살 사건 뒤에도 대통령 근접경호를 계속했다. 만취한 대통령을 업어서 모시기도 했다. 박 대통령은 "이 세상에서 제일 편한 것은 업히는 것이지"라고 했다. 대통령은 업고 가는 그의 뒤통수에 꿀밤을 주면서 "요놈아, 요놈아"라고 했다. 박상범은 17명의 정부요인이 피살된 1983년 아웅산 폭파 사건 때도 전두환 대통령을 수행, 경호했으나 무사했다. 그는 金泳三 대통령의 초대 경호실장을 거쳐 보훈처장을 역임했다.

박상범이 살아난 여러 이유가 있겠지만 김태원이 적극적으로 확인사살을 할 생각이 없었다는 것이 결정적이라고 보아야 할 것이다. 김태원은 지금 자신이 누구 편에 서서 총질을 하고 있는지를 확실히 인식하지도 못하고 무서운 과장의 명령이라고 하니 그냥 따른 것으로 이해된다. 육군과학수사연구소 법의과장 鄭相愚(정상우) 소령의 시체검안서를 보면 김태원의 심리를 어느 정도 읽을 수가 있다. 김태원이 맨 처음 쏘았던 安載松(안재송) 경호부처장의 경우, 엉덩이에 맞은 것으로 밝혀졌다. 현장검증 사진을 보면 김태원은 경호원 대기실의 출입문 입구에 서서 먼 발치에서 비스듬히 안재송을 겨냥하여 쏘고 있다. 적극적인 살의가 느껴지지 않는 것이다.

鄭 소령은 검안서에서 안재송의 치명상은 박선호에게 맞은 제1탄이 가슴 속을 파고들어 심장에 손상을 가져온 때문이라고 했다. 즉, 김태원이 20분쯤 뒤에 쏘았을 때는 안재송은 사망해 있었을 가능성이 매우 높다는 이야기가 된다. 김태원은 鄭仁炯을 쏠 때는 "한 발을 쏜 후 다음 명령을 받기 위해서 이기주를 쳐다보았더니 그가 시체를 계속 바라보고 있기 때문에 확인하는 줄로 알고 다시 한 발을 쏘았다(상고이유서)"고 했다. 정상우 소령의 시체검안서에 따르면 정인형은 박선호가 쏜 총탄이 목을 관통하는 바람에 기도와 혈관이 파괴되어 거의 즉사했다고 한

다. 김태원이 쏜 총탄은 그의 허리를 관통했지만 복강 내의 손상은 없었다. 김태원은 정인형을 향해서 두 발을 쏘았다고 진술했으나 검안결과로는 한 발밖에 맞지 않았다. 이것도 김태원이 살해의지를 가지고 쏜 것이 아니라는 점을 시사하고 있다.

주방에 쓰러져 있었던 김용섭 경호원을 향해 김태원이 발사한 총탄은 엉덩이에 맞았다. 그 전에 이미 김용섭은 다섯 발을 맞은 상태였다. 다섯 발 중 네 발은 가슴에 맞았다. 검안 의사는 이 가슴의 총상을 치명상으로 보았다. 김태원은 안방에 쓰러져 있는 차지철을 쏠 때 무서워서 방안에 들어가지 않고 바깥 마루에 서서 비스듬히 안방을 향해서 두 발을 쏘았다. M16 총탄의 탄피 두 개가 오른쪽으로 튀어 현관 부근에서 발견된 것이 이를 증명한다. 이것도 김태원이 확고한 殺意를 가지고 쏘지 않았음을 보여 준다. 쟁점은 차지철이 언제 사망했느냐는 것이다. 정상우 소령은 김재규가 차지철의 가슴에 쏜 제2탄이 '혈흉에 의한 호흡부전 및 심장부전'을 일으켜 車 실장을 사망에 이르게 했다고 진단했다. 김태원이 20분 뒤에 차지철의 복부에 쏜 두 발은 그의 사망과는 관계가 없다는 얘기가 된다. 그런데 옆방에 피신해 있었던 심수봉은 차지철이 있던 안방으로부터 신음소리가 나는 것을 들었다고 증언했다. 심수봉 증언의 문제점으로서 김태원의 변호인이던 金洪洙(김홍수)는 이런 요지의 지적을 했다.

"심수봉은 (김태원의 사격에 의한) 6~7발의 총성 뒤에도 그 신음소리를 계속해서 들었다고 증언했는데 그렇다면 이 신음은 거리가 먼 안방(기자 注: 여기에 차지철이 쓰러져 있었다)에서 난 소리가 아니었고 가까운 주방에 있던 정보부 직원 김용남, 이정오의 신음이었을 것이다."

정상우 소령은 전역한 뒤에 전남의과대 병리학과 교수가 됐다. 그는 1991년 11월호 〈月刊朝鮮〉과의 인터뷰에서 "차지철이 가슴에 총탄을 맞아 폐를 손상당하고도 약 20분간 생존해 있었을 가능성은 희박하다"는 견해를 밝혔다. 문제는 10·26사건의 사망자에 대한 剖檢(부검)이 없었다는 점이다. 검안만으로 사인을 판단할 수도 없고 증언만으로 판단하기도 어려우며 강압적인 분위기의 수사 때 이루어진 자백을 받아들일 수도 없다(김태원은 합수부에서 조사를 받을 때 강압에 의해서 "차지철이 움직이는 것을 보고 쏘았다"는 거짓내용을 자필진술서에 써 넣었다고 주장). 기록상으로는 김태원이 쏜 총탄이 유일한 원인이 되어 사람이 죽었다는 확증은 없다. 따라서 '확인사살'이란 용어는 과장으로 판단된다. 김태원에 대한 최종 심리과정에서도 대법원판사 14명 중 7명이 '파기환송'의 의견이었다. 마지막 회의에서 한 사람이 태도를 바꾸어 8 대 6으로 '피고인의 상고 기각'을 합의하게 됐고 그는 사형에 처해졌다.

朴善浩의 고민

궁정동의 정보부 안가 책임자인 朴善浩(박선호)는 이날 金載圭의 암살지령을 충직하게 수행하는 과정에서 세 부하—李基柱, 柳成玉, 金泰元을 끌어들여 결국은 저승으로 함께 데리고 가는 사람이 됐다. 그는 번개 같은 대통령암살작전을 성공적으로 지휘했건만 그 뒤에 더 불안해졌다. 그는 오로지 육군참모총장과 함께 나간 金載圭가 쿠데타에 성공하고 오기를 빌 뿐이었다. 박선호는 이기주와 김태원이 나棟으로 들어간 뒤 총성이 나는 것을 들으면서 신관 2층 자신의 사무실로 돌아왔다. 식당관리인 南孝周(남효주)가 따라 들어왔다.

"어떻게 되는 겁니까?"

"일은 크게 벌어졌다. 나도 어떻게 되는 건지 모르겠다."

박선호는 궁정동 본관에 있는 부장 수행비서 尹炳書(윤병서)에게 인터폰을 걸었다.

"오늘 퇴근하지 말고 대기해. 그리고 말야 전화는 받지도 걸지도 마!"

그는 저녁 8시 20분쯤 운전사 정용화를 불렀다. 갑자기 불안해지면서 아이와 아내 생각이 났다(이날 밤의 위기에서 가족이 생각났다는 사람들이 상당수이다). 크라운 차를 몰게 하여 대방동 아파트로 갔다. 아파트 마당에서 일곱 살 된 아들 동준이가 놀고 있었다. 바로 동준이를 태우고는 방배동 삼호 아파트에 있는 처가댁으로 달렸다. 장모와 처남이 놀러 와 있었다. "동준이를 여기에 좀 맡겨 놓겠다"고 한 뒤에 집에 있는 아내에게 전화를 걸어 "동준이는 여기 데려다 놓았으니 이리로 와서 기다려라"고 했다.

박선호는 궁정동 사무실로 돌아와서는 초조하게 '좋은 소식'을 기다리고 있었다. 밤 10시쯤 본관에 있던 윤병서 비서가 電文이 들어오고 있다고 하면서 읽어 주었다. 그는 궁금해서 본관으로 뛰어갔다. 어느 사단이 출동준비를 하고 있다는 전문인데 나오다가 끊어졌다. 박선호는 상당히 鼓舞(고무)됐다. "야, 이건 완전히 계획적인 것이었구나" 하는 생각이 들었다. 그는 '불안한 가운데서도 무슨 일이 되어 가는구나(군검찰 진술조서)' 하고 설레게 된다.

그러면서도 전문이 끊어진 것이 불안하여 남산의 부장사무실로 전화를 걸었다. 그쪽에서는 세상이 어떻게 돌아가고 있는지를 전혀 눈치채지 못하고 있었다. 박선호는 무전기로 부장 차를 불렀다. 朴興柱 수행비서관이 받았다. 육군본부 벙커 앞에 대기하고 있는데 벙커로 들어간 부장으로부터는 아무 소식도 없어 기다리고 있는 중이라고 했다. 박선호는 일이 계획대로 잘되어 가고 있다고 생각하면서도 불안을 떨칠 수가 없었다.

박선호가 신관으로 돌아오니까 한 부하가 와서 "식당에서 여자 소리가 납니다"라고 했다. 그제서야 박선호는 "아 참, 내가 깜빡 잊고 있었구나" 했다. 그는 심수봉, 신재순 두 여자를 신관 경비원 대기실로 데려왔다가 내자호텔까지 모셔다 주게 했다. 자정 무렵에 윤병서 비서 방으로 또 보고 전문이 들어왔다. '1979년 10월 26일 24시를 기해서 계엄령이 선포됐다'는 내용이었다.

이날 궁정동의 부장비서실로 들어온 긴급전문은 정보부 통신부서에서 鄭昇和 총장과 육군본부에서 계엄령선포에 대비하여 수도권부대에 출동 준비지시를 내리는 통화를 감청한 것으로 추정된다. 이런 통신 중에 '24시를 기해서 계엄령이 선포될 것이다(실제는 27일 새벽 4시를 기해서 선포)'는 내용이 들어 있었을 것이다. 기대와 불안이 교차하는 가운데 피를 말리는 시간을 보내고 있던 박선호는 새벽 3시 30분쯤 남효주에게 "걱정하나마나다. 이제는 내려가서 쉬어"라고 한 뒤 운전기사를 불러 남산의 중앙정보부 분청으로 달렸다.

부장비서실에서 申鍾寬 비서를 만나 박선호는 "무슨 일이 없는가" 하고 물었다. 申 비서는 "아무 일도 없는데요. 아까 2차장보께서 들렀다가 사무실로 가셨습니다"라고 말하는 것이었다. 박선호는 2차장보 부속실에서 金正燮 차장보를 만났다. 그는 인상을 잔뜩 찌푸리더니 대뜸 "거기서 무슨 일이 있었냐"하고 질책하듯 묻는 것이었다. 박선호는 "모르겠습니다" 하고 적당히 얼버무렸다. 金 차장보의 표정을 보니 냉정하게 굳어 있었다. 박 과장을 상대도 하기 싫다는 표정이었다. 그는 비서실로 돌아와서 의자에 앉아 생각하니 아무래도 사태가 불리하게 돌아간다는 판단이 섰다. 새벽 5시에 라디오로 대통령 유고와 비상계엄령선포 소식이 흘러나왔다. 아침 6시, 그는 처가로 떠났다. 장모, 처, 처남이 잠을 자지 않고 기다리고 있었다. 박선호는 "내가 사람을 죽였다. 도저히 살 수가 없는 입장이다. 자결하겠다"고 말했다. 장모와 처, 처남이 일제히 "무슨 일이냐"고 물었다.

"있다가 뉴스를 들어 보면 알 거야."

가족들은 자결이 웬 말이냐고 울고불고했다. 박선호는 유언처럼 당부할 말을 남기고는 아침 8시에 궁정동 사무실로 돌아왔다. 그는 이기주를 불러서 상황을 물었다. 계엄군이 국군서울지구병원에서 유성옥을 데리고 와서 나동을 조사하고 갔고 지금 병력이 그곳을 경비하고 있다고 보고했다. 오전 11시 정보부 감찰실로부터 찾는다는 연락이 왔다. 감찰과장실에 가니 과장은 식사하러 나가고 없었다. 기다리고 있는데 과장이 들어오면서 "계엄사에서 당신을 찾고 있다"고 했다. 박선호는 과장실에서 기다리고 있다가 오후 2시쯤 들이닥친 合搜部 수사관들에 의해 연행됐다.

金載圭가 이날의 擧事를 아무런 사전포석 없이 일으켰음을 알게 해주는 것은 그의 경호를 책임진 정보부 비서실 안전과 1조장 金仁秀 육군대위와 안전과장 장윤수의 행적이다. 이날 부장경호책임자인 金 대위는 조원 3명과 함께 효자동의 2층 당구장에서 당구를 치고 있다가 남산분청 경호상황실로부터 무전을 받았다.

"1호차(부장 차)가 5분 전에 떠났으니 빨리 수행하라."

이때가 밤 8시였다. 김 대위는 부장이 안가에서 행사를 마치고 장충동의 공관으로 귀가하는 중이라고 생각했다. 경호차를 세게 몰아 장충동까지 갔으나 부장 차를 볼 수가 없었다. 그는 다시 원래의 대기 장소인 효자동 골목으로 돌아왔다. 궁정동 안가의 쇠문은 굳게 잠긴 채 적막에 싸여 있었다. 그는 부장이 아직도 안에 있다고 판단하고는 경호차를 골목에 세운 채 차중에서 대기상태에 들어갔다. 밤 8시 50분쯤 박흥주 대령이 전화를 걸어 왔다.

"너희들 지금 어디 있나. 청와대 쪽에서 아무 일 없나?"

"저희들은 효자동에 그대로 있습니다. 아무 일이 없습니다."

"그러면 독립문을 돌아서 육군회관으로 빨리 와."

육군회관에 도착한 金 대위가 朴 대령을 만나니 "지금 즉시 서울역전과 남대문에 요원을 1명씩 배치하여 육본 쪽으로 오는 병력의 이동상황을 보고하라"고 하는 것이었다. 밤 9시 15분경 김 대위는 남대문이 내려다보이는 도큐 호텔 앞에 차를 세우고는 직속상관인 송웅익 기획관에게 "무슨 일이 있는 것 같다"고 보고했다. 도큐 호텔 앞으로 나온 宋 기획관은 "여기는 3조원들을 배치시킬 테니 자네는 육군회관으로 가서 부장 차만 수행하라"고 했다.

朴興柱의 심야 방황

정보부장 金載圭의 경호책임자인 장윤수 안전과장은 해병간부후보

18기 출신의 예비역 대령. 그는 퇴근하여 집에서 先親의 제사를 지낼 준비를 하고 있었다. 밤 8시 50분쯤 안전원 홍성수가 전화를 걸어 왔다.

"궁정동에서 총성이 났다는 보고가 있습니다."

"좀더 자세히 알아봐."

밤 9시 10분쯤 홍성수가 다시 전화를 걸어 와 "궁정동에 전화를 걸어 확인해 보았는데 별일이 없다고 합니다"고 했다. 張 과장은 중앙청 근방의 부장 경호차 안에 있던 1조장인 김인수 대위에게 전화를 걸어 "이상없나" 하고 물었다. '별일 없다' 는 것이었다. 전화기를 놓자마자 기획관 송웅익이 전화를 걸어 왔다.

"과장님, 궁정동 지역에서 총성이 있었다고 하고 데모가 벌어진 것 같기도 합니다. 지금 도큐 호텔로 좀 나와주십시오."

정신이 번쩍 든 張 과장이 부랴부랴 집을 나서 도큐 호텔 앞에 도착한 것은 밤 10시 10분쯤이었다. 송웅익이 무전기, 권총, 기관단총을 자신에게 하나씩 건네주면서 "박흥주 비서관의 지시에 따라 도큐 호텔과 서울역에 안전원 한 명씩을 배치하고 군부대의 이동사항을 감시하고 있다"고 보고했다. 그 길로 張 과장은 남산으로 가서 비서실장 金甲洙 준장 방에 들렀다. 김 실장은 "아무 상황이 없다"고 태평이었다. 張 과장이 자신의 사무실로 내려와 있는데 송웅익이 다시 전화를 걸어 왔다. 육군회관 앞에서 대기하고 있다는 것이었다.

밤 10시 25분쯤 張 과장은 육군회관에 도착하여 정보부장 수행비서관 朴興柱를 만나서 "어떻게 된 일인가"라고 물었다. 박 과장은 "데모사항인 것 같은데" 하면서 "그 이상은 나도 모르겠다"고 얼버무렸다. 밤 10시 30분쯤 정보부장 차가 국방부로 옮기는 것을 따라갔다. 장윤수 과장은 국방부 주차장에 경호차를 세우고 그 안에서 세 명의 경호요원과 함께 무엇이 어떻게 돌아가는지도 모른 채 대기하고 있었다.

朴興柱 대령도 이날 밤 천당과 지옥 사이를 오고 갔다. 박 대령은 김재규와 정승화 총장을 모시고 궁정동을 나와 남산으로 달릴 때 차중에서 金 부장이 "어디로 가지, 부? 육본?"이라고 했을 때 鄭 총장의 제의에 호응하여 부장을 육본으로 이끌고 가는 데 기여했었다. 그때까지만 해도 박 대령은 부장과 총장이 미리 이야기가 다 되어 있다고 오해하고 있었다. 육본에 와 보니 '그게 아니구나'라는 판단을 하게 됐다. 겁이 덜컥 난 박 대령은 부장 경호팀을 불러냈다. 그러면서도 자신은 육본 벙커에서 국방부로 옮겨가 부장과 가까운 곳에 위치하려고 애썼다. 장관부속실에 앉아 있을 때 한 장교가 큰 소리로 "국무위원을 수행하고 온 사람들은 전부 나가주십시오"라고 했다. 복도에서 서성거리던 그는 총리와 국방장관 등이 국군서울지구병원으로 갔다는 이야기를 듣고 장관실로 들어가려다가 제지당했다. 부장의 현 위치를 모른 채 복도에서 한 시간쯤 왔다 갔다 하던 그는 국방부 주차장으로 내려와서 정보부장 차에 타고 무작정 기다렸다. 김재규는 이날 밤 마음만 먹으면 동원할 수 있는 경호요원들이 많았으나 혼자 따로 떨어져서 고립되어 있었다.

새벽 2시를 넘어 장윤수 과장과 세 경호원들이 타고 있는 도요타 크라운 쪽으로 국방부 헌병중대장 李基德 대위가 접근했다. 김재규 연행작전에 참여했던 그는 이제 경호원 무장해제작전을 시작한 것이다.

"여기 제일 선임자가 누구십니까?"

자동문이 내려오더니, "뭐야?" 하는 위압적인 목소리가 들렸다. 이기덕 대위는 일부러 어수룩하게 나왔다.

"위에서 좀 보자고 하십니다."

차중에 있는 사람들끼리 수군수군하더니 누군가가 "너가 가 봐"라고 했다. 덩치 큰 사나이가 내렸다. 李 대위는 그를 안내하여 국방부청사 2층에 있는 보안부대장 보좌관실로 갔다. 군무원이 무장해제를 시키려고 했더니 이 사나이는 군무원의 손을 홱 뿌리치는 것이었다. 그 바람에 군무원이 옆으로 쓰러졌다. 힘이 장사인 이기덕 대위가 사나이의 팔을 잡았다. 사나이의 손에는 권총이 들려 있었다. 방아쇠에 손가락이 걸려 있었고 노리쇠가 후퇴되어 있었다. 이 대위는 재빨리 자신의 왼손 엄지를 상대방의 권총 노리쇠 안으로 끼운 뒤에 오른손으로는 자신의 권총을 빼 사나이의 배를 쿡 쑤셨다. 그러자 사나이는 손을 번쩍 들었다.

李 대위는 헌병소대장 신영익 중위를 시켜서 같은 방법으로 경호차에 타고 있던 두 경호원들을 불러들여 무장해제를 시켰다.

네 번째로 유인되어 온 사람은 박흥주였다. 이기덕 대위는 박 대령을 데리고 국방부 총무과장 보좌관실로 갔다. 보좌관(대령)에게 인사를 시키니 "박 대령입니다"라고 했다. 이 대위는 대령을 대위가 무장해제 시킨다는 것이 뭣하게 생각되어 보안부대장 김병두 대령을 모시고 왔다. 이 대위는 金 대령이 지켜보는 가운데 "무장을 해제하겠습니다"라고 했다. 순간적으로 박흥주의 손이 가슴으로 가는 것이었다. 이 대위는 재빨리 그의 손을 잡고 가슴을 뒤졌다. 작은 권총이 잡혔다. 25구경 베레타였다. 탄창, 무전기도 압수했다. 포기한 듯한 표정을 짓던 박흥주는 "차나 한잔 달라"고 했다. 박 대령은 '일이 틀렸다'고 판단했다. 잠시 후 그는 슬며시 방을 나왔다. 아무도 제지하지 않았다. 부장 차를 타고 남산의 부장 비서실장실로 갔다. 비서실장 김갑수 준장이 말했다.

"전두환 장군이 박 비서관을 육군본부 벙커로 보내라더군."

박흥주가 사라진 것을 뒤늦게 안 보안사에 비상이 걸린 것이었다.

"알겠습니다. 부장의 행선지가 궁금하시겠지만 저도 모르겠습니다. 부장이 혹시 저를 찾으실지 모르니 나가 있겠습니다."

박 대령은 남산 정보부 청사를 나와 다시 부장 차에 올랐다.

"어디로 갑니까?"

운전사 柳錫文(유석문)이 물었다.

"남산순환도로로 가세."

순환도로를 거쳐 한남동의 한적한 주택가로 갔다. 큰 집들 사이에 차를 세운 뒤에 한 시간 반쯤 눈을 감고 쉬었다. '심경이 착잡하여 잠시라도 마음을 달래기 위하여' 그랬다는 것이다. 새벽 4시 30분쯤 그는 다시 금호동으로 차를 몰게 했다. 박흥주 대령의 집은 차가 들어갈 수도 없는 언덕배기에 있었다. 언덕 밑에 차를 세우고 눈을 감고 이런저런 생각을 하던 박흥주는 한 500m를 단숨에 뛰어 올라갔다. 대문을 두드렸다. 아내가 나왔다. 아내가 대문을 열어 주었으나 그는 들어가지 않고 선 채로 말 했다.

"오늘 일이 있어 못 들어가니 그냥 간다."

아내는 놀란 표정으로 "아빠 무슨 일이에요"라고 했다. 朴興柱는 더 말할 기분이 나지 않았다. 대답도 하지 않고 부끄럼 타는 소년처럼 달아나듯이 차 있는 데로 뛰어 내려왔다. 되돌릴 수 없는 어제가 되어 버린 그 운명의 날 아침에 그는 국민학교 5학년생인 큰딸이 학급 간부로 뽑혔다고 해서 볼에 뽀뽀를 해 주고 준비물을 챙기는 것을 도와주고는 출근했었다.

태풍의 눈

정보부장 수행비서관 朴興柱 대령은 아내에게 작별을 고한 뒤 부장 차로 돌아오더니 운전사 柳 씨에게 담배를 달라고 했다. 그는 담배연기를 깊게 들여 마시고는 내뿜더니 입을 뗐다.

"유 기사, 유 기사는 차 끌고 들어가지. 나는 어디론가 갈 테니."

"아니 이 밤에 어디로 가십니까?"

朴 대령은 柳 씨의 만류를 받고는 다시 차를 타더니 잠실로 가자고 했다. 잠실 아파트 지구 주차장에 차를 세우고 공중전화부스에 들어간 박 대령은 부장 비서실로 전화를 걸었다. 부장이 어디 있는지 아직도 소식이 없다는 것이었다. 차로 돌아온 박흥주는 라디오를 켰다. 음악만 나오고 있었다. 柳錫文 기사가 물었다.

"무슨 일이 있습니까?"

"모르겠어."

박 대령은 무뚝뚝하게 대답했다. 새벽 7시를 넘어 라디오를 트니 '대통령 유고와 김재규 구속 수사 중'이란 방송이 나오는 것이었다. 柳 기사가 "어떻게 된 일입니까"라고 또 물었다.

"나는 몰라."

"그럼 남산으로 가시죠."

"좋아. 아침이나 먹고 이문동 본청으로 가자."

그러나 잠실 부근에서는 문을 연 음식점을 찾을 수 없었다. 박흥주는 柳 씨에게 이문동으로 가도록 지시했다. 차가 이문동에 가까워지자 "될수 있는 대로 차를 천천히 몰아라"고 부탁하는 것이었다. 정보부 본청에 도착한 박흥주는 가방 속에 넣어 두었던 38구경 9연발 독일제 권총과 빈 탄창을 유석문에게 주면서 수송부에 반납하라고 시켰다. 그는 제1차장보 실에서 쉬고 있다가 오후 3시쯤 合搜部 수사관들에게 연행됐다.

이날 궁정동에서 난 총성은 듣는 사람에 따라 느낌이 달랐다. 스물 한 발의 총성은 권총에서 난 것이고 여섯 발은 M16 소총에서 발사됐다. 모두 실내에서, 또는 실내를 향해서 쏜 것이었다. 대통령 시해현장인 나棟 안에서도 딱총처럼 들렸다는 증언이 있는가 하면 먼 데서도 똑똑하게 들은 사람들이 있었다. 궁정동 정보부 시설 안에 있으면서도 이날 밤의 총성은 물론이고 상황을 전혀 몰랐던 一群의 사람들도 있었다.

시해사건 현장인 나棟에서 한 50미터 떨어진 본관 1층의 기사 및 경비원 대기실. 李末胤(이말윤) 등 경비원 네 사람과 金桂元 실장 차 기사 등 네 운전기사, 그리고 鄭昇和 참모총장 전속부관 등 모두 아홉 명이 텔레비전을 보고 있었다. 무슨 프로였는지 이들이 모두 웃고 떠들 만큼 재미있었다. 이들 중 아무도 나棟에서 난 총소리를 듣지 못했다. 밤 8시쯤 인근 효자파출소의 金 경장이란 사람이 대기실의 문을 두드렸다. 누군가가 열어 주었다.

"청와대 상황실에서 방금 총소리가 이 근방에서 났다고 확인하라고 해서 왔습니다."

"우리는 아무 소리 못 들었는데요."

金 경장을 돌려 보내고 나서도 그들은 계속해서 텔레비전을 시청했다. 조금 있다가 인터폰이 울려서 이말윤이 받아 보니 신관에서 李基柱가 건 것이었다.

"총소리가 어디에서 났는가라고 묻는 데가 있으면 모른다고 대답해."

본관 정문에서 경비 근무를 끝내고 돌아온 김인태가 "총소리가 났는데 의전과장님이 급히 정문으로 나가시면서 수상한 사람이 나타나면 사격하라고 했다"고 전갈했다. 이말윤은 간첩이나 데모대가 나타났다고 생각하면서 계속해서 텔레비전을 보았다. 저녁 8시 20분쯤 함께 있던 육군참모총장 승용차 전속부관이 모처로 전화를 걸었다. 조금 있다가 청와대 비서실장 차 기사가 나갔다. 金正燮 차장보의 운전기사도 나갔다. 전속부관도 나갔다.

그래도 이말윤과 세 경비원은 텔레비전을 계속해서 보았다. 밤 9시가 되어 서남하, 이말윤 두 사람은 본관 정문 초소에 가서 보초를 섰다. 부장비서 尹炳書가 전화를 걸어 "누가 와도 문을 열어 주지 말아라. 무조건 모른다고 하라"고 했다. 바깥 거리에서는 경찰관들이 호구조사를 하는 듯 집집마다 문을 두드리고 있었다. 이말윤은 간첩침투 사건이 난 것이 확실하다고 생각했다.

경비원 이말윤은 밤 11시 30분에 교대를 한 뒤에 본관 2층에 가서 잠을 잤다. 새벽에 일어나 4시부터 5시까지 다시 정문에서 보초근무를 했는데 교대하러 온 서남하가 계엄령이 선포됐다는 라디오 뉴스를 알려주었다. 이때도 이말윤은 데모가 난 정도라고 생각했다. 그는 심상치 않은 일이 벌어졌다고 생각하였으나 그 사건의 현장이 바로 옆 건물이란 데는 생각이 미치지 않았던 것이다. 이말윤은 본관 2층 대기실로 와서 잠을 자고 있는데 왁자지껄한 소리가 들려서 잠을 깼다. 비로소 바로 옆인 나동에서 간밤에 역사적인 사건이 났다는 것을 알게 됐다. 그것도 모르고 태평하게 근무하고 잠을 자고 한 사실에 대하여 "아무런 경계심 없이 근무했던 본인과 동료들은 놀랄 뿐이었습니다"라고 합수부에서 진술했다.

　이날 궁정동에서 근무한 정보부 경비원들은 거의가 무엇이 어떻게 돌아가는지를 모르고 우왕좌왕하면서 밤을 지샜다. 나棟 옆에 있는 한옥(옛날에 쓰던 대통령 만찬장) 경비원 張珉淳(장만순)은 총성을 듣고는 "불순분자가 침입했다가 사살되는 것이 아닌가" 하는 생각을 했다가 나중에는 "각하께서 약주를 드시다가 화가 나서 총을 들고 쏘시나 하는 생각도 해 보았다"는 것이다. 그러다가 자정 직전에 경비원 대기실에 있는데 朴善浩 의전과장이 와서 "이제 너희들 걱정 안 해도 된다. 육군본부에서 계엄령을 선포할 것이다"고 말했을 때는 "쿠데타나 혁명이 일어나나 보다"고 생각했다. 그는 새벽 5시에 라디오 방송을 듣고서야 대통령이 죽은 것을 알게 됐다.

　방금 전에 확인사격을 하고 온 경비원 金泰元도 이날 밤 정상적으로 근무했다. 그는 밤 10시를 넘어서는 이화여대 부속병원으로 갔다. 주방에 있다가 허리에 총상을 당했던 요리사 李正五가 입원해 있었는데 입원수속을 밟아 주기 위해서 간 것이었다. 그는 다시 궁정동으로 돌아와서 심야에는 경비를 선 뒤에 대기실에 붙은 침실에서 잠을 청했다. "잠을 자긴 했으나 자다가 깨기도 하고 깊은 잠을 잘 수가 없었다"는 것이다. 그가 일어난 것이 아침 8시. 그때 라디오를 통해서 흘러나온 뉴스를 듣고서야 간밤에 자신이 취한 행동이 대강 어떤 좌표에 해당하는지를 알게 됐다. 초조한 가운데서도 그는 계속해서 궁정동에 있으면서 수사관들이 잡으러 오기만을 기다리고 있었다. 27일 정오에는 합수부 사람들이 와서 남효주, 이기주, 김일선, 김용남을 연행해 갔다. 김태원이 합수부에 연행된 것은 다음 날(28일) 새벽이었다. 군검찰 신문에서 검찰관이 "왜 현장에서 도망가지 않았느냐"고 물었다.

"본인은 사람을 죽인 자인데 도망갈 수가 있습니까? 그리고 도망갈래야 갈 데도 없습니다."

큰딸의 꿈

金桂元 비서실장은 27일 새벽 2시를 넘어 청와대로 돌아왔다. 수석비서관들과 李在田 경호실차장을 비서실장실로 불렀다. 李 차장이 단호하게 말했다.

"유고의 내용을 상세하게 말씀해 주십시오. 우리 실장님은 지금 어디에 계십니까."

金 실장은 안경을 벗어 책상 위에다 놓았다. 두 손으로 얼굴을 가리듯이 한 번 비비고 나서 입을 뗐다.

"각하께서 돌아가셨어."

"어떻게 해서 돌아가셨습니까?"

"한 사람의 맹동분자가 큰일을 저질렀다. 각하 친족 중에서 우선 陸寅修(육인수) 의원과 朴在鴻(박재홍) 씨에게 연락하라."

金 실장은 "경호실장도 죽었다"고 하면서 李 차장을 향해서 지시했다.

"오늘 새벽 네 시를 기해서 비상계엄이 선포됩니다. 계엄사령관과 긴밀하게 협조하여 업무를 처리하시오."

김계원은 全錫濚(전석영) 총무비서관에게 "큰 영애에게 알리시오"라고 했다.

全 비서관은 셋째 딸 槿暎 양의 방문을 두드렸다. "급한 일이 있으니

언니를 깨워달라"고 했다. 둘째 딸 槿惠가 나왔다.

"각하께서 돌아가셨습니다."

"지금 주무시고 계실텐데요?"

"아닙니다. 엊저녁에 나가셨다가 안 들어 오셨습니다. 서거하셨습니다."

그녀는 도저히 믿어지지 않는다는 표정이었다. 숲 비서관은 "실장님을 모시고 오겠습니다"라고 한 뒤에 실장실로 갔다. 그 사이에 박근혜씨가 아버지 방에 가서 不在를 확인할 수 있을 거라고 생각했다. 대통령침실 입구에 있는 거실은 전실로 불렸다. 거기서 김계원은 박근혜에게 '대통령서거'를 통보했다.

"어떻게 그런 일이 있을 수 있습니까?"

金 실장은 이날 밤 여러 번 되풀이 했던 설명 그대로 말했다. 金載圭가 경호실장을 향해서 잘못 쏜 총에 대통령이 돌아가셨다고. 근혜는 "휴전선은 괜찮으냐"고 물었다. 金 실장은 "계엄령이 선포됐다"고 했다. 그녀는 그 이틀 전에 아버지에게 중요한 건의를 드린 적이 있었다.

"그때 제가 여러 통의 편지와 건의서를 받았습니다. 거기에 종합된 의견은 아버지 주위의 몇몇 사람들이 일을 망치고 있다, 그러니 그 사람들을 하루빨리 사퇴시키지 않으면 안된다 하는 거였어요. 거기엔 차지철씨와 김재규 부장도 포함되어 있었어요. 그래서 그것을 종합하여 제가 아버지께 다 말씀드렸어요. 그걸 굉장히 심각하게 들으셨죠. 중간에 전화가 어디서 왔거든요. '무슨 일을 그렇게 해!' 라고 역정을 내신 뒤에 다시 자리로 돌아오셔서 얘기 계속해 보라고, 그러시면서 또 들으셨어요. 그래서 그 얘기를 다 드리고 나니 아버지께서 '알았다' 아주 힘주어서 말씀하시는데 저는 아버지가 그렇게 말씀하시는 것은 어떤 뜻이다 하는 걸 직감으로 알거든요. 아, 아버지가 마음에 어떤 결심을 하셨구나, 정보부장이 경질되겠구나, 저는 그렇게 믿었어요."

전석영 비서관은 대통령의 시신을 모시고 오기로 했다. 일부 비서관들은 "아직 위험하니까 날이 밝은 뒤에 하는 게 어떻겠느냐"하는 의견을 냈다. 全 비서관은 "날이 새면 천하가 다 알테니 빨리 모셔야 한다"고 주장했다. 부속실 李光炯(이광형) 부관이 대통령의 침실로 들어갔다. 갈아 입힐 검정색 계통의 양복과 흰 와이셔츠, 그리고 넥타이를 보따리에 쌌다. 근영 양이 옷보따리를 들고 全 비서관을 따라나섰다. 全 비서관은 청와대 현관을 나서다가 경호원 두 사람을 지목하여 따라오게 했다. 다른 직원들에게는 소접견실에 빈소를 차리고 병풍과 촛불을 준비하도록 일렀다. 陸英修 여사의 상을 치러본 경험이 준비하는 데 도움이 됐다.

朴 대통령과 첫째 부인 金浩南 사이에 난 큰 딸 朴在玉은 이날 駐 캐나다 대사인 남편 韓丙起(한병기)를 따라서 카리브 海의 작은 섬나라 도미니카 공화국에 가 있었다. 韓 대사는 이 나라의 대사직도 겸임하고 있었다. 그는 이 나라의 독립기념일 행사에 초청되어 온 것이었다. 박재옥은 1년반 전에 서울로 가서 아버지를 만난 것이 마지막이었다. 남편이 귀국하여 장인을 만나려고 해도 허가가 떨어지지 않는 것이었다. 누군가가 아버지와 자신의 접촉을 고의로 차단하고 있다고 생각했다. '독재자라는 아버지가 딸과 사위도 마음대로 부를 수 없다니 무슨 독재자가 이렇단 말인가' 라는 생각이 들기도 했다.

한병기·박재옥 부부가 도미니카 공화국에 도착해보니 이 가난한 나라는 며칠 전에 덮친 허리케인 때문에 엉망이 되어 있었다. 투숙한 호텔

의 지붕도 날아가 없었다. 별이 총총 뜬 밤하늘을 바라보면서 잠을 청하
는 데 駐 캐나다 한국대사관에서 급히 찾는다는 전갈이 왔다. 한국에서
큰일이 생긴 것 같다는 것이었다. 박재옥은 가슴부터 철렁했다. 예감이
있었기 때문이다. 그 전날 밤 그녀는 꿈속에서 아버지를 보았다. 꿈에
박재옥은 남편이 그 전에 대사로 근무했던 칠레에 가 있었다. 무슨 큰
행사인지 피노체트 대통령도 나와 있었다. 그때 검은색 자동차가 건물
앞으로 미끄러져 들어 왔다. 그 차에서 검은색 옷을 입은 아버지와 육영
수 여사가 내리는 것이 아닌가. 아버지는 다른 사람들과 차례로 인사를
나누다가 큰딸 앞을 그냥 지나가지 않는가. 피노체트 대통령이 朴 대통
령을 붙들고 "당신 딸이 여기 있다"고 소개했는데도 아버지는 모른 체하
고 그냥 휙 돌아서는 것이었다. 잠에서 깨어난 박재옥은 식은땀을 흘리
며 가슴을 쓸어내렸다. 검은색 옷은 좋지 않은 징조라는데…… 박재옥
은 캐나다에 있을 때도 이상한 꿈을 꾸었다. 꿈에 외교관 부인들과 함께
청와대를 방문했다. 朴 대통령은 누군가에 쫓기기라도 하듯이 허둥지둥
무엇을 찾고 있었다.

"나는 가야 하는데…… 빨리 가야 돼. 아홉 시까지는 가야 돼. 그런데
이게 어디 갔나."

대통령은 열쇠를 찾고 있는 것 같았다. 박재옥은 "아버지 왜 그러세
요. 뭘 찾으세요. 제가 찾아드릴테니 혼자 가지 마세요"라고 애타게 말
을 걸었으나 아버지는 계속해서 서두르면서 어디론가 사라졌다. 주위를
둘러보니 검은 옷을 차려 입은 외교관 부인들이 울고 있었다.

한병기 대사 부부는 캐나다 대사관으로 전화를 걸었다. '대통령 有故'
라는 대답이 왔다. 박재옥은 이 생경한 말이 아버지의 죽음을 의미한다

고는 믿고 싶지 않았다. 두 사람은 뉴욕으로 갔다. 한병기 대사의 친구들이 나와서 귀국을 말리는 것이었다.

"아무래도 대통령이 돌아가신 것 같다. 여기서 사태의 추이를 살펴보다가 들어가는 것이 안전할 것 같다."

韓 대사 부부는 바로 도쿄行 비행기로 갈아탔다. 박재옥은 '유고'의 의미가 납치나 부상이 아닐까 하고 일말의 희망을 걸었다. 도쿄에서 마중 나온 駐日한국대사관의 李元洪 공사가 '대통령 서거'를 전해 주었다.

귀환

26일 오후 6시에 청와대 본관에서 대통령을 떠나보냈던 부속실의 李光炯 부관은 이날 밤을 혼돈과 불안 속에서 보냈다. 초소의 총성 보고, 와이셔츠 차림으로 돌아온 비서실장, 崔圭夏 총리와 장관들의 잇달은 출현.

이광형은 '와이셔츠 차림의 비서실장'이 아무래도 불길한 사건을 의미한다는 생각이 들었다. 그는 2층 비서실장실로 올라갔다. 실장실은 문이 굳게 잠겨 있고 前室에는 당직근무 중이던 의전수석실의 鄭基鈺(정기옥) 비서관이 앉아 있었다. 안에서는 비서실장이 총리와 몇몇 장관들을 불러 회의를 하고 있다는 것이었다. 이광형은 전실에서 서성대고 있었다. 崔侊洙(최광수) 의전수석비서관 등 수석들이 모여 들었다. 그들은 전실의 소파에 앉아 영문을 모르겠다는 표정으로 기다리고 있었다. 이광형의 초조한 눈이 정기옥과 마주쳤다. 鄭 비서관은 종이에다가 볼펜으로 재빠르게 '쿠데타'라고 쓰더니 새까맣게 덧칠해 버렸다. 목소리를 낮춘 이광형은 놀라서 물었다.

"무슨 말씀이오?"

"아니, 아니, 몰라, 몰라, 아무것도 아니야."

당황한 이광형은 혹시 가족들이 부속실로 전화를 걸어 올까 걱정이 되어 일단 1층으로 내려왔다. 부속실장 朴鶴奉(박학봉) 비서관 집에 전화를 걸었으나 없었다. 경호 데스크 근무자들에게 "어떻게 된 것이냐"고 물었다. 모른다는 대답뿐이었다. 밤 10시를 넘고 있었다. 다시 비서실장실로 올라갔다. 총리, 실장, 장관들은 어디론가 떠나고 수석비서관들이 앉아 있었다. 崔侊洙(최광수) 의전수석 옆자리에 가만히 앉아 낮게 물어보았다.

"어떻게 된 일입니까?"

"가족분들, 영애분들 지금 어디 계시는가." "모르겠습니다. 지금 주무시는지……"

"아무 연락이 없었지?"

"각하께서 안 들어오시는데 어디 계십니까?"

"응, 조금 늦으실 거야. 만약 영애분들이 물으시면 곧 들어오실 거라고 해."

분명히 무슨 일이 진행되고 있었다. 직급이 낮은 이광형으로서는 접근할 수 없는 곳에서 무슨 사건이 일어나고 있었다.

높은 분들로부터 소외된 李 부관은 얌전히 부속실을 지키면서 바깥에서 나는 소리에 청각신경을 곤두세워 놓고 있었다. 낡은 건물의 낡은 마룻바닥과 나무계단은 그들의 움직임으로 삐걱대고 있었다. 발자국 소리들이 일층에서 이층으로 급하게 올라갔다가 재빠르게 내려오고 있었다.

밤 12시에 박학봉 부속실장이 들어왔다. 사정을 모르기는 그도 마찬가지였다. 두 사람은 속이 타니 냉수만 들이켰다. 李 부관은 본관 경호데스크로 가 보았다. 무전기에서 다급한 목소리가 흘러나왔다.

"경호실장 차가 경부고속도로 톨게이트를 벗어나 달리고 있다."

경찰로부터 올라온 보고였다. 그때는 시체가 되어 궁정동 나棟 경호원 대기실에 쓰러져 있었던 鄭仁炯 경호처장의 차를 운전기사가 개인용무로 몰고 가는 것을 포착한 내용이었다. 이 보고로 해서 심야에는 '대통령이 납치되셨다' 는 첩보가 치안기관에 쫙 퍼졌다. 새벽 2시 다시 청와대로 돌아온 金桂元 실장은 수석비서관들에게 '대통령 서거' 를 알린 뒤에 부속실의 두 사람을 불러서 멍한 표정으로 悲報(비보)를 전했다.

박정희 대통령의 셋째 딸 槿暎과 全錫濚(전석영) 총무비서관이 運柩(운구)를 위해서 병원으로 간 사이 부속실장 朴鶴奉과 李光炯 부관은 시신을 받을 준비를 해야 했다. 사람들을 불러 모았다. '피아노 방' 에 파티를 할 때 쓰던 탁자와 식탁보가 정리되어 있었다. 이것들을 소접견실로 옮겨 붙여 받침대를 만들고 위를 덮었다. 이광형은 지하실로 뛰어 내려가 집기창고를 열고, 병풍과 향로, 향 등 祭器를 갖고 올라왔다. 朴 대통령이 조상과 먼저 간 아내를 위해서 썼던 것이 이제는 자신의 소용이 됐다. 이광형은 다시 현관 밖으로 뛰어나갔다. 대통령이 제일 좋아했던 국화 화분이 양쪽으로 줄을 지어 놓여 있었다. 두 개를 들고 들어왔다. 제단을 차리고 향불을 붙였는데 무엇인가 빠진 것이 있는 것 같았다. 영정이었다. 부속실에 걸려 있던 대통령의 사진을 떼내어 까만 리본을 둘렀다.

새벽 2시 20분쯤 국군서울지구병원 정문에 도착한 전석영 비서관은 헌병의 저지를 받았다. 헌병이 안으로 전화를 하니 한 장교가 나왔다.

숲 비서관이 사유를 설명했는데도 "들어갈 수 없다"는 것이었다.

"각하를 모시러 왔는데 무슨 소리야?"

호통을 치고 나서야 들어갈 수 있었다. 병원장실에서 金秉洙(김병수) 준장을 만나 대통령의 시신이 안치된 방으로 같이 갔다. 대통령은 양복 바지를 입고 있었다. 상체는 피 묻은 와이셔츠 위에 환자복을 걸치고 있었다. 근영이 가지고 온 옷 보따리를 풀어서 준비해 간 양복으로 갈아입히는 일은 金 원장과 숲 비서관이 했다. 따라간 경호원도 거들었다. 근영은 아버지의 다리를 만지고는 울음을 쏟았다. 대통령의 시신에서 벗긴 피 묻은 와이셔츠와 속옷을 보따리에 싼 근영은 들것에 실린 아버지의 시신과 함께 병원에서 내준 구급차에 탔다. 박정희는 출타 아홉 시간 만인 27일 새벽 3시에 청와대로 돌아왔다. 군용 들것에 실린 아버지를 앞세우고 옷 보따리를 가슴에 품고 본관 현관으로 들어오던 근영의 모습은 그 자리에 있었던 사람들의 뇌리에 잊혀지지 않는 殘影(잔영)으로 남았다. 대통령의 시신을 받은 이광형은 "이 군, 나 경호실장하고 저녁 먹고 올 테니 서재 문 잠그고……"하던 대통령의 마지막 말이 귓전에 쟁쟁했다. 소접견실의 응급 개조한 받침대 위에 시신을 눕혔다. 머리를 입구 쪽으로 향하게 했다. 누구인지 울음을 터뜨렸다. 여기저기서 동시에 흐느낌이 퍼졌다. 집총한 경호원들도 울었다. 이광형은 울면서 대통령의 손도 만져 보고 얼굴도 살펴보았지만 총상 자리는 찾지 못했다. 평온하기 그지없는 표정이었다.

이때부터 청와대 직원들은 대통령의 집안사람들과 高官들에게 전화를 걸기 시작했다. 육군사관학교에 재학 중인 아들 朴志晩 생도에 대한 연락은 이광형 부관이 맡았다. 白石柱(백석주) 육사교장을 전화로 불렀다. 잠에서 덜 깬 목소리였다.

"여기 청와대인데요."

"웬일입니까?"

"교장님 혼자서만 아시고요, 지금 빨리 사람을 내무반에 보내서 지만생도를 깨워주십시오. 청와대로 보내주세요."

"무슨 일입니까?"

"더 이상 묻지 마시고 각하께서 찾으시니까 빨리 보내 주세요. 그리고 절대 보안해 주십시오."

육사 생도대장이 지만을 깨워 차에 태웠다. 지만은 '날이 밝으면 토요일이라 외출을 나가게 되어 있는데 왜 찾으실까. 아버님께서 또 나를 혼낼 일이 있으신가' 하고 의아한 생각에 잠긴 채 청와대로 달렸다. 청와대 본관에 도착하니 의장대, 향냄새, 그리고 서성대는 사람들. 마중 나온 李 부관에게 그는 "아니, 왜 이래요?"라고 했다.

"각하께서 돌아가셨습니다. 이리 와서 분향부터 하십시오."

그 순간 아들은 비틀했다.

아버지의 日記

朴志晚 생도는 아버지 영정 앞에서 분향한 뒤에 병풍 뒤로 돌아 편안하게 잠자는 듯한 아버지 시신을 보았다. 그는 곧장 2층의 자신 방으로 올라가서 음악을 틀어 놓고 울었다. 그가 아버지를 마지막으로 본 것은 지나간 일요일이었다. 외박을 끝내고 돌아가는데 아버지가 본관 바깥까지 따라 나왔다. 인사를 하는 아들에게 대통령은 "그래 잘 가, 잘 가"라

고 했다. 다른 때에는 "응, 그래 가서 고생해"라고 했다. 아들이 "아버님, 그만 들어가세요"라고 해도 계속 서 있었다. 지만은 계단을 내려와서 뒤를 돌아보니 그때까지도 아버지는 서 있었다.

아내를 잃은 뒤 대통령은 아들에게 더욱 정을 쏟았다. 박지만이 육군사관학교에 입교한 것은 1977년 1월 30일. 朴 대통령이 쓴 일기장에는 이날 전후의 4일간이 모두 아들 이야기로 채워져 있었다.

〈1977년 1월 29일(土) 맑음. 지만이가 내일 육사에 가입교하게 되어 저녁 만찬을 들며 육사 이야기를 하면서 격려하다. 이제 19세 고교 졸업생이라고 하지만 아직 집을 떠나 혼자 객지생활을 한 경험이 없어서 애처롭기도 하고 불안스러운 생각도 들지만 이제부터는 국군의 장교가 되려고 하는 남아의 出關(출관)이기에 부모의 자정에 쏠리는 표시는 하지 않아야지 하고 호쾌한 나의 경험담들도 들려주면서 약한 마음을 먹지 않도록 애썼다. 낮에는 국립묘지에 참배하고 왔다기에 어머니께서 무슨 말씀이 없더냐고 농담을 했다. 자식을 길러 봐야 부모의 심정을 안다는 옛말이 새삼 실감 있게 느껴졌다.

1940년 3월 하순 어느 날, 쌀쌀한 봄바람이 옷자락으로 스며드는 고향 구미역 북행선 플랫폼에서 멀리 이국땅 북만주 신경군관학교에 입교하기 위하여 북행열차를 타고 떠나는 나를 전송하기 위해 칠순 노구의 어머니께서 나오셔서 나의 옷자락을 붙잡으시며 "늙은 어미를 두고 왜 그 먼 곳에 가려고 하느냐" 하시며 노안에 눈물을 흘리시던 그 모습이 불현듯 머리에 떠오르고 어머님의 흰옷 그림자가 보이지 않을 때까지 손을 들어 흔드시던 그 모습이 지금도 완연하다. 그날 어머님의 심정이 얼마나 허전하고 쓸쓸하셨을까. 어머님 너무나 불효막심하였습니다. 이

제 용서를 빌어본들 무슨 소용이 있으랴!〉

〈1977년 1월 30일(日). 6시 반경 기상, 7시에 지만이를 깨우다. 영하 14, 15도의 혹한이다. 8시 반 지만이와 조반을 들다. 지만이는 아침에 육사생도 규정대로 짧게 이발을 했다. 식탁에 앉으면서 '머리를 깎고 나니 이제 정말 집을 떠나는구나 하는 생각이 든다' 면서 눈시울을 붉혔다. '육사와 같은 훌륭한 학교에 가는데 사나이 대장부가 그렇게 마음이 약해서야 어찌하느냐' 하고 타이르면서도 나도 모르게 가슴이 뭉클하여 간신히 참고 태연한 체하였으나 이 자리에 저희 어머니가 있었더라면 얼마나 좋았으랴 하는 생각이 문득 떠올라서 나도 몹시 마음이 언짢았다. 저것이 저희 어머니 생각이 나서 저러는구나 하고 생각하니 가슴이 찢어지는 듯 참을 길이 없었다.

9시 20분 청와대를 출발하다. 비서실장을 비롯하여 청와대의 많은 직원들이 현관에 나와서 전송을 해 주었다. 지만이와 한 차에 타고 태릉 육사로 가면서 차 안에서 지만이와 여러 가지 환담을 하면서 격려를 했다. 창밖의 날씨가 매섭게 차기만 하다. 이 추운 날씨에 지만이가 훈련을 감당해 낼 수 있을까 하는 생각이 앞선다. 육사 2기 시절의 이야기도 해 주었다. 육사 본관 현관에서 지만이를 내려 주고 '몸 건강히 열심히 잘해, 지만이!' 하고 신입생 접수장으로 보내고 육사교장실에 들어가서 교장 鄭昇和 장군과 잠시 환담하다가 귀저하다. 집에 돌아와 아내 영정 앞에 가서 '지만이가 오늘 육사에 들어갔소. 내가 지금 데려다 주고 돌아왔소. 당신께서 앞으로 지만이를 보살펴 주시오' 라고 고하다. 자식에 대한 부모의 마음이란 왜 이다지도 약할까. 오전 중에 지만이방을 정돈

했다. 온 집안이 텅 빈 듯하다. 군에 자식을 보내는 부모의 심정은 다 마찬가지리라.〉

〈1977년 1월 31일(月). 기침하니 날씨가 매우 차다. 아침 늦잠 잔다고 늘 잔소리를 듣던 지만이가 오늘 아침부터는 6시에 일어나서 혹한 속에 육사 교정을 뛰는 모습이 눈에 선하다. 군인으로서 병영생활의 첫 아침, 한파 속에서 추위와 싸우며 청운의 大志를 펴기 위하여 의지를 불태우는 홍안 19세의 젊은 사관생도(물론 아직 정식 입교는 하지 않았으나). 장하다, 우리 지만이. 在天의 너의 어머니는 더없이 기뻐하시리라.〉

〈1977년 2월 1일(火). 오후에 육사교장 鄭 중장이 내방하여 입교한 지만이의 동향과 교육받는 자세를 들었다. 매우 명랑하고 식사도 잘하여 동료들과 똑같이 열심히 잘하고 있다는 말을 듣고 무한히 기뻤다. 이날 아침에 태릉 부근은 영하 20도까지 내려갔는데 기상 후 2km의 구보를 했다고 한다. 염려하던 발도 이상이 없는 듯 낙오하지 않고 같이 뛰었다니 기쁘기 한이 없다.〉

〈1977년 2월 22일. 지만이로부터 편지가 왔다. 사관학교에서 처음 보내온 편지다. 반갑기 한이 없다. 깨알 같은 지만이의 독특한 필체로 육사 용지에 1매. 국민학교에서 고등학교까지 교육시켜서 처음 받아 보는 편지이다. 몇 번이나 읽어 보고 지만이가 이만큼 컸구나 하는 생각이 들어 대견하기만 했다. '학과 출장시 꼭 보게 되는 〈내 생명 조국을 위하여〉라는 아버지의 휘호를 보면 가슴이 뭉클하고 피가 끓어오르는 듯한 이상한 감정이 듭니다(中略).' 편지를 아내 영정 앞에 가져다 놓고 '지만이에게서 편지가 왔소' 하고 고하다.〉

〈1977년 8월 8일. 지만이로부터 편지를 받았다. 엄격하고도 규칙적인 군대생활을 하게 되니 군인의 사명이 무엇이란 것을 점차 깨닫게 되고 조국이 무엇이란 것을 어슴프레 하게나마 알게 되고 조국에 대한 애정을 느끼게 되는 모양이다. 땀 흘리며 받는 이 훈련이 누구를 위하여, 무엇 때문에 흘리는 땀이란 것을 깨닫게 되면 그 훈련이 하나도 괴롭거나 고생이라고 생각되지 않고 오히려 보람과 희열을 느끼게 되는 법이다. '땅에 엎드려 조국의 흙냄새를 맡으며 자신을 돌이켜 보고 휴식시간에 철모를 벗고 땀방울을 손으로 쓱 문질러 먼 산을 바라보면 조국의 산천이 다정히 반겨 줍니다. 책임감이 얼마나 인간을 부지런하게 하는지 배웠습니다.' 지만이 편지의 한 구절이다.〉

〈1977년 8월 28일. 지만이가 7개월 만에 휴가로 집에 돌아왔다. 근영이가 차를 가지고 가서 같이 국립묘지를 참배하고 12시 반경 집에 도착했다. 맹훈련으로 검게 타고 체중이 3kg이나 줄었다고 하니 건강하여 무엇보다도 기쁘다. 오늘은 지만이가 돌아와서 집안에 활기가 넘쳐흐른다. '집이 이렇게도 좋은 곳인지 몰랐다' 며 지만이는 즐겁기 한이 없다. 저녁시간에는 웃음과 화제가 그칠 줄 모른다.〉

金鍾泌 – '선장 없는 조각배'

공화당 金鍾泌 의원은 새벽 3시쯤 청구동 집에서 전화를 받았다. 대통령 민정수석비서관 朴承圭(박승규)였다. 김종필이 전화기를 드니 울음소리부터 들렸다.

"여보세요, 김종필입니다. 누구십니까?"

"저, 박승규입니다. 엉 엉……."

"왜 그래요, 무슨 일입니까?"

"하여간 빨리 들어오십시오. 들어오시면 압니다."

김종필은 예감이 나빴다. 지난밤에 그는 이태원의 음식점에서 언론사 사장들과 저녁식사를 하고 있었다. 밤 9시쯤 궁정동 근방에서 총성이 들렸다는 보고가 음식점으로 들어왔다. 청와대 주변이 어수선하다는 얘기도 들렸다. 참석자들은 술도 제대로 마시지 않고 뿔뿔이 흩어져 돌아갔던 것이다. 김종필이 청와대 본관에 도착하니 이상했다. 검문도 제대로 하지 않고 멍하니 서 있는 사람들이 있는가 하면 현관으로 들어가도 알아보는 사람이 없었다. 소접견실에서 경호원들이 흰 천을 탁자 위에 깔고 있었다. "이게 뭐야?" 하니 경호원들은 엉엉 울기만 했다. 이때 2층에서 박승규가 내려오더니 김종필을 붙들고 "각하가 돌아가셨습니다"라고 하는 것이었다.

"뭐이? 각하가 돌아가시다니!"

"조금 전에 병원에서 운명하셨습니다. 처리를 하느라고 늦어지고 있는데 여기로 오시는 중입니다."

김종필은 망치로 뒤통수를 얻어맞은 것처럼 아무 생각이 나질 않았다. 대통령의 시신이 도착했다. 김종필은 탁자 위에 눕혀진 처삼촌을 내려다보면서 생각했다.

"원래 조그마한 분이지만 눕혀 놓으니 애기 같아요. 문득 무슨 생각이 났느냐 하면 댈러스에서 저격당한 케네디가 병원으로 가지 않았습니까. 傳記를 읽어 보니까 그는 '위대한 거인'이었다는 대목이 있었습니다. 수술대 위에 눕혀 놓으니 그렇게 크게 보이더랍니다. 그런데 이분을 보니까 세상에 이렇게 몸이 작을 수가 없어요. 손을 만지니까 싸늘하고 오른쪽 귀 윗부분에 총탄이 들어간 자리에서는 혈청같이 뿌연 것이 흘러내리고 있었습니다. 이분이 이렇게 가셨구나. 천하를 주름 잡던 분이 숨을 거두니까 이런 데 누우시는구나! 아주 별별 생각이 다 들었습니다."

金桂元 비서실장이 피 묻은 양복차림 그대로 내려왔다. 김종필은 함께 2층 비서실장실로 올라갔다. 두 사람만 남게 되자 김종필이 따지듯 물었다.

"어떻게 된 일이오."

"김재규란 놈이 그랬어요, 김재규란 놈이……."

"실장도 거기 있었을 텐데 뭣했어요."

金 실장은 고개를 숙이고 잠시 말을 못하더니 울먹이며 이렇게 말하더란 것이다.

"제가 죽일 놈입니다. 아무것도 못했습니다. 제가 죽일 놈입니다."

"자초지종을 이야기 좀 해 봐요."

김계원은 車智澈에 대한 대통령의 편애를 하소연하듯 털어놓더라고 한다.

"아침에 내려오시면 경호실장이 각하를 모시고 무슨 이야기인지 모르지만 그렇게 오래 하면서 시간을 보내고, 장관이 오면 비서실장에게 이야기하고 가라고 하는 판이니 저는 여기서 뭘 하는 사람입니까, 허수아비입니까.”

김종필은 “김재규가 총 쏠 때 실장은 뭣했어요?” 하고 추궁했다.

“내가 그렇게 따져 물었더니 金 실장은 ‘저도 겁이 나서 밖으로 나갔습니다’ 라고 합디다. 김 실장이 밖에서 들었는데 대통령이 ‘나는 괜찮아. 아가씨들 괜찮아?’ 라고 하시며 여자들을 오히려 걱정하시더랍니다. 朴 대통령의 평소 실력대로 나온 겁니다.”

김종필은 10·26사건 뒤 사석에서 “대통령께서 격랑 속에 선장 없는 조각배를 나에게 남겨 주셨다”는 취지의 말을 한 적이 있다. 박 대통령의 죽음은 그의 정치적 운명을 크게 바꾸어 놓았다. 金正濂(김정렴) 전 대통령비서실장에 따르면 박 대통령은 1978년에 유신체제體制를 근본적으로 개혁하는 비밀연구작업을 자신에게 지시했다는 것이다. 그 핵심은, 유신헌법을 개정하여 대통령 후보의 실질적인 경선이 가능하도록 한 다음에 자신은 대통령 임기만료 1년 전인 1983년에 하야하겠다는 뜻을 비쳤다는 것이다. 박 대통령은 후계자로는 김종필을 염두에 두고 있었다는 것이 김정렴의 증언이다. 미리 김종필을 국무총리에 임명하여 자신의 하야 뒤에는 그가 헌법에 따라 대통령권한대행에 취임하도록 하겠다는 복안이었다는 것이다. 朴 대통령은 “주한미군 철수에 따른 안보상의 대비를 그때까지 해 놓고 물러나 나도 좀 쉬어야겠고 애들도 시집 장가 보내야겠다”고 말했다.

서울 마장동에서 정육점을 꾸려 가던 李現蘭(이현란) 할머니는 박정희의 죽음을 친구가 걸어온 전화를 받고 알았다. 큰 마음의 동요는 없었다. "밥도 한 그릇 더 먹었다"는 것이다. 그 이야기를 들은 친구는 "너 참 독하구나"라고 말했다. 그 8년 뒤 할머니는 한 기자에게 이런 후회를 말했다.

"옷자락만 스쳐도 인연이라는데 그때는 내가 너무했다는 생각이야. 표현을 안 하더라도 명복을 빌어 주었어야 했는데. 곱게 돌아가시지 못한 게 마음 아파요. 내가 왜 그랬는지 몰라요. 옛날 추억이 생각났더라면 이렇게 살지 않았지요. 미안하다는 생각뿐이지요. 지금은 나를 지극히 사랑해 주었던 그 사람이 극락세계에 갔으면 하고 생각하지요."

李現蘭 할머니는 1948년부터 1950년 2월 초순까지 박정희와 약혼한 뒤 동거했던 여자이다. 그녀는 1993년 4월에 죽었다.

金泳三의 문상

북한의 〈노동신문〉은 10월 28일에 1면 머리기사로 朴正熙의 죽음을 보도했다. 그 제목은 "박정희 역도가 총탄에 맞아 죽었다"였다. 1974년 8월 15일 陸英修 여사가 문세광의 총탄에 맞아 서거했을 때보다는 그래도 표현이 좀 나은 편이었다. 8·15저격사건 때 〈노동신문〉은 "총탄세례를 받은 박정희는 비명을 지르면서 뒤로 벌렁 나자빠졌다가 방탄장치를 한 연탁 밑으로 기어 들어가 간신히 목숨을 건지는 추태를 부리고 그 옆에 앉아 있던 박정희의 여편네는 머리에 총탄을 얻어맞고……"라고 보도했다.

1994년 7월 '민족의 怨讐(원수)' 金日成이 죽었을 때 弔問을 해야 한다고 주장하고 나섰던 사람들 중에는 '민족중흥의 기수'가 쓰러졌을 때는 '잘됐다'고 생각한 사람들이 많았다.

金泳三 신민당 총재는 새벽 4시를 넘어서 미국의 한 교포로부터 걸려온 전화를 받고 박정희 대통령의 서거를 알게 됐다. 그 교포는 "지금 미국 텔레비전 방송에서 박 대통령이 죽었다는 뉴스가 방영되고 있다"고 전했다. 김영삼 총재는 1987년 기자에게 이렇게 말했다.

"그 사건은 솔직히 충격적이었습니다. 불행한 일이지만 올 때가 왔다고 생각했지요. 그 다음 날 아침에 윤모 목사가 찾아왔더군요. '박정희 역적은 죽었지만 용서해서는 안 된다'고 말하더군요. 그래서 내가 죽은 사람에게 그러면 안 된다고 얘기했지요. 나는 죽은 박정희를 용서하고 싶다고 하면서 문상을 가고 싶다고 하니까 자기는 못 가겠다고 합디다. 다른 사람들도 나에게 문상을 가지 말라고 말렸어요. 그렇지만 하나님을 믿는 사람으로서는 원수도 용서하라고 했는데 그러면 안 된다고 생각했죠."

김영삼 총재는 청와대를 방문하여 빈소에 조의를 표했다. 연금상태에 있었던 金大中은 11월 1일 대통령 빈소에 조문하고 싶다는 뜻을 기관에 전달했던 것 같다. 정보부와 경찰은 이 뜻을 合搜部에 보고했다. 全斗煥 합수본부장은 "정치적 시위를 노리는 행동으로 판단되니 거절함이 좋겠다"고 했다.

1979년 11월 2일 윌리엄 글라이스틴 駐韓 미국대사는 미 국무부에 올린 한국정세보고 電文에서 야당·재야가 한국의 內政에 대한 미국의 개입을 촉구하고 있다고 보고했다.

〈야당과 재야 세력의 지도자들은 미국 정부의 확고한 개입만이 한국 군부의 집권을 저지할 수 있을 것이라고 말하고 있다. 그들은 미국의 영향력이 수년 내 최고조에 달한 상태이므로 이 힘을 사용하지 않는 것은 어리석은 짓이라고 거듭해서 말하고 있다. 야당 정치인들은 한국의 장래는 한국인들이 결정해야 한다는 우리의 성명을 비웃고 있다. 유정회의 한 의원은 "당신들이 좋아하든 싫어하든 이런 유동적인 상황에서 미국은 군부, 여·야 정치인, 국민과 함께 4대 키 플레이어가 되어 있다"고 말했다. 아주 기묘하게도 김영삼은 자신의 지지자들로부터도 정부가 민주발전으로 나아가는 데 있어서 진짜 걸림돌이 된다는 평가를 받고 있다. 한 온건한 신민당 의원은 말하기를 "김영삼은 非타협적인 태도와 선동적인 발언으로 군부를 자극하여 그들이 정권을 잡을 수밖에 없다고 생각하도록 만들 가능성이 있다"고 했다.〉

야당·재야에서는 미국이 민주화를 도와줄 것이라고 기대하면서 우리 내정에 개입해 달라고 미국의 손을 끄는 사이 정부·여권 세력에서는 계엄사와 합수본부에 기대어 기득권을 유지해 보려는 움직임이 나타난다. 예로부터 주체성과 자주성이 약하여 사대적이라는 비판을 받아 온 한국의 文民 정치인들은 박 대통령의 사망으로 권력공백기가 생기자 또다시 힘센 편을 기웃거리기 시작한다.

27일 날이 밝자 계엄사 합수본부로 바뀐 보안사는 신속하게 권력의 공백을 메우고 들어갔다. 합수본부가 혼돈기에 주도권을 잡을 수 있었던 것은 보안사가 가진 군사력 때문이 아니라 전두환 사령관이 이날 밤 사태를 정확히 파악하여 권력공백기의 그 여백을 먼저 채우고 들어갔기 때문이었다. 보안사는 권력은 큰 부서였지만 병력은 자체 경비도 할 수 없는 수준이었다. 전두환 사령관이 밤 10시 30분쯤 보안사에 들러 대통령의 시신이 바로 옆인 국군서울지구병원에 안치되어 있다는 보고를 받앉을 때 참모들은 쿠데타 기도라고 판단했다.

보안사가 쿠데타에 가담한 군부대로부터 안전하지 못하다고 생각한 참모들은 全 사령관에게 "안전한 육군본부로 지휘부를 옮기자"고 건의했던 것이다. 全 사령관은 禹國一 참모장과 李相淵 감찰실장 정도만 남기고 다른 참모들과 함께 육군본부 보안부대로 갔다. 일종의 피난이었다. 全 사령관은 수경사에 부탁하여 경비병력을 보내 보안사를 지켜달라고 했다.

27일 새벽 2시를 넘어 이상연 감찰실장이 지휘하여 金秉洙 원장을 연금하고 있던 정보부 경비원 柳成玉과 서영준을 체포할 때는 수갑을 찾을 수가 없어서 커튼 줄을 뜯어내 묶어야 했다. 동원할 수 있는 물리력에서는 이렇게 초라한 보안사였지만 27일 오전에는 계엄령의 뒷받침을 받고서, 유신체제의 가장 강력한 權府(권부)이던 중앙정보부를 간단히 접수했다.

접수책임자 이상연 대령은 정보부의 국내 기능이 들어 있었던 남산분청을 접수하러 가기 전에 미리 남산으로 전화를 걸어 안내자를 내보내라고 지시했다. 처음에는 정보부의 정문을 열어줄지가 불안했던 것이다. 정보부 간부들은 이상연 대령의 지시에 고분고분 협조했다. 부장이 대통령 시해범으로 구속수사를 받고 있고 국장급 간부 수십 명이 일단 공모혐의로 합수부에 연행된 뒤였기 때문에 그들은 이미 기가 죽어 있었다. 연행된 국장급 간부들 중에서는 玄鴻柱(현홍주) 기획조정국장 등 수명만 구제되고 나머지는 모두 면직된다.

권력은 본질적으로 폭력이다. 굳이 표현한다면 합법적인 폭력이라고 할 수 있다. 박정희의 살해에 성공한 뒤 쿠데타를 꿈꾸었던 金載圭. 그는 보안사 서빙고 수사분실에서 申東基(신동기) 수사관으로부터 亂打(난타)를 당하는 순간부터 공식적으로 파멸을 맞았던 것이다. 金載圭는 항소 이유 보충서에서 이렇게 썼다.

〈27일 새벽에 서빙고로 연행되자마자 수사관들은 본인의 전신을 닥치는 대로 구타하고 심지어 EE8전화선을 손가락에 감고 전기고문까지 자행하였습니다. 이런 고문이 며칠간이나 계속되었는지 모릅니다. 여러 차례 졸도도 하여 심지어 어떤 수사관에게 이대로 죽으면 이 꼴로 고향에 가게 하지 말고 서울에 묻어달라고 유언까지 한 일이 있었습니다. 본래 간이 나쁜 본인은 止血이 안 되어 온몸이 피하출혈로 시뻘겋게 됐고 그 흔적이 지금까지 남아 있습니다. 산송장이나 마찬가지였습니다.〉

진도와 방울이

27일 오후 국군서울지구병원의 金秉洙 원장은 서빙고 분실로부터 "급히 좀 와달라"는 연락을 받았다. 김재규에게 몇 차례 가한 고문 때문에 피하출혈이 생겨 멍이 들자 수사관들이 겁을 집어먹은 것이었다. 김병수 준장이 서빙고의 신문실에 들어가니 김재규는 반가워했다. 진찰해 보니 위험한 정도는 아니었다. 으레 간이 나쁜 사람들이 보이는 증상이었다. 金 원장은 全斗煥 사령관에게 말해주었다.

"괜찮습니다. 하루에 알부민 한두 대 정도 놓아 주면 됩니다."

"어이, 김 장군. 당신이 책임져야 돼."

"괜찮아요. 안 죽어요."

그해 여름 김 원장이 청와대로 가서 대통령의 진찰을 하는 자리에서

朴 대통령이 당부를 하는 것이었다.

"거, 말이야. 김재규 부장의 건강이 별로 좋지 않은 것 같은데 김 박사가 잘 좀 치료해 줘."

김재규 부장도 대통령의 지시를 받고는 며칠 후 김 원장을 찾아왔다. 金 부장은 당시에 서울대학병원의 金丁龍(김정룡) 교수로부터 간치료를 받고 있을 때였다. 그런데도 대통령이 굳이 김병수 원장에게 치료를 받도록 한 것은 정보부장의 건강에 대한 정확한 정보를 알고 싶었기 때문이었을 것이다. 서빙고 분실에서 김재규를 치료해 준 뒤 김 원장은 통행금지령이 내려진 늦가을 밤 스산한 시청 앞 광장을 지나고 있었다. 차창 밖으로 시청 현관 위에 조명을 받은 채 내걸린 대통령의 영정이 눈에 들어왔다. 서거한 지 만 하루밖에 되지 않은 박 대통령의 얼굴은 김병수 원장을 노려보면서 이런 말을 하는 것 같았다.

"너는 내 주치의였지 않나. 그런데 어떻게 된 게 날 죽인 자를 살리려고 하나."

김병수 원장은 이때 받은 自愧心(자괴심)으로 해서 "이제부터는 내가 직접 환자 치료하는 일은 그만두어야겠다"는 결심을 하게 된다.

이날 국군서울지구병원에는 정보부 경비원 柳成玉도 실려 왔다. 간밤에는 권총을 차고 대통령의 시신을 지키면서 김병수 원장을 사실상 연금하기도 했던 그는 서빙고에서 가혹한 신문을 받다가 고통을 참지 못해 라디에이터에 머리를 처박고 자살을 기도했던 것이다. 응급처치를 받고 누워 있던 그를, 합수부 수사관들이 오더니 수갑으로 머리를 내려치고는 끌고 나갔다. 박 대통령의 친척과 측근 인사들은 지금도 김재규의 '背恩忘德(배은망덕)'을 말할 때 "개보다 못한……"이란 표현을 쓴

다. 인간을 차별하지 않았던 박정희는 평소 개에도 함부로 대하지 않는 사람이었다. 대통령 시절에도 방울이가 자신의 의자에 앉아 있으면 쫓아내지 않고 그 옆자리에 가 앉았다. 더운 여름날 방울이가 혀를 빼물고 헐떡거리면 대통령은 자신이 부치던 부채로 방울이에게 바람을 보냈다.

5·16 전 朴 장군은 신당동에서 살 때 '와이마루너'라는 독일産 경기견을 '와이마루'라 부르며 키웠다. 아내 陸英修는 이 개가 새끼를 낳으면 시장이나 蓄犬舍(축견사)에 팔아 집수리 비용을 마련하기도 했다. 지금도 신당동 집에 남아 있는 벽돌담과 채양은 이 강아지 판매대금으로 지은 것이라고 한다. 와이마루는 여섯 차례가량 새끼를 낳았다는 것이다.

박 대통령의 9일장 기간에 청와대 본관 2층에 혼자 남은 방울이는 우울해지기 시작했다. 대통령을 항상 쫄쫄 따라다니던 스피츠 수컷 방울이는 대통령을 찾아 침실과 前室을 기웃거렸다. 나중에는 대통령의 슬리퍼가 놓여 있는 곳에서 조용히 엎드려 있었다. 2층 침실의 문만 열리면 대통령이 나타난 줄 알고 꼬리 치며 달려갔다가 이내 시무룩해져서 돌아오기도 했다.

방울이가 본관 2층의 주민이 되기 전에는 한 마리의 진돗개가 살고 있었다. 아내를 잃은 박 대통령은 허전한 공간을 메우기 위해서였던지 개를 키우려고 했다. 1975년 무렵 전남 진도 군수가 상납한 것은 황구와 백구라고 불린 진돗개 수컷 두 마리였다. 全錫濚(전석영) 총무비서관과 朴鶴奉(박학봉) 부속실장이 두 마리의 진돗개를 목욕시킨 뒤에 2층 내실로 데리고 올라갔다. 대통령은 백구를 선택했다. 이름은 '진도'라고 붙였다. 탈락된 황구는 경호경비대(경찰)에 보내져 경비견으로 쓰이다가 곧 병을 얻어 죽었다.

진도는 주인한테만 충성을 바치는 진돗개의 성격 그대로였다. 야성이 살아 있어 먹을 것을 주는 대통령을 할퀴기도 했다. 진도는 대통령에게는 절대적으로 충성했으나 다른 사람들에게는 매우 사나웠다. 그래서 박학봉은 이 흰둥이 진돗개를 '박진도'라고 놀리기도 했다. 전석영 비서관은 "각하가 아시면 어쩌려고……"라면서 눈총을 주기도 했다. 2층으로 올라가던 차지철 경호실장이 달려드는 진도에 혼이 나서 박학봉에게 구원을 청한 적도 있었다. 부속실 사람들에 대해서는 진도가 고분고분했다. 먹을 것들이 부속실을 통해서 나오곤 했기 때문이다. 그러나 부속실의 '미스 리'는 진도에 엉덩이를 물린 적도 있었다. 진도의 정위치는 대통령의 침실 앞 거실이었다. 의젓한 자세로 버티고 있는 진도는 든든하게 보였다.

1978년 이 진도는 박 대통령의 私邸(사저)인 신당동 집으로 下放(하방)됐다. 진도가 너무 사나워 청와대 본관 안에서 원성을 산 것도 한 원인이었다. 진도는 신당동 집 관리인 朴煥榮(박환영)의 손에 넘어갔다. 여기서 진도의 운명은 또 한 번 바뀐다. 청와대 본관 시절의 진도는 대통령의 위광을 믿고 멋대로 싸돌아다녔으나 신당동에서는 쇠사슬에 묶이는 신세가 됐다. 워낙 사나워 밥을 주는 박환영만 물지 않았으니 격리조치를 하지 않을 수가 없었다. 진도는 쇠사슬을 이빨로 빡빡 물어뜯는 등 저항도 해 보았으나 때늦은 후회였다. 박 대통령이 가끔 신당동에 들르는 날이 진도가 사슬로부터 해방되는 날이었다. 재회도 잠깐, 대통령이 떠날 때면 진도는 차가 시야에서 사라질 때까지 꼬리를 흔들고 달려가려고 했다. 울화통이 터진 생활 때문인지 진도는 신당동 집에서 1년쯤 살다가 1979년 봄에 시름시름 앓더니 죽고 말았다. 박환영이 대통령에게 보고했더니 "잘 묻어 주라"는 지시가 내려왔다. 박환영은 북한산의 양지바른 기슭에 진도를 묻고는 돌멩이로 표시를 해 놓았다. 진도가 청와대에서 신당동 집으로 밀려나갈 무렵에 들어온 것이 방울이었다. 朴槿惠가 이 방울이를 구해서 육발이 수술도 해 주면서 귀여워했다. 이 방울이는 박정희 유족이 청와대를 나올 때 신당동 집으로 따라갔다.

쟁점

金載圭가 서빙고 분실에서 얻어맞고 있었던 27일은 權府(권부)와 그 가까이에 있던 사람들에게는 여전히 상황이 유동적으로 보였다. 청와대 주변에서는 한때 김재규가 쿠데타에 성공, 정권을 잡았다는 소문이 퍼지기도 했다. 그날 새벽에 한 인사가 김재규의 동생 金恒圭(김항규)에게 이 소식을 전해 주었다. 김항규는 "각하를 죽이고 정권을 잡은들 그게 무슨 가치가 있느냐"면서 집 안에 대통령 빈소를 차리기 시작했다.

정보부장이 대통령을 살해하고 계엄령을 펴라고 설쳐 댔는데 과연 軍內에는 공모자가 없을까 하는 의문은 당연한 것이었다. 더구나 비상계엄은 27일 새벽 4시를 기해서 선포됐다고 사후적인 발표는 있었지만 서울 시내에 계엄군이 탱크를 몰고 진주한 것은 그 전인 새벽 3시 전후였다. 비상계엄선포에 대한 공식적인 발표가 있기 전에 군부대가 서울 도심부로 먼저 들어왔으니 여러 가지 추측을 낳게 했다. 군부가 김재규를 이용하여 쿠데타를 일으키고 심부름꾼에 불과한 김재규만 시해범으로 몰아서 희생시키려고 한다는 추리도 무성했다.

金聖鎭(김성진) 문공부장관은 국방부에서 계엄선포에 대하여 논의를 하고 있을 때 벌써 군부대가 서울 시내로 진입하고 있다는 연락을 받았다. 김 장관은 "이게 무엇을 의미하는 것인가" 하는 의구심을 감출수가 없었다. '계엄령선포 의결 이전의 병력 출동'이란 이 점은 지금까지 계속되는 쟁점으로 남아 있기에 사실관계를 밝혀 둘 필요가 있다. 쿠데타란 것은 '합법적 절차를 밟지 않은 병력 이동'의 결과이기 때문이다. 1979년 10월 26일자 육군본부상황일지를 본다.

"정승화 육군참모총장이 육군본부 벙커에 도착한 것은 밤 8시 5분. 8시 15분에 총장은 국방부장관 노재현과 통화. 8시 20분, 총장은 1, 3군사령관에게 '진돗개 둘'을 발령하라고 지시. 8시 26분부터 총장은 연합사 부사령관 柳炳賢(유병현), 합참의장 金鍾煥(김종환), 수경사령관 全成珏(전성각)에게 전화하여 벙커로 오도록 통보. 8시 40분, 30사단에 병력 출동준비 지시, 45분에 33사단에 출동준비 지시. 8시 53분에 총장은 제9특전여단장에게 9여단이 출동준비가 되는 대로 육본으로 이동하라고 명령한다. 8시 55분에 총장은 李建榮(이건영) 3군사령관에게 전화하여 '20사단의 출동준비가 되는 대로 육사로 이동하라'고 명령. 9시 30분 崔圭夏 총리와 장관들이 벙커에 도착. 밤 10시 10분 李熺性(이희성) 육군참모차장은 20사단과 9여단은 27일 새벽 0시(자정) 1분부터 이동하라고 지시. 밤 11시 22분, 20사단은 사단사령부가 있는 양평을 출발했다고 육본으로 보고. 차량 269대가 이동 중. 새벽 4시 30분에 육사에 도착 예정. 밤 11시 55분, 수도군단장에게 국가보안목표 점령준비 지시. 漢水 이북은 수경사가, 한수 이남은 수도군단이 점령할 수 있도록. 27일 새벽 0시에 9여단 이동 개시, 새벽 1시 50분에 육본 도착 예정. 새벽 0시 53분 33사단 1개 임시헌병대대 출발, 새벽 1시 43분에 육군본부에 도착 예정. 새벽 1시 30분부터 새벽 4시 사이에 수경사와 수도군단이 서울에 진입하여 국가보안목표 점령 예정. 새벽 2시 55분에 20사단의 선두는 육사에 도착, 새벽 4시 30분에 도착완료."

이 기록에 의하면 鄭昇和 총장은 정부에서 계엄령을 논의하기 전에 이미 군부대의 출동을 명령하고 있다. 정 총장은 김재규가 '내부의 소행'이라고 한 말을 차지철에 의한 쿠데타 기도라고 오해하여 비상조치를 취하는 과정에서 수도권 부대의 서울 진입을 명령한 것이다. 정 총장이 김재규의 "빨리 계엄령을 선포하여야 한다"는 말에 따라서 그의 쿠데타 기도를 돕기 위해 부대 동원을 한 것이 아님은 분명하지만, 정권을 뒤엎을 수도 있는 무장병력을 서울 시내로 진입시킨 결정이 어떤 경황에서 이루어졌는가를 정확히 알아내는 일은 중요하다.

12·12사태 때도 문제가 되지만 군병력의 동원에 대한 엄격한 규칙이 확립되어 있지 않으면 위기 時에 엉뚱한 세력에 의해서 엉뚱하게 이용될 가능성이 있기 때문이다.

제20사단은 제3군의 예비, 육본의 예비, 미8군의 예비, 연합사의 예비 사단 역할을 중첩적으로 수행하는 중무장의 정예부대였다. 사단장 朴俊炳(박준병) 소장은 26일 밤 9시 직전에 이건영 3군사령관으로부터 직접 육군사관학교로 출동하라는 명령을 받고 출동준비를 하기 시작했다. 박 소장은 왜 출동하는지 영문을 모르고 부대를 끌고 서울로 들어와 부대이동을 끝냈을 때 비로소 박 대통령이 서거했다는 사실을 알았다고 한다. 사단장조차 자신의 부대가 어떤 목적으로 쓰이는지 모르고 서울로 끌고 들어왔다는 것은 군부대 이동명령권을 가진 군 지휘부의 행동을 엄격하게 통제하지 않으면 정권 전복에 이용될 소지가 있다는 것을 보여 주고 있다.

당시 유효했던 계엄법시행령은 '국방부장관과 내무부장관이 국무총리를 거쳐 대통령에게 계엄령선포를 요청할 수 있다'고 규정하고 있었다. 국방부 훈령으로 된 '국군병력 및 장비사용절차에 관한 규정'은 '합참의장과 각 군 참모총장은 독립 전투여단급 이상의 부대 이동은 장관의 사전승인을 받아야 한다'고 규정하고 있다. 육군참모총장도 계엄령 선포를 전제로 하여 군부대를 허가 없이 출동시킬 권한이 없다는 뜻이다.

정승화 총장은 연락을 받고 육본 벙커로 나온 盧載鉉 국방장관에게 군부대 출동준비 등 비상조치상황을 보고했다고 주장한다. 이에 대하여 노 장관은 12·12사건 뒤에 合搜部에서 조사를 받을 당시 "정 총장으로부터 1, 3군에 비상태세를 하달한 사실, 20사단에 출동명령을 하달한 사실에 대해서 보고를 받았다"고 했다가 그 뒤에 있었던 군검찰과 법정증언에서는 "대통령의 서거 이외에는 일체 보고를 받은 사실이 없다"고 말했다. 노재현 전 장관은 1994년 8월 17일 서울지검에서 참고인으로 조사를 받을 때는 "합수부에서 진술한 것이 사실이 아닌가 합니다"라고 했다. 노 장관은 최근 기자에게 이렇게 말했다.

"정 총장으로부터 비상조치를 취하겠다는 말을 들은 적은 있으나 구체적으로 어느 사단에 출동명령을 내렸다는 식으로 보고하지는 않았습니다. 그런 것은 참모총장이 알아서 해도 됩니다. 내가 최 총리에게 보고하고 부대출동허가를 받았는지의 여부는 기억이 나지 않는데 그날 총리께서는 그런 문제에 대해서는 나에게 맡겼습니다."

최규하 총리 일행이 육군본부 벙커에 도착했을 때는 이미 정 총장이 계엄령선포 준비를 하고 있었고 총리를 비롯한 다른 장관들도 계엄령

선포의 필요성에 이견을 말하는 사람은 없었다. 全斗煥 전 대통령 측에서는 "김재규의 주도에 의하여 이미 계엄령 선포를 기정사실로 만들어 놓은 분위기에 군대에 대한 지식이 부족한 사람들이 편승한 것이다"는 취지의 비판을 하고 있다.

최 총리가 군부에 대한 통제력을 발휘하지 못하고 있는 권력의 공백기에, 군지휘부가 비상계엄령선포를 논의해야 하는 국무회의가 열리기도 전에, 또 김재규가 체포되기도 전에 이미 사단 규모의 대부대를 서울로 이동시키고 있었다는 점은 쟁점으로 남는다. 이 '비상계엄선포 이전의 부대이동 개시'가 김재규의 정권장악 도구로 이용되지 않은 것은 새벽 1시쯤 김재규가 체포되었기 때문이다. 김재규가 자신의 시해사실을 끝까지 숨기고 정보부장이란 자리를 유지한 상태였다면 수도권에 진입한 부대는 逆謀(역모)에 이용될 수 있었을지도 모른다.

'짜라투스트라는 이렇게 말했다'

10월 27일 오전 5시를 조금 넘어 鄭炯謨(정형모) 화백은 친구로부터 "대통령이 돌아가신 것 같다"는 전화를 받았다. 그는 충격 속에서도 '내가 무엇을 할 것인가'를 생각해 보았다. 예상했던 대로 오후에 문공부에서 "좀 들어오라"는 연락이 왔다. 國葬(국장)에 쓸 대통령의 영정을 그려 달라는 당부였다. 그날부터 鄭 화백은 철야작업을 하기 시작했다. 그는 朴 대통령의 얼굴을 어떻게 표현할까로 고민했다. 4년 전 대통령을 만났을 때의 인상적이었던 그의 눈을 떠올려 보았다.

부끄럼타듯 아래로 내리뜬 눈, 그러나 正視(정시)할 때는 가슴을 서늘

하게 만드는 빛나는 眼光(안광)을 영정에 담아야겠다고 생각했다.

　박정희의 눈매는 보는 사람들로 하여금 '내 가슴속을 훤히 꿰뚫어 보는구나' 하는 느낌을 주어 거짓말을 못 하게 하는 힘이 있었다. 정형모는 陸英修 여사가 죽은 뒤에 청와대 본관에 걸어 둘 육영수 초상화의 작가로 뽑혀서 陸 여사의 사진만 참고하여 많은 그림을 그렸다. 그는 대통령 부부의 초상화 모두를 死後에 그리는 인연을 갖게 된 것이다. 鄭 화백은 대통령 영정을 그리면서 1975년 8월 28일에 그를 만났던 기억을 되살려 보았다.

　尹冑榮(윤주영) 문공부 장관과 함께 대통령 집무실로 들어서니 대통령은 딸 槿惠와 함께 책장을 정리하고 있었다. 대통령은 긴장하고 있는 정형모에게 "청와대에는 정 화백의 그림이 가장 많아요"라고 하면서 자리를 권했다. 그는 의자에 앉자마자 정 화백에게 담배를 권하더니 라이터를 켜서 불을 붙여 주었다. 정형모는 '부모 앞에서도 피우지 못하는 담배를 대통령 앞에서 피우다니' 하는 생각이 나서 서너 모금 피우다가 재떨이에 비볐다. 완전히 껐다고 생각했는데 연기가 모락모락 나면서 대통령 얼굴 쪽으로 날아가는 것이었다. 당황해 하는 정 화백을 보고 근혜가 재떨이의 뚜껑을 덮었다. 식당으로 옮겨 점심식사를 하는데 정 화백이 그린 육영수의 초상화가 벽면에서 내려다보고 있었다. 陸 여사의 특징을 살리려고 웃음 띤 입술과 우아한 목을 신경 써서 그렸지만 만족을 느끼지 못한 정 화백이었다.

　대통령은 옆 자리에 앉은 근혜에게 "너도 알렉산더 대왕 전기를 읽고 있지?"라고 하더니 2층으로 올라가 아내의 사진 앨범을 가지고 내려왔다. 그는 햇살이 드는 창가에 앨범을 펴 놓더니 정 화백에게 사진을 고르라고 했다. 그때 37세였던 정 화백은 대통령이 꼭 자상한 아버지처럼 느껴졌다. 그날 식단은 토스트와 만두국, 그리고 반찬 세 가지가 전부였다.

정형모는 국장 하루 전인 11월 2일에 영정을 완성하여 납품했다. 7일간 밤낮을 가리지 않고 탁자만한 150호짜리 화폭에다가 근대화 혁명가의 비장한 혼을 불어넣어 보려고 했던 정씨는 곧 곤한 잠에 떨어졌다.

1979년 11월 3일 故 朴正熙 대통령 국장 영결식이 중앙청 앞 광장에서 열렸다. 崔圭夏 대통령권한대행이 건국훈장 대한민국장을 영전에 바쳤다. 이때 국립교향악단이 연주한 교향시가 '짜라투스트라는 이렇게 말했다' 였다. 독일의 리하르트 슈트라우스가 작곡한 이 장엄한 곡은 낮은 음에서 시작하여 고음으로 치달은 뒤에 꼭지점에 도달했다가 갑자기 사라진다. 이 곡은 독일 철학자 니체가 쓴 같은 이름의 책 序文을 음악으로 표현한 작품이다. 이 곡을 선택한 것은 국립교향악단의 洪燕澤(홍연택) 상임지휘자였다. 그는 "朴 대통령과 超人의 이미지를 연결하고 말고 할 겨를이 없었다"면서 "분위기를 가라앉히기 위해서 내가 평소에 좋아하던 곡을 연주한 것이다"고 했다.

니체의 《짜라투스트라는 이렇게 말했다》의 序文에는 이런 대목이 있다.

"인간이란 실로 더러운 강물일 뿐이다. 인간이 스스로를 더럽히지 않고 이 강물을 삼켜 버리려면 모름지기 바다가 되지 않으면 안 된다."

박정희는 疾風怒濤(질풍노도)의 시대를 헤쳐 가면서 영욕과 淸濁(청탁)을 같이 들이마셨던 사람이다. 더러운 강물 같은 한 시대를 삼켜서 바다와 같은 다른 시대를 빚어 낸 사람이다. 박정희가 그런 용광로의 역할을 할 수 있었던 것은 그가 권력을 잡고 나서도 스스로의 魂을 더럽히지 않고서 맑게 유지했기 때문일 것이다.

1963년 최고회의의장 시절에 쓴 책《국가와 혁명과 나》의 끝 장에서 박정희는 '서민 속에서 나고 자라고 일하고 그리하여 그 서민의 인정 속에서 생이 끝나기를 염원한다'고 했다. 그는 글라이스틴 駐韓미국대사가 평한 대로 '한시도 자신이 태어난 곳과 농민들을 잊어 본 적이 없었던' 토종 한국인이었다. 그는 死後 지식인들로부터 뭇매를 맞았으나 서민들의 마음속에서는 항상 살아 있었다. 최근의 '박정희 인기'는 서민들의 認定을 지식인들이 뒤늦게 따르고 있다는 점에서만 새로울 뿐이다.

영결식에서는 박정희의 육성연설 녹음을 두 편 골라서 틀었다. 지금 들으면 국민들에 대한 遺言처럼 느껴진다.

1978년 한국정신문화연구원 개원식 치사. 여기서 박정희는 자주정신을 강조하고 있다. 그는 "자주정신이란 우리 스스로가 이 나라의 주인이며 역사창조의 주체라는 자각"이라면서 "우리의 전통과 역사에 뿌리를 둔 주체적 민족사관을 정립하여 자주정신을 북돋움으로써 민족중흥의 활력을 제공하자"고 역설했다. 박정희는《국가와 혁명과 나》의 끝 장에서도 '소박하고 근면하고 정직하고 성실한 서민사회가 바탕이 된 자주독립된 한국의 창건, 그것이 본인의 소망의 전부이다. 동시에 이것은 본인의 생리인 것이다. 본인이 특권 계층, 파벌적 계보를 부정하고 군림사회를 증오하는 소이도 여기에 있을 것이다'고 했었다. 박정희가 자조정신·자립경제·자주국방을 강조한 것은 이 3自를 갖추어야 진정한 자주독립국가 행세를 할 수 있다는 확신 때문이었다. 박정희의 이 확신은 국수주의나 폐쇄적 민족주의를 반영하는 것이 아니라 서민들에 대한 동정심과 서민들을 괴롭히는 힘센 자들에 대한 정의감의 확대판이었다. 그

에게 있어서는 서민들을 괴롭히는 强者에 대한 반발심이나 우리나라를
누르려는 강대국에 대한 반발이나 같은 심정에서 출발한 다른 표현이었
던 것이다. 그는 서민적 반골정신을 대통령이 된 뒤에는 민족의 자주정
신으로 승화시켰던 사람이다.

영결식 기도에서 천주교계를 대표한 金壽煥(김수환) 추기경은 이렇게
말했다.

"인자하신 주여, 이제 이 분은 대통령으로서가 아니라 한 인간으로서
엎드려 주님의 자비를 빌고 생명을 목말라 합니다. 이 분의 영혼을 받아
주십시오. 죄와 죽음의 사슬을 끊고 생명과 광명의 나라로 인도하여 주
십시오."

새문안교회 姜信明(강신명) 목사는 이렇게 말했다.

"저 공중을 날으는 참새 한 마리도 당신의 허락이 없이는 땅에 떨어지
지 않는다고 하셨기에 우리는 지금 이 뜻하지 않은 일의 뜻을 알지 못
하여 안타까워하고 있습니다. 하기야 이 길은 인간이면 누구나 한번은
가야 할 피할 수 없는 일이기는 하지만 너무나 뜻밖에 비참하게 가셨기
에……."

사형 전날

대법원 전원 합의체가 10·26사건 피고인들에 대한 상고기각 판결을
내린 것은 1980년 5월 20일이었다. 梁炳晧(양병호) 대법원판사 등 6명
은 金載圭 등 피고인들에게 적용한 '내란 목적의 살인죄' 는 성립되지
않고 '단순 살인죄' 로 봄이 타당하다는 소수의견을 냈다. 양병호는 "내

란 목적의 살인이 되려면 상당히 넓은 범위의 모의와 조직, 다수에 의한 폭동 및 일정한 지역의 평온을 해치려는 계획 등이 있어야 하는데 이 사건은 김재규 혼자서 사전 모의 없이 그의 부하들을 지휘하여 저지른 범행이기 때문에 단순 살인에 불과하다"고 했다.

그 사흘 뒤(23일)에 김재규는 남한산성의 軍교도소에서 오전에 40분, 오후에 45분간 두 차례 가족들과 마지막 면회를 했다. 교도소에서 면회 중의 대화를 녹음하여 기록해 놓은 자료가 있어 처형되기 하루 전 김재규의 심리상태를 짐작하게 한다. 오전에 면회 온 두 동서와 두 처남, 그리고 운전기사에게 김재규는 제대로 정리되지 않은 이야기를 했다.

"내가 죽거든 동정복에 중장 계급장을 붙여 입관해 주고 검은 양말에 검은 구두를 신겨 주고 오른손에는 상아 지휘봉을 쥐어 주되 내 약력은 창호지에 적어 관 속에 넣어 다오."

"내 예감에는 내가 물이 나는 곳에 묻힐 것 같은데…… 내 동지가 모두 일곱 사람이니 나를 중심으로 내 좌우에 두 대령과 경비원을 각각 두 명씩 묻어 다오. 내 옆에는 스페이스를 남겼다가 내 집사람이 죽으면 묻어라(김재규는 여섯 명의 사형수를 일곱 명으로 착각하고 있다)."

김재규는 자신에 대한 사형집행이 민주화 운동을 촉발시킬 것이라고 예언한다.

"내 시체는 집에 들이지 말고 병원에 안치시켰다가 장사를 지내라. 긴급조치 석방자, 복권자, 복학생들이 내 관을 메고 시가행진을 할 우려가 있으니 절대로 못하게 하라. 나의 사형집행이 이루어지면 나에 대한 국민감정이 돌아서서 민주화 운동이 확 일어날 것이다. 내 죽음이 결정적인 모멘텀이 된다. 내가 간이 나빠 자연사를 하더라도 7~8년밖에 못 살

것이다. 후세 사람들에게 죽음의 시기를 잘 선택했다는 평가를 받고 싶다. 소련이라는 나라는 세계의 지붕으로서 여기서 빨간 물이 계속해서 내려오니 민주화가 되든지 유신체제가 연장되든지 간에 적화만은 막아야 한다."

김재규는 또 "내가 아들이 없는 사람이니 민수(동생 김항규의 아들)를 양자로 삼아 내 제사를 지내게 해 다오"라고 당부했다. 그는 또 함께 저승으로 가게 될 부하들의 유족을 돌보아 줄 것을 부탁한다.

"수영이 엄마보고 가재도구까지 정리하여 한 사람에게 1,000만 원씩 나누어 주라고 하라. 동지들의 가족이 학교에 들어갈 때 찾아오면 기꺼이 등록금을 도와주도록 전하라. 합수부에 빼앗긴 내 재산을 찾는다고 소송 같은 것일랑 절대로 하지 마라."

면회를 끝내고 돌아가는 가족들을 향해서 김재규는 "나에 대한 집행이 내일 오전 10시가 아닐까" 하는 뜻의 말을 일본어로 물었다. 가족들은 대답은 하지 않고 다음 주 화요일에 다시 면회를 오겠다고 했다. 김재규는 이날 오전 8시 교도소장이 찾아왔을 때도 "문세광도 대법원의 확정판결이 난 다음 날에 처형했는데 나에 대한 집행도 곧 있지 않겠느냐"고 말을 걸었다. 교도소장은 "내 권한밖의 일이라 모르겠다"고 했다.

이날 오후에는 김재규의 동생 金恒圭(김항규)가 가족들을 데리고 와서 면회했다. 김재규 형제의 대화록을 읽으면 동생이 형에 대해서 상당히 비판적인 생각을 갖고 있었음을 엿볼 수가 있다. 동생 김항규는 그때 건설업체를 경영하고 있었다. 그는 사건 직후에 合搜部에 연행되어 조사를 받고 회사를 국가에 헌납한다는 각서를 쓰고 나왔다.

"제가 서빙고에서 풀려나오던 날에 전두환 장군이 시간을 할애해주어

서빙고 특별실에서 만날 수 있었습니다. 전 장군이 이야기한 그대로 형님에게 전하겠습니다. 全 장군이 말하기를 '나는 선배로서 김 장군을 존경하지만 국가원수에 대한 일이니 이렇게 할 수밖에 없다는 것이 나의 신념이다'고 합디다."

"나는 평소 전두환, 김복동, 노태우, 최성택을 친동생처럼 사랑했고 이 사람들이 빨리 커서 군의 핵심이 되어야 우리 군이 뿌리를 내린다고 생각했다. 하지만 내가 이곳에서 만 7개월간 갇혀 있으면서 전두환을 증오하게 됐다. 영혼이 되어서라도 복수를 하겠다고 생각했던 것이 사실이었다."

"지금도 전 장군을 미워하십니까."

"그렇지 않다. 나는 작년 11월 22일에 見性(견성)을 했다. 이제는 미운 것도 없고 좋은 것도 없다. 나는 대통령을 저격하는 순간 모든 것을 각오했다. 전두환에게 바라고 싶었던 것은 나도 일본 무사처럼 자결할 수 있는 기회를 달라는 것이었다. 문제는 내가 왜 대통령을 죽이지 않으면 안 되었느냐 하는 사실을 너희가 알아 달라는 것이다. 내 최후진술은 내가 조금도 사심 없이 내 마음을 기록해 놓은 것이니 너희들도 한 부씩 잘 보관했다가 자손들에게 전하라. 내 마음이 움직였던 것은 유신헌법이 선포되는 날이었다. 집에서 세 번이나 그것을 읽다가 하도 화가 나서 더러운 놈의 나라, 이게 무슨 헌법이야, 독재하자고 하는 짓이지, 하고서 고함을 치면서 책을 던졌더니 자고 있던 수영 엄마가 놀라서 깨더군."

"그런 것은 신문에 다 보도가 되어 우리가 다 아는 일입니다. 이제 그런 이야기는 그만합시다."

"대장부가 결심을 하고 행동을 하는 데 7년이나 걸렸다. 내가 중정 부장이 되고 그렇게 기뻐한 것은 물리적인 방법이 아니고 대화를 통해서 대통령을 설득할 수 있겠구나 했기 때문이다."

"형님이 사건을 일으키기 10일 전에 내가 형님을 방문했을 때 대통령께서 일본 비디오를 그렇게 좋아하시니 나보고 일본에 가서 구해 오라고 말씀하시지 않았습니까. 그 후 나는 일 때문에 부산이다, 어디다 다녔는데 각하를 그렇게 생각하시던 형님이 변하셔서 각하를 죽였습니다. 형님은 저보고 동쪽으로 가라고 해 놓고 서쪽으로 가셨습니다. 제가 전두환 장군의 그릇을 보니 쉽게 변하는 그런 분이 아닙니다."

"나는 개인적으로 당하는 박해 때문에 전두환에게 복수하려고 했다."

"지금 생각은 어떻습니까."

"내가 한 일에 형벌이 가해지는 것은 자업자득이다. 다만 내가 불안한 것은 자유민주주의가 잘 되지 않고 있는 점이다. 전두환 장군이 현재 어떤 지위에 있는지 모르지만 날 처형하려면 빨리 하고 설거지할 것이 있으면 빨리 해서 자유민주주의가 안 되어도 좋으니 정국의 혼란을 빨리 잡으라는 것이다. 전두환이가 빨리 애국심을 발휘할 때가 지금이고 이때를 놓치면 천추의 한을 남길 것이다. 내가 나온 사관학교 출신들은 융통성이 없는 것이 단점이지만 빨리 정국을 안정시키는 길만이 전두환이가 사는 길이고 대한민국을 반석 위에 올려놓는 일이다. 내가 언제 가더라도 울지 마라. 울 생각이 있으면 반야심경이나 외우도록 하라."

김항규의 아들 민수는 김재규 밑으로 양자 입적을 하게 되었는데 이날 면회실 바닥에 거적을 깔아 놓고 큰절을 했다. 김재규는 민수를 끌어안고 한참 동안 눈물을 흘렸다. 육군교도소의 수용자관찰보고서를 보면 김재규는 다음 날인 24일 새벽 3시에 이감준비를 하기 시작했다.

'초연한 자세로 이감을 실시하였으며 전야 수면을 이루지 못했고 이후 일체 취식을 거절하였음.'

김재규가 사형장이 있는 서울구치소로 떠난 것은 이날 새벽 3시 55분이었다.

李光耀(리콴유)의 평가

박 대통령이 생전에 마지막으로 만난 외국 지도자는 그와 가장 닮은 사람이었다. 싱가포르 수상 李光耀(리콴유). 李 수상은 1979년 10월 16일에 訪韓했다. 金聖鎭(김성진) 문공부장관이 '수행장관'이란 유례가 없는 직함을 가지고 리 수상의 안내를 맡아 1박 2일간 경주 일대를 돌았다. 朴 대통령이 리콴유를 초청한 데는 '내가 건설한 대한민국의 모습을 한번 보여 주겠다'는 의욕이 있었다. 리 수상은 처음에는 초청을 정중하게 거절했다. 미국 허드슨 연구소 소장 허먼 칸 박사는 리 수상과 친했다. 김성진이 칸 박사를 초청하여 박 대통령을 만나게 했다. 두 사람은 만나자마자 意氣投合(의기투합)하여 말꽃을 피웠다. 칸 박사는 그 뒤 리콴유를 만나자 "박정희란 인물이 간단치 않은 사람이니 꼭 한번 만나 보라"고 권했다고 한다.

박 대통령은 리 수상에게 자신의 작품인 포항종합제철을 보여 주고 싶어했으나 자존심이 강한 리콴유는 경주의 문화유산을 보겠다고 했다. 외무부에서는 리콴유가 포항공항에서 내려 경주로 향할 때 浦鐵(포철)을 관통하는 도로를 주행하여 가도록 짰다. 리 수상의 옆자리에 타고 있던 金聖鎭 장관이 보니 리콴유는 벌써 눈치를 채고는 차창 밖으로 일절 눈길을 주지 않았다. 1박 2일간의 일정을 끝내고 서울로 돌아갈 때도 포철을 지나게 되어 있었다. 김 장관이 "두 번이나 그렇게 하면 실례가 되니 경주에서 대구공항으로 가도록 노선을 변경해 달라"고 했다. 경호실에서 "안 된다"고 제동을 거는 것이었다. 김 장관은 崔侊洙(최광수) 의전수석을 통해서 대통령의 허락을 받아 냈다.

경주에서 대구로 달리는 길 양쪽은 화려한 가을 날씨 속에서 풍요로운 농촌풍경이 황금물결을 이루며 이어지고 있었다. 고개를 숙인 누런 벼이삭, 지붕개량을 끝낸 깔끔한 농가, 지붕위에 널린 빨간 고추. 리 수상은 비로소 차창 바깥으로 시선을 돌렸다. 그는 가끔 시계를 보았다. 이런 농촌이 어디까지 계속되는지를 재는 것 같았다. 그의 얼굴은 부러움과 오기가 뒤섞인 표정으로 상기됐다. 대구공항에 도착하여 비행기에 탑승한 그는 이륙한 뒤에 김 장관을 바라보고 말문을 뗐다.

"貴國(귀국)의 농촌은 아주 실속 있게 잘 사는군요."

그리고 나서 리콴유는 "이러한 발전의 비결은 무엇인가" 하고 물었다. 김 장관은 박정희의 지도력과 외국에 나가 있던 우수한 두뇌들을 귀국시켜 국내의 과학기술발전에 기여하도록 한 정책을 들었다. 崔亨燮(최형섭) 과기처장관이 미국에서 활동 중인 한국인 과학자들을 찾아가서 애국심에 호소하고 좋은 연구시설과 대우를 약속하여 귀국시킨 사례들을 설명했다. 리콴유 수상은 진지하게 경청하더니 비행기가 서울에 닿을 때까지 사색에 잠기는 것이었다.

10월 19일 청와대에서 열린 환영만찬에서 리콴유는 박 대통령에게 이런 찬사를 보냈다.

"어떤 지도자들은 자신들의 관심과 정력을 언론과 여론조사로부터 호의적인 평가를 받는 데 소모합니다. 한편 다른 지도자들은 자신들의 정력을 오직 일하는 데만 집중시키고 평가는 역사의 심판에 맡깁니다. 대통령 각하, 만약 각하께서 눈앞의 현실에만 집착하시는 분이셨더라면 오늘 우리가 보는 이런 대한민국은 존재하지 않았을 것입니다."

김성진은 1991년에는 駐싱가포르 대사를 지내면서 그와 재회하게 된다. 1994년 1월 19일 김성진(당시 대우그룹 부회장)은 〈月刊朝鮮〉을 위하여 리(李) 수상과 인터뷰할 때 이런 질문을 던졌다.

-- 만약 아시아에서 귀하를 제외하고 위대한 지도자를 세 사람만 든다면 누구를 꼽겠습니까?

"먼저 鄧小平(덩샤오핑)을 꼽겠습니다. 그 노인은 정말 어려운 시대에 험한 인생을 살아왔습니다. 그는 중국이 막다른 골목에 처해 있다는 것을 뒤늦게 깨닫고 방향을 전환시켰습니다. 만일 등소평이 모택동 이후에 정권을 잡지 못했더라면 중국은 소련처럼 붕괴하고 말았을 것입니다."

-- 두 번째로는 누구를 생각하고 계십니까?

"일본의 요시다 수상을 꼽을 수가 있습니다. 그는 한국전쟁과 냉전이 시작되자 기회를 놓치지 않고 일본이 미국 편에 확실히 서도록 하였습니다."

-- 이제 마지막 한 사람이 남았습니다.

"글쎄요. 세 번째 사람을 거론하게 되면 한국의 국내정치에 영향을 끼치게 될 것 같아서……."

리콴유(당시는 수상직에서 은퇴)는 '아시아의 3대 지도자에 들어갈만

한 사람'의 이름을 말하지 않았다. 그때 金泳三 대통령은 우리 현대사와 前 정권, 특히 군사정권을 전면적으로 부정하는 정치공세를 강화하고 있었다. 아시아의 3대 지도자에 현직 대통령이 싫어하는 박정희를 포함시켜서 괜히 한국·싱가포르 관계에 악영향을 주고 싶지 않다고 생각했던 리콴유가 그 김영삼 대통령을 어떻게 보고 있었는지는 짐작만 할 뿐이었다.

박정희와 리콴유는 서구민주주의에 대한 맹목적(혹은 사대적) 추종을 거부하고 개발도상국의 현실과 동양문화의 토양에 적합한 자주적 정치체제를 만들려고 했던 점에서 같다. 리콴유는 개인을 기초단위로 하는 서구사회에서 자라난 민주주의는 가족을 기초단위로 하는 동양사회에 그대로 移植(이식)될 수 없다고 주장하고 있다. 인권을 구현하는 방법에도 서구적 민주주의만 있는 것이 아니라 동양적인 길이 있다고 그는 말한다. 미국이 인권을 무기로 삼아 한국, 중국, 싱가포르 같은 나라들을 압박하는 것은 "다른 부문에서는 동양에 뒤지니까 자신들의 전매특허인 인권을 들고 나와서 괴롭히는 것일 뿐이다"고 했다.

영국 케임브리지 대학 출신의 변호사이기도 한 리콴유는 서구인들이 알아들을 수 있는 논리로써 당당하게, 공격적으로 서구우월의식을 공격하고 있다는 점에서 방어적이었던 박정희와 차이가 있다. 싱가포르에서 자동차를 損壞(손괴)한 미국인 소년에게 笞刑(태형)을 가하자 미국 언론은 비판적이었으나 미국인들 중에서는 "잘했다"는 여론이 더 높았다. 박정희가 방어적일 수밖에 없었던 것은 리콴유는 서구민주주의 자체의 보편성을 부정한 데 대하여 朴은 자유민주주의의 불가피성을 인정하면서 한시적 유보를 주장했기 때문이다. 박정희는 1963년에 이렇게 쓴 적이 있었다.

"엄격한 의미로서 혁명의 본질은 본시 근본적인 정치사상의 대체와 사회정치구조의 변혁을 뜻한다. 그러나 한국에서는 이런 점에 있어 한계가 제약되어 있고 그 혁명의 추진에 各樣(각양)의 제동작용이 수반되고 있다. 우리는 공산주의를 반대하고 자유민주주의를 원칙으로 함에는 벗어날 수가 없다. 민주주의의 신봉을 견지하는 한 여론의 자유를 막을 수는 없다. '토론의 자유' 속에 '혁명의 구심력'을 찾아야 하는 혁명, 그것은 매우 힘이 들고 어려운 길이다."

박정희는 남북분단과 주한미군의 존재라는 제약만 없다면 리콴유처럼 서구자유민주주의를 대체할 수 있는 우리식 정치이념을 만들고 싶어 했던 사람이다.

친구 具常의 鎭魂祝

〈국민으로서는 열여덟 해나 받든 지도자요
개인으로는 서른 해나 된 오랜 친구
하느님! 하찮은 저의 축원이오나
인류의 贖罪羊(속죄양), 예수의 이름으로 비오니
그의 영혼이 당신 안에 고이 쉬게 하소서. 이 세상에서 그가 지니고 떨쳤던
그 장한 義氣(의기)와 行動力(행동력)과 質朴(질박)한 인간성과
이 나라 이 겨레에 그가 남긴 바
그 크고 많은 功德(공덕)의 자취를 헤아리시고

하느님, 그지없이 자비로우신 하느님

설령 그가 당신 뜻에 어긋난 잘못이 있었거나

그 스스로가 깨닫지 못한 허물이 있었더라도

그가 앞장서 애쓰며 흘린 땀과

그가 마침내 무참히 흘린 피를 굽어보사

그의 영혼이 당신 안에 길이 살게 하소서〉

친구 박정희가 죽었다는 소식을 들었을 때 써 내려간 具常(구상) 시인
(작고)의 이 '鎭魂祝(진혼축)'은 대령에서 대통령 시절까지 인간 박정희
와 交友하면서 남긴 일곱 편의 詩作 중 마지막 편이 됐다.

具常이 친구의 죽음을 알게 된 것은 베네딕트 수도원에서 《나자렛 예
수》를 쓰고 있을 때였다. 그는 그 자리에서 亡者가 되어 버린 친구를 위
해 진혼축을 썼고 그 뒤 5년간 친구의 安息(안식)을 기원하는 미사를 올
렸다. 구상은 "그 친구는 의협심과 인정이 강하고 詩心이 있는 사람이었
다"면서 "난세에 파격적인 인물들을 모아서 혁명을 일으킨 뒤에 정상적
인 사람들로 주변을 교체해 가는 과정에서 갈등도 많았지만 정치적인
목적으로 사람을 죽인 적이 한 번도 없었다"는 점을 강조했다.

미리 써 놓은 遺書

제5공화국의 탄생에 母胎(모태) 역할을 했던 국군보안사령부가 중심
이 되어 만든 《第5共和國前史》라는 책이 있다. 10 · 26 사건과 12 · 12 사
건을 아주 사실적으로 다루고 있어 좋은 史料(사료)이기도 하다. 이 책

은 朴正熙 대통령의 죽음을 부른 10·26 사건을 '측근들의 갈등과 부패'라는 관점에서 다루고 있다.

〈유신체제가 막을 연 후 모든 권력이 대통령 1인에게 백지위임된 이후 이들 측근의 권한은 상대적으로 커졌고, 이를 이용한 그들의 非理(비리)와 越權(월권)행위 등 폐습은 점점 深化(심화)되어 갔다. 사회의 전반적인 분위기가 부정부패로 만연되어 있었지만, 권력의 핵심기관으로서 이런 악습의 온상은 주로 청와대 비서실, 경호실, 그리고 정보부였다고 해도 과언이 아닐 것이다. 이 권력기관들을 거쳐 간 수뇌들의 하나 같은 공통점은 무엇보다도 朴 대통령 개인에 대한 충성심과 권력의 核에 있다는 사실을 이용한 私利私慾(사리사욕)이었다. 권력이 1인에 집중된 체제 자체의 모순에 의한 부작용이었으며, 측근의 고질적 非理는 시중에 유언비어를 나돌게 하였고, 경우에 따라 비난의 화살은 朴 대통령에게 돌려지는 自繩自縛(자승자박)의 결과를 연출하기도 했다.

체제가 硬化될수록 측근들의 비리는 심화되어 가는 경향이었다. 이제는 그들의 비리가 축재 이상의 다른 방향으로까지 비화되었다. 그 대표적인 예가 측근들끼리의 越權행위에 의한 알력이었으며, 車智澈과 金載圭의 알력은 극에 달해 마침내 대통령을 시해하는 10·26 사건으로까지 몰고 갔다.

朴 대통령의 車智澈에 대한 지나친 신임은 각종 정책을 결정하는 데 있어서 방대한 조직을 바탕으로 수집·종합된 중앙정보부장 金載圭의 정보나 건의보다도 경호실장 車智澈의 단편적이고 편견 섞인 건의를 받아들이는 결과를 초래했다.

중앙정보부장이 對신민당 공작을 해서 朴 대통령께 보고하러 가면 경호실장이 미리 보고를 해서 대통령의 결심이 끝난 후가 허다했다. 이런 경우는 통상 강경한 방향으로 결심한 연후가 되어 중앙정보부장이 비교적 온건한 방향의 건의를 해도 허사가 되기 일쑤였다. 車智澈은 학원 데모설 등에 관해서도 단편적인 첩보를 사실인 양 朴 대통령에게 보고하여 "왜 정보부는 이것도 모르고 있는가"라고 朴 대통령이 정보부장을 힐책하곤 했으나 車智澈이 보고한 날짜에 소요사태가 발생하지 않는 경우가 많았다.

車智澈은 朴 대통령을 독재자이며, 강경하고 자비심 없는 사람으로 만드는 데 일익을 담당했다. 경호방법에 있어서도 시내 고층건물의 청와대로 향한 문의 폐쇄를 강요하여 국민과 대통령의 거리를 점점 멀어지게 만들었다. 그는 死後 조사에서 밝혀진 바와 같이 蓄財(축재)에는 관심이 없었던 것 같다. 그럼에도 경호실장의 본연의 임무를 넘어서 정치문제에 개입하여 憲政질서를 문란하게 했다는 점은 蓄財 이상의 非理임에 틀림없다.

車 실장은 10·26 사건 이전 한 달여 전부터 권총을 부관에게 맡기고 다님으로써 金載圭가 朴 대통령에게 총을 겨누었을 때 응사 한번 해보지 못하고 자신은 물론이고 朴 대통령까지 不歸(불귀)의 客(객)이 되도록 했다. 한마디로 1979년의 경호실은 밖에서 보기에는 위풍당당하고 화려했지만 내실을 기하지 못했다. 外華內貧(외화내빈)이 적절한 표현일지 모른다.

1970년대 말 朴 대통령 측근들의 지배적인 분위기는 그들이 힘을 합하여 대통령을 보좌하여 어려운 사태를 성공적으로 해결하는 것이 아니라 어느 부서장이 그 일의 해결에 결정적인 공을 세웠는가, 누가 朴 대통령의 칭찬을 받는가 하는 삼척동자들의 놀음과 같은 충성심 경쟁 현상이었다.

10·26 사건 이후 合搜本部(합수본부)의 권력형 부정축재자 수사에서 밝혀진 내용들은 권력의 측근과 그 주위가 얼마나 부패했었는지를 설명하고 있다.

한마디로 장기집권은 새로운 특권층을 만들어 냈고, 특권층은 부정부패의 온상이 되었다. 임무를 도외시한 축재와 이권개입은 他부서의 업무를 침범했고, 급기야는 권력층 간의 알력이 생겼다. 기관 간의 알력은 국론 통일을 저해하였으며 국민들의 對정부 신뢰도를 저하시켜 이 땅의 불신풍조를 싹트게 했고, 갖가지 사회적 돌풍을 몰고 왔다. 이런 일련의 사태는 1979년의 잇단 정치파동, 사회소요 등과 복합되어 측근들 간의 알력을 더욱 가속화하여 끝내는 자기들이 모시던 대통령을 시해할 수 있는 분위기에까지 이르렀던 것이다〉

이렇게 준열하게 朴 정권의 말로를 진단하고 문제점을 지적했던 5공화국 세력들은 약 10년간 집권하면서 그 朴 정권보다 더한 부패상을 보여 주었다. 그 5공화국을 단죄했던 소위 민주투사들마저 집권한 뒤에는 군인 출신자들의 정권에 못지않은 부패상을 보이고 있다. 정치부패를 근절하려면 또 한 번의 혁명이 필요한데 문제는 그 혁명의 주체세력도 부패하고 말 것이란 예감이다.

朴正熙의 꿈은 自主的 근대화를 통한 民族中興(민족중흥)이었다. 그는 그 꿈을 이루기 위해서, 권력과 부패의 늪 속에 발을 담그고, 三面(3면)의 敵으로부터 공격을 당해 가면서, 자신들도 지킬 수 없는 도덕과 명분론을 무기로 삼아 대책 없는 비난을 業으로 삼는 위선적 守舊 지식인 세력의 도전을 극복해야 했다. 그를 공격한 세력은 좌익뿐이 아니었다. 민주주의의 경험이 한 세대도 안 되는 나라가 서구식 先進 민주주의를 그대로 따라 하지 않는다고 朴正熙를 독재로 몰았던 관념론자들이 더 많았다. 이들은 카터類의 미국인들로부터 응원을 받고 있었다.

기회주의자들과 기능주의자들이 主流를 형성한 정권 안에서 오직 朴正熙만이 이들 위선자들과 맞설 수 있는 논리와 확신을 갖고 있었다. 그러한 朴正熙의 절대고독이 담긴 獨白(독백)이 바로 "내 무덤에 침을 뱉어라"였다. 朴正熙의 소망은 '소박하고, 근면하고, 성실한 서민사회가 바탕이 된 자주 독립된 한국의 창건'이었다.

그는 1963년 자신의 魂(혼)을 불어넣어 쓴 《국가와 혁명과 나》에서 "동시에 이것은 본인의 생리이다"고 말했다. 그는 이 책에 미리 이렇게 유언해 놓았던 것이다.

〈본인이 특권계층, 파벌적 계보를 부정하고 군림사회를 증오하는 所以(소이)도 여기에 있을 것이라 생각한다. 본인은 한마디로 말해서 서민 속에서 나고, 자라고, 일하고, 그리하여 그 서민의 人情(인정) 속에서 生이 끝나기를 염원한다〉

🔟 마지막 하루

289

朴正熙 13 – 마지막 하루

지은이 | 趙甲濟
펴낸이 | 趙甲濟
펴낸곳 | 조갑제닷컴

초판 1쇄 | 2007년 4월16일
개정판 2쇄 | 2018년 5월23일
개정판 3쇄 | 2022년 1월22일

주소 | 서울 종로구 새문안로3길 36
전화 | 02-722-9411~3
팩스 | 02-722-9414
이메일 | webmaster@chogabje.com
홈페이지 | chogabje.com

등록번호 | 2005년 12월2일(제300-2005-202호)

ISBN 979-11-85701-26-4

값 12,000원